海南大学科研基金资助项目 项目号KYQD（sk）1902

博士生导师学术文库

A Library of Academics by
Ph.D.Supervisors

网络服务提供者
侵权责任规则实施研究

蔡 唱 著

光明日报出版社

图书在版编目（CIP）数据

网络服务提供者侵权责任规则实施研究 / 蔡唱
著 . -- 北京：光明日报出版社，2020.4
（博士生导师学术文库）
ISBN 978 - 7 - 5194 - 5690 - 0

Ⅰ.①网… Ⅱ.①蔡… Ⅲ.①网络服务—侵权行为—
法律责任—研究—中国 Ⅳ.①D923.04

中国版本图书馆 CIP 数据核字（2020）第 052546 号

网络服务提供者侵权责任规则实施研究
WANGLUO FUWU TIGONGZHE QINQUAN ZEREN GUIZE SHISHI YANJIU

著　者：蔡　唱

责任编辑：杨　娜　　　　　　　　责任校对：龚彩虹
封面设计：一站出版网　　　　　　责任印制：曹　净

出版发行：光明日报出版社
地　　址：北京市西城区永安路 106 号，100050
电　　话：010 - 63139890（咨询），010 - 63131930（邮购）
传　　真：010 - 63131930
网　　址：http://book. gmw. cn
E - mail：yangna@ gmw. cn
法律顾问：北京德恒律师事务所龚柳方律师

印　　刷：三河市华东印刷有限公司
装　　订：三河市华东印刷有限公司
本书如有破损、缺页、装订错误，请与本社联系调换，电话：010 - 63131930

开　　本：170mm×240mm
字　　数：305 千字　　　　　　　印　张：17.5
版　　次：2020 年 4 月第 1 版　　印　次：2020 年 4 月第 1 次印刷
书　　号：ISBN 978 - 7 - 5194 - 5690 - 0
定　　价：95. 00 元

前　言

本书将网络服务提供者侵权规则的法律实践作为研究对象，通过调查问卷、样本裁判数据分析等实证分析方法，探寻网络服务提供者侵权规则实施中存在的问题，并在此基础上总结实施中的经验和教训，结合侵权责任法基本理论来探析网络侵权规则体系、法律实施的完善。具体来说包括两方面。其一，发现规则实施中存在的问题。"研究已经发生过的问题"，从经验、事实出发，展开对问题的研究。考察规则在程序上的贯彻实行，包括规则体系的实施主体、实施行为、实施方式方法及实施活动过程；考察网络服务提供者侵权规则实体内容的实现，如这些规则中的权利义务是否转变为社会现实，是否按照这些规则要求形成了具体的社会关系和社会秩序；考察规则所蕴含的价值和精神是否得以切实体现。其二，研究问题成因及提出解决思路和方法。本书通过网络服务提供者侵权规则实施样本裁判等表象，解释条文背后的制约因素，结合理论和非样本裁判等分析问题成因并提出解决问题的路径和具体方法。

本书共分七章：前四章主要是实证研究，即从调查问卷、2010年到2017年7年间中国法院裁判文书网上的样本裁判出发，发现问题、提出问题和分析相关问题；后三章主要是总结分析和提出解决问题的方案。由于调查问卷和样本裁判体现的表达自由和人格权冲突明显，并值得花费较多笔墨深入思考，因此该问题的提出和分析及解决单独成章。

研究发现，网络服务提供者侵权规则实施中的问题包括六大方面。第一，网络服务提供者承担侵权责任的差异。样本裁判中因受侵害权利类型不同，侵权责任承担比例差异大。其中人身权受侵害时，侵权责任承担比例高，财产权受侵害时比例则很低。第二，存在网络服务提供者侵权规则实施结果与立法目的偏离问题。第三，存在侵权责任规则适用不规范问题。第四，存在同案不同判结果。第五，不同法律规范的适用问题，包括新旧法律的适用、网络服务提供者主体确定、规定的归责原则不一等问题。第六，对网络服务提供者注意义务的确定问题，如注意义务的标准、法律规范对其确定的影响、网络服务提供者承诺是否构成注意义务等。

　　网络服务提供者侵权责任规则实施问题产生的原因，可以从四个方面分析。首先，从立法理念角度看，源于网络侵权责任规则"宜粗不宜细"思想、表达自由在网络侵权责任规则中考量之缺失、网络侵权责任规则忽视各方利益平衡等。其次，从网络侵权责任规则之立法设计角度看，存在立法空白、立法模糊和立法矛盾等问题。再次，有司法权运作中的博弈、法律实施的文化障碍、社会关系与经济结构、行政管理体制等其他原因。最后，还存在表达自由与人格权冲突形成的原因。从宏观制度层面分析是源于网络产业发展时间短，未能有效确立规则；从义务角度看是网络服务提供者所承担的多项义务之间的冲突所致；从权利冲突之规范结构角度，立法时未考量第三十六条隐含的限制是否符合对权利限制的原则。

　　网络服务提供者侵权责任实施问题的解决途径有以下几个方面。

　　首先，明确完善网络服务提供者侵权责任规则之立法指导思想。注重尊重本国国情的科学借鉴，包括在借鉴过程中尊重国情，也包括在立法后通过实证分析来验证网络服务提供者侵权责任规则是否符合我国的国情，从而考虑规则的完善问题。立法中需贯彻网络侵权责任规则粗细适宜的理念。具体来说，应该精细、准确地规定网络侵权责任的构成要件，明确各类网络法律关系的参与者享有的权利和应该承担的义务。但对法律判断中涉及技术发展变化问题的，不应规定过细、过死。鉴于三十六条导致网络服务提供者承担责任过重，需要在对该规则的理解、适用过程中保持民事权益的保护与表达自由保护平衡，不能偏废。

其次，对网络服务提供者侵权责任规则的具体完善。规则的具体完善建议包括补充规则以填补空白、明晰规定以避免模糊、理顺冲突以消除矛盾三大方面。具体有规定"通知"内容和形式、网络服务提供者接到通知后的判断和处理方式、处理程序、告知义务，特殊情况下固定赔偿数额及其限制等。对《侵权责任法》第三十六条第3款主观方面宜限缩解释为"明知"。主张消除规则矛盾，用法律位阶原则解决第三十六条和相关规则直接矛盾。相关司法解释或其他规范性文件的矛盾的解决遵循一般规定和特殊规定的关系、上级渊源与下级渊源的关系。

再次，明晰网络服务提供者注意义务来源和确定的考量因素。网络服务提供者注意义务来源之一为法律、行政法规和其他规范性文件。对于该类来源，需区分义务的性质，对民法性质的注意义务之违反才构成侵权责任。来源之二是网络行业规范、惯例和对技术标准有条件地参照。来源之三为不违背公序良俗原则。网络社会与公序良俗互相关联，必须正视网络发达社会与传统社会之间的联系与差异，应该传承而不是颠覆现实社会的法律。在没有相应的法律、规范性文件等规定时，网络服务提供者在做出影响到其他权利主体利益之行为时，不得违背公序良俗。此外先行为和网络服务提供者的承诺也可以成为注意义务来源。在网络服务提供者提供的服务增加了他人权益受侵害的巨大危险，从而超出了社会生活中公众所普遍接受的危险程度时，即便该网络服务是具有实质性非侵权用途的网络服务，服务提供者也负有特定的注意义务。包括警示服务对象不得利用该网络服务加害他人，为权利人提供畅通、有效的渠道来通知、制止侵权行为，或采取其他救济方式保障权益。网络服务提供者为单方允诺也可产生注意义务。明晰网络服务提供者注意义务判断的考量因素。主张考虑利益层次的有机结构要求，判断起点为当事人的具体利益，基础是社会公共利益、联系群体利益和制度利益，对制度利益等进行综合衡量后，得出对当事人利益是否需要加以保护的妥当结论。考量预防成本和收益问题，考虑相关主体承担注意义务的成本、行业发展与权益保障关系。例如，判断过滤工具的采用之注意义务时，需关注成本收益问题。应考量促进社会进步和技术发展，如确定搜索引擎注意义务时需注重结果与促进技术发展的关系，不能产生落后技术占优势地位的结果。

最后，本书对《民法典侵权责任编》相关规定的完善提出建议。主张网络服务提供者侵权规则立法体系采取一般和特殊相结合的模式，采用区分不同的网络服务行为和受侵害权利模式结合确定网络服务提供者的主观要件。一般的网络侵权间接责任主观要件仍为"明知"，营利性网络服务行为则增加"应当知道"要件。增加关于不实通知责任的具体规定以及为区分是否公众人物而采取的措施。建议完善关于"必要措施"的规定，包括采取"列举＋目的"的方式来对必要措施进行表述、增加"及时"来限定"必要措施"、要求网络服务提供者采取措施防范来自同一主体的反复侵权。

目　录
CONTENTS

第一章

引论

互联网的虚拟性、开放性、技术性、快速传播性以及无纸化等特征深刻地影响到当今社会生活各个方面，为侵权责任法的理念和发展提出许多课题。网络服务提供者是通过互联网为人们提供各类信息、帮助他人获得信息服务或者是作为交易平台为他人提供撮合交易服务的机构，在网络发展中扮演着非常重要的角色。网络服务提供者提供的服务包括网络相关设施、网络交易中介、特定的网络信息、接入技术服务等。其组织类型可以是个人、营利性组织和非营利组织。网络服务提供者是各类网络法律关系的中间人，对其行为进行法律规制，有着重要意义。

第一节 问题的提出

一、研究的缘起

法律规范在一定程度上可以体现社会的现实状况，并解决相关问题，但是这并不是一种常态。《侵权责任法》及其相关解释的法律条文与实践之间，存在着许多差异。这也是法律理性和现实的距离。因此，如果法学研究中，仅重视条文的解读，忽视对法律实施情况之研究，往往会使法学研究停留在法律的条文性、形式性和表面性研究上。法学研究中，需要了解法律的具体实施情况，研究规则在现实生活中是否有效，判断规则的推行程度，讨论规则实施对社会生活产生哪些影响等。① 法学研究，不能从子虚乌有的概念或者理念出发，对事实和经验做出任意的解释，需要我们研究"已经发生过的问题"，从已经存在

① 瞿同祖. 中国法律与中国社会 [M]. 北京：中华书局，1981：2.

的经验、事实为出发点，展开自己的研究。本书实证研究的起因，在于社会科学研究的"经验品质"。

有说服力的理论是从我国法律制度及其实践之中提炼出来的。[①] 对于网络服务提供者侵权规则的实施研究，需跳出单纯遵循传统的规范法学思维方式，研究法律实践。从实践中发现和总结问题，提炼出规则在现实生活中实施的程度和影响。在法律规则实施研究过程中，需综合运用多种研究方法，而不是因循守旧地用某一种单一方法。法学研究中，需将既有的论断或者理论作为研究背景或者对话者，而不是单纯将其作为研究之前提。网络服务提供者侵权规则的实施研究，在于观察规则和法律实践中存在的问题，揭示法律条文背后的制约因素，发现规则产生、发展和变迁的基本规律。法律的生命往往"不是逻辑，而是经验"。从法律规则来源来看，我国《侵权责任法》第36条是对他国理论和制度的借鉴和吸收。"避风港规则"以美国版权法上传统的直接侵权与间接侵权区分理论为基础，间接侵权又分为帮助侵权和替代侵权。帮助侵权以过错为要件；替代侵权则不是。当"避风港规则"引入我国，替代责任却消失了，司法解释中只留下过错责任意义上的间接侵权。[②] 然而该规则在我国实践中是否能够解决法律问题，是否会产生水土不服现象以及如何改进以适应我国国情等问题都值得我们研究和总结。如随着技术发展，美国社会对隐私权的保护也在发生深刻变化，重心不断转移，经历从住宅到人再到信息的转变。[③] 避风港制度和理论在其他国家能够有效运用，以及对其发挥效用的制约因素是什么，随着社会变迁这些制度在其诞生地如何发展？这都是值得我们思考并可为我们的相关制度完善提供借鉴。每一个国家的政治、经济、文化和法律背景千差万别，在他国有效的理论和制度并不是总能用来作为解决中国问题的良药。这也是为什么需要对网络侵权规则的实施做本土化效用的研究和评估的原因。本书对于网络服务提供者侵权规则的研究，不能局限于法律条文的表象，而应该研究解释条文背后的制约因素。这些制约因素构成法律制度最为稳定的因素，并不会轻易发生变化，因此成为我们研究需发现并加以解释的对象。

本书研究将网络服务提供者侵权责任条款的法律实践作为研究对象，寻求最基本的问题，对实施中的经验和教训进行理性的总结和清理，并对《民法典

---

① 陈瑞华. 法学研究的社会科学转型 [J]. 中国社会科学评价, 2015 (2).
② 刘文杰. 从责任避风港到安全保障义务 [M]. 北京：中国社会科学出版社, 2016：2.
③ 涂子沛. 大数据：正在到来的数据革命, 以及它如何改变政府、商业与我们的生活 [M]. 桂林：广西师范大学出版社, 2013：122.

侵权责任编（草案）》提出完善建议。

二、近年网络服务提供者侵权行为问题频发

从 1994 年中国终于获准加入互联网以来，网络逐渐将人们连接起来，成为大部分人工作和生活中不可或缺的部分。

近年互联网发展迅速。从统计数字看，截至 2015 年 12 月，中国网民规模达6.88 亿，全年共计新增网民 3951 万人。互联网普及率为 50.3%，较 2014 年底提升了 2.4 个百分点。① 我国网民规模到 2016 年 12 月达 7.31 亿，互联网普及率达到 53.2%。其中网民数量相当于欧洲人口总量。从整体上看，我国互联网行业不断向规范化、价值化发展。与此同时，移动互联网推动了我国消费模式共享化、设备智能化和场景多元化。② 而到了 2018 年 6 月，我国网民规模达8.02 亿，互联网普及率为 57.7%；2018 年上半年新增网民 2968 万人，较 2017年末增长 3.8%；我国手机网民规模达 7.88 亿，网民通过手机接入互联网的比例高达 98.3%。③ 伴随着网络的快速发展，网络侵权行为层出不穷，网络服务提供者侵权责任纠纷也呈快速增加、不断蔓延的趋势。很多案件引起社会和法律界的广泛关注。其中网络服务提供者侵权问题多发。也正是在这一背景下，需要对网络服务提供者侵权规则的实施加以研究。具体看，近年频发的问题有以下一些。

（一）搜索引擎侵权责任问题

搜索引擎（search engine）是一类影响广泛的网络服务提供者，其运行方法为根据相应的策略、使用特定计算机程序来对互联网上的信息进行搜索，然后在对相关信息归类处理之后，将其结果显示给搜索引擎用户的服务。搜索引擎实际上是为网络用户提供特定检索服务的系统，为基础互联网应用。现实中搜索引擎使用率仅次于即时通信和手机网络新闻，在应用中列第三位。到 2015 年底，我国搜索引擎用户规模达 5.66 亿，使用率为 82.3%，用户规模较 2014 年

---

① 中国互联网信息中心. 第 38 次中国互联网络发展状况统计报告［R/OL］. （2016 - 01 - 06）［2016 - 12 - 13］. http：//www. cnnic. net. cn/hlwfzyj/hlwxzbg/201601/P020160122469130059846. pdf.

② 中国互联网信息中心. 第 39 次中国互联网络发展状况统计报告［R/OL］. （2017 - 01 - 06）［2017 - 04 - 09］. http：//www. cnnic. net. cn/hlwfzyj/hlwxzbg/hlwtjbg/201701/t20170122_66437. htm.

③ 中国互联网信息中心. 第 42 次中国互联网络发展状况统计报告［R/OL］. （2018 - 08 - 20）［2019 - 02 - 07］. http：//www. cac. gov. cn/2018 - 08/20/c_1123296882. htm.

底增长 4400 万，增长率为 8.4%。① 而这一数字到 2016 年底，又有了很大增长。一年间，搜索引擎用户增长了 0.36 亿，增长率为 6.4%；其中手机搜索用户到 2016 年底比 2015 年底增加 0.97 亿，增长率为 20.4%。② 飞速增长的搜索引擎用户和使用量，为利用其侵害他人人身权和财产权提供了土壤。这段时间内出现搜索引擎在侵权行为中扮演的角色和责任的讨论，其中典型事件为魏则西案。这个引起广泛关注讨论的事件发生在 2016 年上半年，大学生魏则西为治疗其患有的滑膜肉瘤疾病，通过某搜索引擎搜索到某医院（事后得知为莆田系承包的医院）。该医院承诺通过治疗能让患者活 20 年。于是魏某开始所谓的"生物免疫疗法"治疗，先后用尽了全家 20 多万元积蓄，可最后未能挽救魏的生命。魏就医的医院，将"生物免疫疗法"谎称为"同美国斯坦福医学院的合作项目"。但事实却是，根据我国卫计委《首批允许临床应用的第三类医疗技术目录》的规定，该疗法处于临床研究阶段。根据该规定，医院仅仅可以进行免疫治疗的临床研究，原则上在研究过程中不能收取病患的医疗费用。

　　该事件涉及作为网络服务提供者的搜索引擎是否应该承担责任以及责任构成问题。首先，其服务是付费搜索业务，与一般的自然搜索排位不同，是否存在虚假广告问题。其次，如果是广告，该类网络服务提供者注意义务的内容是否与一般网络服务提供者一样。最后，如果不一样，其注意义务到底应该如何确定。魏则西事件中，不应该将相关医院的法律地位确定为搜索引擎的一般网络用户。医院实质上是搜索引擎的合作单位，因为该搜索引擎和医院之间有着搜索排名等合同。在这种情况下，搜索引擎对医院加害行为所负的义务就不应该与其对一般的网络用户义务相同。搜索引擎应当对相关合同履行的后果承担更多事前审查而不是事后审查的法律义务。正因为此，认为"百度审查涉事医院为三甲医院亦足"的观点值得商榷。③

　　在搜索引擎的推广中，常用付费的模式，如搜索引擎莆田系等医院承包商的合作。搜索引擎在搜索服务中通过设定某些特定的关键词等方法，让网络用

①　中国互联网信息中心. 第 38 次中国互联网络发展状况统计报告［R/OL］. (2016 – 01 – 06)［2016 – 12 – 13］. http：//www. cnnic. net. cn/hlwfzyj/hlwxzbg/201601/P020160122469130059846. pdf.

②　中国互联网信息中心. 第 39 次中国互联网络发展状况统计报告［R/OL］. (2017 – 01 – 06)［2017 – 04 – 09］. http：//www. cnnic. net. cn/hlwfzyj/hlwxzbg/hlwtjbg/201701/t20170122_ 66437. htm.

③　编者. 解决"莆田系"问题也需靠市场竞争［N］. 新京报，2016 – 05 – 03.

户在搜索某些特定的词汇时，合作医疗机构广告的结果等内容在搜索结果中排在前列，从而提高该类网页的点击率。通过这种搜索模式，在现实生活中受到侵害的不仅仅是一个魏则西的人身权益及其家庭的财产权。这种人为地控制搜索结果的行为，可能使每一个使用该引擎进行寻医问药的人，都受到侵害。从不同角度对搜索引擎的法律规制进行研究，学者也持不同观点。如有观点认为，对于竞价排名这种模式持"谦抑态度"①。有学者认为竞价排名具有不同于自然搜索的人为干预属性，不应否认其商业广告之属性，应以尊重效率原则为基础，以维护互联网事业持续发展为目标，规定搜索引擎的审查义务应以平衡竞价排名用户、搜索引擎服务商与互联网用户的三角利益格局。②

(二) 侵害人格权时网络服务提供者侵权责任问题

随着网络社会发展，人们越来越习惯于在网络上表达自己的观点、看法。网络为表达自由的行使和保护提供了良好途径。然而，网络表达会涉及许多极端的状况，侵害他人的人格权。这便出现了在网络用户通过网络侵害他人人格权时，网络服务提供者侵权责任问题，典型的如人肉搜索中网络服务提供者责任问题。

该问题产生并引起较长时间的广泛关注，可从人肉搜索第一案开始。2008年王某诉北京某互动信息技术有限公司侵犯名誉权、隐私权案引起众多关注。该案中姜某在得知丈夫王某不忠行为后跳楼自杀。她生前委托大学同学张某某在其死后公开博客。张某某得知死讯后注册了"北飞的候鸟"网站，披露王某的婚外情以及姓名、工作单位、家庭住址等信息，并与天涯、大旗等网站进行链接。天涯网论坛针对王某展开"人肉搜索"，王某及其家人不堪其扰，诉至法院。法院认为该网站披露王某隐私的行为，导致众多网民持续针对王某做出批评和谴责等负面评价结果。法院认为案件加害人行为的影响已经从互联网上发展到了现实生活中，严重影响受害人正常生活，导致其社会评价的降低。因为该案中侵害的后果为他人对受害人进行密集的、长时间的、指名道姓的谩骂，还有人到受害人家门上面张贴、书写一些侮辱性标语。而这些都是在现实生活中发生的。案中大旗网在进行该项报道的时候，没有对当事人的真实姓名等个人信息及其照片加以技术处理，致使原告王某的隐私权和名誉权受到侵害。大

---

① 胡洪. 法律视角下的竞价排名业务——从搜索引擎服务商角度出发 [J]. 网络法律评论, 2010 (1): 119 – 126.

② 张建文, 廖磊. 竞价排名服务商审查义务研究 [J]. 甘肃政法学院学报, 2016 (5): 83 – 91.

旗网的注册开办单位为凌云公司。因此凌云公司应该对大旗网的侵权行为承担相应的民事责任。法院判定被告承担的侵权责任包括停止侵害、删除相关侵权文章及侵权图等信息、赔礼道歉和赔偿相应损失等。①

现实生活中，实施人肉搜索侵权行为成本不高，为一些人表明道德优越性提供了机会。这就使得网络社会中，该类通过人肉搜索侵害他人名誉权、隐私权的现象频发，在很多情况下发展为网络暴力。这类现象引起法律界关于网络用户表达自由和人们人身权益保护冲突及平衡等法律问题的讨论。2017 年刚通过的《民法总则》第 111 条规定了，自然人的个人信息受法律保护。依据该条，任何组织和个人需要获取他人个人信息时，都有依法取得并确保信息安全义务。个人和组织不得有非法收集、使用、加工、传输他人个人信息的行为，不得有非法买卖、提供或者公开他人个人信息的行为。然而，该条规定仅从正面规定了个人信息的保护问题。第 111 条为宣示性条款，其全面保护还需要制定专门的个人信息保护法。② 对于权利受侵害时，如何救济的问题还需《侵权责任法》解决，比如应该如何平衡网络用户的表达自由和服务提供者经营权的规则，如何界分隐私权的保护和人们的言论自由，如何确定网络服务提供者的义务和责任等。

(三) 网络服务提供者侵害网络虚拟财产问题

网络游戏业的发展，产生了网络虚拟财产纠纷。该类纠纷一般表现为网络服务提供者冻结网络玩家在网游中所购买的或者获得的装备和网络游戏钱币被盗，受害人提出自己财产权受侵害而请求损害赔偿。该类网络游戏装备、账号为网络用户（玩家）所有，其购买需要一定的货币（或网币），转让者则有可能获得货币（网币）。但该类财产与通常财产存在方式有很多差别，其往往存储在网络服务提供者的服务器中，其记录方式一般为特定电磁记录，具有一般财产所不同的无形性特征。

产生的和网络服务提供者有关的法律问题包括：第一，虚拟财产的属性，有知识产权说、物权说和债权说等。物权说认为应当把网络虚拟财产作为一种特殊物，适用现有法律对物权的有关规定。③ 债权说主张虚拟财产权法律关系

---

① 北京市朝阳区人民法院，(2008) 朝民初字第 29276 号 "民事判决书"。

② 张新宝.《中华人民共和国民法总则》释义 [M]. 北京：中国人民大学出版社，2017：220 - 221.

③ 杨立新，王中合. 论网络虚拟财产的物权属性及其基本规则 [J]. 国家检察官学院学报，2004 (6)：3 - 9.

是债权法律关系。在这个债权法律关系中，玩家通过向网络游戏服务商支付对价取得虚拟财产的使用权，网络游戏服务商在接受了玩家支付的对价后有义务在游戏规则允许的框架下向玩家提供其欲取得的虚拟财产。① 知识产权说认为玩家在游戏过程中耗费了大量的时间和精力，进行了创造性的劳动，可以把玩家对虚拟财产享有的权利看作知识产权。② 还有学者认为上述观点都不完全准确，应采取准用物权说。主张网络虚拟财产转让可以准用我国《物权法》有关物权变动和公示的规定。③ 第二，虚拟财产的归属，即网络服务提供者停止游戏服务，是否侵害玩家的虚拟财产权。有人主张虚拟财产应当归服务商所有④。有主张玩家对虚拟财产享有当然的物权⑤，有人认为虚拟财产归玩家所有⑥。第三，虚拟财产的网络服务提供者的义务和责任，如网络游戏装备由他人盗取后，转让给第三人时，提供交易平台的网络服务提供者和游戏的网络服务提供者的义务和责任问题。当以赚钱为目的地玩，通过自身能力和努力获取一些其他玩家难以获得的虚拟财产，并将这些虚拟财产卖给需要的玩家获取收益时，网络服务提供者对其买卖的禁止和装备的没收，是否侵害其虚拟财产权问题。有主张认为如果玩家违反服务合同约定，游戏服务商有权停止玩家游戏账号的使用。游戏服务商在停止玩家账号使用前应当预先通知玩家。游戏服务商负有保障玩家网络虚拟财产安全的义务。在第三人窃取玩家网络虚拟财产且玩家无法确定侵害第三人的情形，游戏服务商是有过错的，应当承担相应的责任。⑦

实践中，网络用户在获取虚拟财产的过程中，通常先用货币购买网络服务提供者售卖的游戏卡，该游戏卡上提供了账号、密码等信息。网络用户登录游戏系统之后，输入账号和密码就可以充值购买自己需要的装备、武器等。当然其中有些武器装备可以通过网络用户自己在游戏中的努力来获取。这些网络装

---

① 陈旭琴. 论网络虚拟财产的法律属性 [J]. 浙江学刊，2004 (5)：142 – 146.
② 房秋实. 浅析网络虚拟财产 [J]. 法学评论，2006 (2)：73 – 77.
③ 钱明星，张帆. 网络虚拟财产民法问题探析 [J]. 福建师范大学学报（哲学社会科学版），2008 (5)：6 – 12.
④ 杨立新，王中合. 论网络虚拟财产的物权属性及其基本规则 [J]. 国家检察官学院学报，2004 (6)：3 – 9.
⑤ 汪炜. 网络虚拟财产的性质及其民法保护 [J]. 法制与经济，2006 (3)：5 – 29.
⑥ 施凤芹. 对"网络虚拟财产"问题的法律思考 [J]. 河北法学，2006 (3)：52；钱明星，张帆. 网络虚拟财产民法问题探析 [J]. 福建师范大学学报（哲学社会科学版），2008 (5)：6 – 12.
⑦ 钱明星，张帆. 网络虚拟财产民法问题探析 [J]. 福建师范大学学报（哲学社会科学版），2008 (5)：6 – 12.

备、账号等还可以在网络用户中转让，有人可以通过转让获取利益。如该款网络游戏玩家人数不够多，服务商则陷入亏本境地，不愿意继续为玩家提供该款网络游戏的服务。这就造成网络用户的虚拟财产随着游戏服务商终止提供游戏服务而灭失。而网络用户认为这些虚拟财产是通过自己的努力、向网络服务提供者购买、向其他游戏玩家购买等途径得来，这种获取支付了一定的对价。在网络服务提供者停止提供该游戏服务时，就侵害自身的虚拟财产权，由此产生纠纷。依据《民法总则》第 127 条的规定，法律对数据、网络虚拟财产的保护是有规定的，但是该条并没明确哪些是属于网络虚拟财产。其如何界定等问题也还是有待于进一步研究。该条为指引性条款，没有做出具体保护规定，与数据、网络虚拟财产的多样性，以及其性质和形态、类别正在不断发展有关系。因此，未来需要发展知识产权法、合同法等相关规定，不断提供保护。①

（四）即时通讯网络服务提供者侵权责任问题

即时通信属于应用中使用率最高的工具。绝大多数人使用该工具进行合法交流，但也有人用其做侵害他人权益之用。在这种情况下，即时通讯网络服务提供者的侵权责任如何确定就成为重要问题。QQ 相约自杀案将即时通讯网络服务提供者——腾讯推到风口。2010 年 6 月初起，加害人张某多次通过该即时通讯工具，向不特定用户发出自杀邀请。受害人范某接受该邀请。张某和范某约定在某酒店实施烧炭自杀。但在实施自杀行为时，由于邀请人张某无法承受痛苦等原因，自己停止了自杀行为并离开酒店。受邀请人范某则自杀身亡。QQ 是由腾讯公司经营，受害人范某的父母起诉，请求判决邀请自杀者张某和深圳市腾讯计算机系统有限公司，诉请其承担侵权责任。原告认为腾讯是网络服务提供者，其应该对儿子范某之死亡后果与邀请人张某共同承担连带赔偿责任。该主张的理由是网络服务提供者没有及时地对邀请自杀者的"相约自杀"内容采取措施，对其删除、屏蔽，腾讯不作为导致消息传播。该案一审法院认为死者范某是独立的民事行为能力人，对自己的死亡负主要责任。邀请自杀者张某的行为和腾讯公司未采取措施的不作为间接结合，导致损害后果的发生。法院根据两者过失大小和原因力比例，判决张某和腾讯公司分别承担 20% 和 10% 的损害赔偿责任。

该案二审法院认为腾讯 QQ 是腾讯公司开发的一款即时通讯工具，为网络用

---

① 张新宝.《中华人民共和国民法总则》释义 [M]. 北京：中国人民大学出版社，2017：250 – 251.

户及时交流提供网络技术服务和交流的平台。如果该网络服务提供者接到相关权利人的通知或者确切知晓该侵权行为情况下，有采取必要处置措施的义务。但腾讯公司是难以通过采取人工或技术手段来预先主动进行审查，也没有监管他人的群聊信息的义务。受害人范某的父母没有证据证明腾讯公司在范某自杀前曾经收到了相关权利人关于发布相约自杀邀请的侵权行为存在以及请求采取相关删除、屏蔽措施要求的通知。原告也未能证明即时通讯工具的网络服务提供者腾讯公司，在受害人自杀前已经确切知道相约自杀信息存在的事实。法院认为腾讯公司不构成侵权行为，因为其没有采取积极行为侵害他人权益，也没有违反自身的作为义务，不构成不作为侵权行为。案中死者通过腾讯公司提供即时交流工具，接受他人自杀邀请而实施自杀行为，死亡的损害后果是死者自身追求之结果。法院认为腾讯公司行为和死者死亡结果之间没有因果关系存在，因此该网络服务提供者无需对死者的死亡承担责任。① 该案件提出了即时通讯服务提供者的义务确定及其与言论自由的平衡、即时通讯工具的网络服务提供者是否有一般审查义务等问题。

（五）在消费者权益受侵害时网络交易平台责任问题

近年来，我国网络购物增长迅速。到 2015 年底，网物用户达到了 4.13 亿，比 2014 年底增长 14.3%，增加了网络用户 5183 万。在该年度，国家出台了多项促进网络零售市场发展的政策，其中包括《"互联网＋流通"行动计划》《关于积极推进"互联网＋"行动的指导意见》。这些政策的目的在于促进农村的电子商务发展，推进社区线上和线下的融合，推动跨境电子商务领域产业升级等多项行动。《中共中央关于制定国民经济和社会发展第十三个五年规划的建议》中提出了经济发展理念中的"共享"概念。网络零售和销售平台顺应了该经济发展理念。在该平台中，网络销售平台服务提供者、销售平台的零售者以及消费者都可以在平台的共建共享发展中得到实惠。② 网络购物用户在 2015 年年底到 2016 年年底增长了 12.9%，占到网民比例的六成以上，达到了 4.67 亿。在这一年里，利用手机购物的网络用户增长迅速，年增长率为 29.8%，用户规模

---

① 黄明，董碧水."QQ 相约自杀案"腾讯公司不担责［N］. 中国青年报，2012 - 02 - 11（3）.
② 中国互联网信息中心. 第38 次中国互联网络发展状况统计报告［R/OL］.（2016 - 01 - 06）［2016 - 12 - 13］. http：//www. cnnic. net. cn/hlwfzyj/hlwxzbg/201601/P020160122469130059846. pdf.

达到 4.41 亿，占手机网络用户的 63.4%。① 截至 2018 年 6 月，我国网络购物用户规模达到 5.69 亿，较 2017 年末增长 6.7%，网民总体比例达到 71.0%。手机网络购物用户规模达到 5.57 亿，较 2017 年末增长 10.2%，使用比例达到 70.7%。② 在收集的样本裁判中，对于财产权的侵害，大部分是由网络购物引起的网络服务提供者责任争议。网络购物大发展的背景下，网络服务提供者在提供销售平台的时候，其义务和责任问题主要包括以下几方面：第一，近年法院增长迅速的关于网络销售平台中，商家卖假冒伪劣商品时，网络销售平台是否承担责任以及承担何种责任问题。第二，在网络销售平台承担责任中，《侵权责任法》《消费者权益保护法》和其他法律法规，如《食品安全法》的适用问题。第三，引起关于网络销售平台对于在平台开店之商家是否有事前审查义务及有哪些审查义务问题。第四，在发生侵权行为时，网络销售平台应该采取哪些措施，并通过哪些途径解决问题。

（六）网络约车平台侵权责任问题

互联网技术的发展，有力地提升了公共服务水平。这些年我国网约租车行业飞速发展。到 2016 年底，网络预约专车用户规模达到了 1.68 亿，比 2016 年上半年增加了 4616 万，增长率达到 37.9%。③ 截至 2018 年 6 月，我国网约出租车用户规模达到 3.46 亿，较 2017 年末增加 5970 万，增长率为 20.8%；网约专车或快车用户规模达 2.99 亿，年增长率为 26.5%，用户使用比例由 30.6% 提升至 37.3%。④ 互联网的普惠、便捷、共享特性，渗透到公共服务领域。随之而来的是，网约车产生的侵权责任问题。网络约车平台属于网络服务提供者，其责任性质、构成等成为人们茶余饭后的热议点，法学界也从各个角度对其进行分析探讨。

论争包括网约车平台是否承担责任和承担责任性质，包括是侵权责任还是

---

① 中国互联网信息中心. 第 39 次中国互联网络发展状况统计报告［R/OL］.（2017 - 01 - 06）［2017 - 04 - 09］. http：//www. cnnic. net. cn/hlwfzyj/hlwxzbg/hlwtjbg/201701/t20170122_ 66437. htm.

② 中国互联网信息中心. 第 42 次中国互联网络发展状况统计报告［R/OL］.（2018 - 08 - 20）［2019 - 02 - 07］. http：//www. cac. gov. cn/2018 - 08/20/c_ 1123296882. htm.

③ 中国互联网信息中心. 第 39 次中国互联网络发展状况统计报告［R/OL］.（2017 - 01 - 06）［2017 - 04 - 09］. http：//www. cnnic. net. cn/hlwfzyj/hlwxzbg/hlwtjbg/201701/t20170122_ 66437. htm.

④ 中国互联网信息中心. 第 42 次中国互联网络发展状况统计报告［R/OL］.（2018 - 08 - 20）［2019 - 02 - 07］. http：//www. cac. gov. cn/2018 - 08/20/c_ 1123296882. htm.

违约责任，或者是其竞合问题。实践中，北京市海淀法院宣判首起网约车交通侵权案。在该网约车交通侵权案中，乘客通过滴滴平台网约车打车。在乘客乘坐约到的私家车时，因乘客打开车门而与他人发生交通事故，从而导致人身、车辆损害，产生关于谁来承担损害的赔偿责任问题。有观点认为，以滴滴为代表的网约车平台仅是一个提供互联网信息服务的平台，平台方在网上将用户的用车需求提供给运营方，撮合两方的交易，故不应承担任何责任。该案一审法院认为网约车平台和司机是劳务合同关系，与乘客是合同关系。根据事故发生的原因力及对避免危险发生的控制力，判决导致他人损害的乘客和网约车平台对超过交强险部分各承担50%赔偿责任。①

还出现有乘客通过网约车平台叫车，司机故意伤害乘客的行为，如，"电竞选手被滴滴司机砍断手筋"为标题的新闻引起社会哗然和热议。再如2016年5月深圳南山女性在搭乘一辆网约车后被抢劫杀害案件，产生了网约车平台对于网约车的审查义务及乘客的安全保障义务问题。在乘客人身、财产权受侵害时，解决依据哪些法律规定，确定网约车平台的侵权责任，及责任承担是该类平台健康发展和保障人们权益的当务之急。

以上只是不完全列出了近年来经济和生活中出现的网络服务提供者侵害他人人身和财产权益的问题。正是在问题多样、问题频发的背景下，对网络服务提供者侵权规则实施研究显得尤为重要和急迫。

三、网络服务提供者侵权规则实施研究内容和思路

（一）研究内容

法律的实施是指法律在社会实际生活中的具体运用和实现，其范畴涉及执法、司法和守法。② 通常来说，法律实施包括执法机关通过履行其职责来适用和执行法律，保障法律的实施，也包括自然人、法人和其他组织遵守法律，使法律得以实施。本书对网络服务提供者侵权规则的实施研究没有涉及法律实施中的每一个方面，而侧重于法院对网络服务提供者侵权规则的适用方面，在一定的范围内包含了相关社会组织和个人对规则的遵守。网络服务提供者侵权规则的实施实际上是实现网络侵权法律规则体系对社会相关体系的"改造"，按照

---

① 北京市海淀区人民法院. 北京海淀法院宣判首例涉网约车的交通案件 [R/OL]. (2016 – 12 – 01) [2016 – 12 – 14]. http：//www. chinacourt. org/article/detail/2016/12/id/ 2361884. shtml.

② 沈宗灵. 法理学 [M]. 北京：高等教育出版社，1994：340.

法律的要求重新调整网络社会秩序。其实质在于将该规则体系所体现的意志贯彻到社会生活当中去，以实现立法意图。

从某些方面看，本书对网络服务提供者侵权规则实施的研究，类似于对这些规则体系立法后的评估。评估和评价在英文中有"evaluate""assess"等多种表述，在我国相关论文的英文摘要中，对"立法后评估"的翻译也是多种多样的，比如"legal performance evaluation""evaluation after – legislation"和"legislative post – assessment"等。但经过认真比对之后，学者认为立法后评估在英文中使用较多的"evaluate"在中文中的准确含义应该是"求值、赋值和测评"①。比较来看，"evaluate"一词着重强调"评"，"assess"则是"估价、确定金额"等意思。我国实务界和理论界普遍接受了"立法后评估"的表述，这表明由于自身的文化传统和封闭的概念体系等原因，我国对立法后评估的理解重价值判断、轻技术测量。这导致了在立法后评估制度的科学性方面存在观念上的界限。② 但网络服务提供者侵权规则的实施研究又不完全同于立法后评估。立法后评估着眼于立法制定出来并实施一定阶段后对其效果所进行的评估，其与立法前评估、过程中评估共同构成了循环上升而又逻辑自洽的动态体系，共同属于立法的整体进程。③ 在评估对象选择和评估程序等问题上，立法评估都有为执法主体做出的单向选择性。而本书的研究，则是属于学者在研究的过程中对法律条文的实施问题进行研究。与立法后评估相同的是本研究的核心内容，包括文本质量和实施效果两个方面。首先是对网络服务提供者侵权规则做立法质量评估。在该评估中，从相关法律条文所体现的价值等对其进行整体评价，考察的问题包括这些条文目的、规范结构以及对于其语言的理解等，分析其是否符合基本的立法价值观，如是否符合公平正义、是否为权益提供了平衡的保障等。在实施效果的评价上，重点在于从调查和裁判实例等事实层面对网络服务提供者侵权规则体系在运行中的现实状况进行评价，考察法律的实施成本和收益、实施后的效果等。

具体来讲，网络服务提供者侵权规则得到实施，包含几个层次的内容。其一，规则在程序上的贯彻实行，包括规则体系的实施主体、实施行为、实施方法方式及其实施活动过程。其二，网络服务提供者侵权规则实体内容的实现。

---

① 牛津现代高级英汉双解词典 [Z]. 上海：商务印书馆，1988：395.
② 张德森，刘琦. 立法后评估制度的科学性及其限度 [J]. 湖南科技大学学报（社会科学版），2016（1）：24 – 30.
③ 汪全胜. 立法后评估研究 [M]. 北京：人民出版社，2012：19.

主要考察的是这些规则中的权利义务是否转变为社会现实，是否按照这些规则要求形成了具体的社会关系和社会秩序。其三，这些规则所蕴含的价值和精神是否得以切实体现。其中前两个层次反映这些规则实施的手段性因素，第三个层次则是实施的深层含义，体现法律实施的目的。

（二）法律实施的研究思路

本研究的内容，既包括对民事裁判结果的预期研究，也有对样本裁判本身的研究。预期的研究主要是在 2010 年法律规范实施之初，实践中缺乏足够数量以供分析的样本裁判时，通过规范分析、调查问卷等方法进行研究。研究包括了在规则实施之初对法律实施涉及的相关主体调研（通过调查问卷的形式）。这是在《侵权责任法》实施后三年内对规则的质量和效果进行的一次衡量和研究。接着，收集了一段时间内的真实裁判，来分析和发现相关的问题。样本裁判研究主要对收集到的样本裁判案情、裁判理由、裁判结果进行比较研究。具体来讲是通过中国法院裁判文书网，对近几年涉及的网络服务提供者侵害人身权、财产权的案件进行收集和整理、分析。在科学与权威合一的时代，谁不用数据说话，就没有办法说话。中国法院将一部分法院裁判文书传上网，一方面是对司法实践的监督，另一方面有利于对相关规则的实施进行客观判断，本书的网络服务提供者实施研究得益于这样一个时代背景。为了正确认识网络服务提供者侵权规则的立法质量和实施效果，研究成员在收集样本裁判中遵循着统一的采集标准，采集样本是在 2010 年到 2017 年一个连续的时间段之内。

第二节　网络服务提供者侵权规则体系

综观网络服务提供者侵权规则体系，可以分全国人大及常委会制定的法律部分和国务院、各部委颁布的相关行政法规、部委规章及最高人民法院通过的司法解释。以下对相关条文部分进行具体分析。

一、法律

全国人大及其常委会制定的与网络服务提供者侵权责任相关的法律共有 5 部，其中 4 部以"法"命名，1 部以"决定"命名，现对这些法律逐一分析。

（一）《侵权责任法》中的相关规定

《侵权责任法》中对网络侵权进行专门规制的条款为第 36 条（以下简称 36 条）。该条包括 3 款内容。第一款为规定自己责任的条款，被称为"宣示性条款"。该款规定了网络用户、网络服务提供者的自己责任。第二款是"通知条款"，规定权利人通知网络服务提供者时的责任构成、责任形式和责任范围。根据该款规定，在权利人通知网络服务提供者时，网络服务提供者应及时采取删除、屏蔽等措施。如果网络服务提供者未及时采取措施，则应该对损害扩大部分承担连带责任。第三款被称为"知道条款"。根据该款规定，在"知道"网络用户的侵权行为时，网络服务提供者与加害人就造成的损害承担连带责任。在 36 条中，第一款规定了网络服务提供者一般侵权行为的构成，是网络用户和网络服务提供者侵权责任的自己责任，也有人称其为直接责任。由于该款对侵权责任构成没有特别规定，所以属于一般过错责任。36 条的核心不是第一款，而是第二款和第三款，为确认网络服务提供者间接侵权责任之构成和责任类型。从条款的立法目的分析，针对网络侵权行为，规定间接侵权责任承担问题，为网络环境下的民事权益提供法律保障。系统来看，36 条不能构成一个完整的法条。对于该条的理解，需要结合《侵权责任法》的其他条款。比如需要结合《侵权责任法》的一般过错条款，即第六条的规定对侵权责任的构成进行分析判断。

（二）《消费者权益保护法》的相关规定

在 2013 年第十二届全国人民代表大会常务委员会通过了《关于修改＜中华人民共和国消费者权益保护法＞的决定》。修订后的《消费者权益保护法》第 44 条涉及对网络交易平台的义务之规定。根据该条规定，销售者或者服务者是赔偿义务主体。在消费者通过网络交易平台购买商品或者接受服务合法权益受到侵害时，可以向这两类主体请求赔偿。而网络交易平台提供者有提供真实信息的义务，在其不能提供销售者或服务者的真实名称、地址和有效联系方式等信息时，消费者可向网络交易平台提供者请求赔偿。但是，如果在交易的过程中，网络交易平台提供者做出了对消费者更为有利的承诺时，网络交易平台就应该依照该承诺来履行义务。在网络交易平台提供者赔偿后，其也取得向销售者、服务者追偿的权利。该条还规定了网络交易平台提供者与销售者、服务者承担连带责任的情况，即在其明知或应知销售者或者服务者利用其平台侵害消费者合法权益，而没有采取必要措施时，承担连带责任。依据该条规定，提供网络交易平台服务的网络服务提供者的义务和责任具体包括：第一，提供真实信息义务。在消费者通过网络交易平台来购买商品或接受服务，其合法权益受到他人侵害时，网络交易平台应该负有提供销售者或服务者真实名称、地址和有效联系方式的义务。在不能履行该义务时，承担赔偿责任。第二，履行更有利于消费者承诺的义务。第三，完全赔偿责任。该条没有规定不能履行提供销售者或服务者真实信息时，网络交易平台责任的性质。一般理解就是代替销售者或服务者的完全赔偿责任。只是在责任承担之后，网络交易平台享有追偿权。第四，连带责任。在网络服务提供者明知或应知的情形下，承担连带责任。

值得指出的是，在网络交易平台为经营者承担替代责任时，还可能是根据《消费者权益保护法》第55条规定的承担惩罚性赔偿责任。根据该条规定，有两种惩罚性损害赔偿。第一，价款或服务的三倍赔偿，即在有欺诈行为时，经营者应按照消费者的要求赔偿其受到的损失并增加赔偿。该增加赔偿金额以购买商品价款、接受服务费用为基数。在增加赔偿之数额不足五百元时，以五百元来计算。第二，所受损失两倍以下惩罚性损害赔偿。两倍以下惩罚性损害赔偿适用于经营者明知商品或服务存在缺陷还向消费者提供，从而造成了消费者或者其他受害人死亡或者健康严重损害的情形。其惩罚性赔偿的计算基数为受害人所受之损失。

（三）《食品安全法》的相关规定

相关案件也涉及2015年第12届全国人民代表大会常务委员会修订《食品安全法》中的相关条款。

1. 第三方交易平台提供者的五项义务

《食品安全法》第62条规定了第三方交易平台提供者的五项义务①。根据该条规定，网络食品第三方交易平台提供者的义务包括：第一，实名登记义务，即第三方交易平台应对加入该平台的食品经营者负有进行实名登记之义务。第二，网络食品第三方交易平台应当对加入该网的食品经营者进行食品安全管理。第三，网络第三方交易平台审查许可证的义务。也就是说在网络食品交易中要求销售者应当取得许可证，交易平台也应当审查该许可证。第四，发现入网食品经营者有违反《食品安全法》规定行为及时报告有关部门的义务。第五，发

---

① 《食品安全法》第62条规定："网络食品交易第三方平台提供者应当对入网食品经营者进行实名登记，明确其食品安全管理责任；依法应当取得许可证的，还应当审查其许可证。网络食品交易第三方平台提供者发现入网食品经营者有违反本法规定行为的，应当及时制止并立即报告所在地县级人民政府食品药品监督管理部门；发现严重违法行为的，应当立即停止提供网络交易平台服务。"

现严重违法行为立即停止服务的义务。

2. 义务违反之责任类型

《食品安全法》第131条规定了网络食品交易第三方平台没有履行义务的责任，即未履行上述义务的行政责任和民事责任。其行政责任包括责令改正、没收违法所得、罚款及责令停业、吊销许可证等。根据该条规定，网络食品交易第三方平台的民事责任是在消费者的合法权益受到食品经营者侵害时，由网络交易平台与食品经营者共同对其所受损害承担连带赔偿责任。根据该条规定，违反上述五项义务，使消费者合法权益受损的，网络交易平台与食品经营者承担的责任为连带责任，其性质为民事责任。这也就表明根据该条规定，该五项义务不仅仅是行政法上的义务，而且是民事义务，对其违反产生民事责任。

《食品安全法》第148条关于惩罚性损害赔偿的规定。该条规定与《侵权责任法》不同，实践中对责任确定有非常大的影响。根据该条规定，生产者或者经营者惩罚性赔偿金有十倍和三倍两类。其构成条件是生产者生产不符合食品安全标准食品、经营者在明知为不符合食品安全标准的食品而经营的。惩罚性赔偿金的数额计算方法不同。其中十倍的计算基数是"支付价款"，而三倍的计算基数是"损失"。在增加赔偿金额不满一千元时，最低惩罚性赔偿金数额是一千元。

3. 网络食品交易第三方平台追偿权

在通过网络食品交易第三方平台购买食品时，消费者的合法权益受到侵害，而该交易平台提供者未能依据法律规定提供入网食品经营者真实信息的，由该交易平台承担赔偿责任。但是该交易平台并不是终局责任承担者，在其赔偿了消费者所受之损害后，取得向造成损害的食品经营者或者食品生产者追偿的权利。

4. 发布虚假广告的连带责任

除了以上几条对网络食品交易第三方平台的义务和责任的直接规定外，该法还有几条与网络服务提供者责任联系紧密。这些条款包括第20条、第66条、第140条。其中第20条规定食品安全标准。第66条是对进口的预包装食品的规定。根据该规定，预包装食品上需要有中文标签、中文说明书。第140条是关于网络食品交易第三方平台对这些食品进行虚假宣传广告时的责任规定。依据该规定，在发布、制作、设计虚假食品广告使消费者权益受损害的，责任主体包括广告经营者、发布者。这两类主体应与食品生产经营者承担连带责任。此外，在虚假广告和宣传中，向消费者推荐行为的主体，如社会团体、其他组织和个人，因其推荐行为使消费者合法权益受侵害时，推荐者也应与食品生产经营者承担连带责任。

（四）《网络安全法》①

1. 对相关用语的界定

《网络安全法》对相关概念的界定为网络服务提供者侵权责任的界定提供参考。第一，对网络的界定。根据该法，网络是由计算机或者其他信息终端及相关设备组成的按照一定的规则和程序对信息进行收集、存储、传输、交换、处理的系统。第二，对网络运营者的确定。网络运营者包括网络的所有者、管理者和网络服务提供者。第三，对个人信息的界定和列举。根据《网络安全法》，个人信息可以电子记录，也可以以其他方式记录，他人能够单独根据该信息，或者将该信息与其他信息结合起来，以识别自然人个人身份。其列举的自然人个人信息包括姓名、身份证件号码、个人生物识别信息、出生日期、住址、电话号码等。但是法条明确该条为不完全列举，个人信息还可以包括其他未列举的信息。

2. 立法目的

《网络安全法》直接规定了，其立法目的包括两大方面。从宏观角度来看，其目的是保障网络安全，维护网络空间主权、国家安全及社会公共利益，促进经济和社会信息化健康发展。从微观角度看，该法立法目的为保护自然人、法人和其他组织的合法权益。其中所指的"合法权益"，当然包括了民事权益。虽然该法律规定的责任主要是行政责任，但其第74条规定包含了民事责任的内容，即在违反该法规定给他人造成损害时，产生民事责任承担问题。也就是说，该法中规定的义务，也为民事义务，对这些义务的违反可以是民事责任产生之前提。

3. 网络产品、服务标准和安全维护义务

该法第22条规定了网络产品和服务需要与相关国家标准中的强制性要求相符合。网络服务提供者提供网络产品和服务的时候，不得在其中设置恶意程序。在发现其提供的网络产品和服务存在风险，如安全缺陷、漏洞时，网络服务提供者应当立即采取补救措施，包括及时告知相关用户和向主管部门报告的义务。

---

① 《网络安全法》于2016年11月7日由第12届全国人民代表大会常务委员会第二十四次会议通过，自2017年6月1日起施行。

该条明确提供持续安全维护义务。网络产品、服务的提供者在规定或者与当事人约定的期限内，不得终止，而是应提供持续安全维护。

4. 收集信息规则及保护个人信息的义务

规定这些义务的条款涉及该法第 22 条、第 40 条至第 42 条。具体包括以下内容。

第一，经同意合法收集、使用信息义务。网络服务提供者所提供的网络产品或服务中，具有收集用户信息功能的，网络服务提供者应当向用户明示该功能，在取得用户同意时才能收集相关信息。在涉及收集用户个人信息时，该收集行为需要遵守有关法律、行政法规中对个人信息保护之规定。收集、使用个人信息需遵循合法、正当、必要的原则。也就是说，在被收集者同意的条件下，网络服务提供者还应公开收集、使用个人信息的规则，明确表示收集、使用个人信息之范围、方式和目的。该法规定了网络运营者收集、使用信息中的消极义务：收集、使用个人信息时不得违反法律、行政法规。网络服务提供者不能收集与其提供服务无关之个人信息。

第二，要求相关用户提供真实身份信息的义务。该法第 24 条规定，网络运营者有要求用户提供真实身份信息的义务。在其为用户办理列举的业务时，在与用户签订协议或者确认提供服务时，都应当要求其提供真实信息。在用户不提供时，网络服务提供者不应提供相关服务。其所列举的不得提供的服务包括即时通讯、固定电话和移动电话之接入、网络接入和域名注册服务等。

第三，保障信息安全义务。据第 40 条、第 42 条规定，网络服务提供者负有保密、不得泄露、篡改、毁损和防止信息泄露义务。要求网络运营者建立健全用户信息保护制度，对收集到的用户信息进行严格保密。在没有得到被收集者同意时，网络运营者不得向其他人提供其个人信息。禁止网络运营者泄露、毁损或者篡改其收集到的个人信息。为保障个人信息安全，网络运营者应当采取技术措施和其他必要措施以防止信息泄露、毁损、丢失。在发生或者可能发生收集到的个人信息泄露、毁损、丢失等情况时，网络服务提供者应当立即补救，应及时告知相关用户，及时报告主管部门。电子信息发送服务提供者、应用软件下载服务提供者都负有安全管理义务。在这两类服务提供者知道其用户存在违反上述规定行为时，应停止提供服务、采取相应的措施，并且对有关记录予以保存。

第四，权利人的请求删除、更正权。在权利人发现网络运营者收集、使用其个人信息违反当事人的约定或者法律、行政法规的相关规定时，有要求网络运营者删除其个人信息的权利。网络运营者收集、存储的个人信息存在错误的，权利人请求更正权。

（五）《关于加强网络信息保护的决定》（以下简称《决定》）

《关于加强网络信息保护的决定》由全国人大常务委员会颁布①。该《决定》虽然不是基本法律，但根据其制定机关判断，也归于法律的范畴。《决定》对于网络服务提供者侵权责任构成的判断有着重要作用。

《决定》第2条和第3条规定了网络服务提供者收集、使用个人信息的原则和保密义务，包括禁止网络服务提供者泄露、篡改、毁损和出售及向他人非法提供个人信息。与《网络安全法》不同之处是增加了"禁止出售个人信息"的规定。第4条与《网络安全法》的规定是一致的，规定了网络服务提供者采取技术措施和其他必要措施确保个人电子信息安全的义务。第5条规定网络服务提供者加强对用户发布信息管理义务，以及在发现违法发布、传输信息时的停止传输、采取消除等处置措施、保存记录和向主管部门报告之义务。第6条规定了网络服务提供者要求用户提供真实身份信息的义务。《决定》对网络服务提供者的个人网络信息义务更为具体。依据《侵权责任法》36条第二款的文义，确定侵权责任构成时，违法行为表现为"接到被侵权人通知、没有采取必要措施"。从构成来看，实质上是过错标准的客观化，即该违法行为的存在也为确定过错的标准。

除了以上法律，在判断网络侵权行为时还会涉及其他相关法律。在网络服务提供者侵权行为产生财产上的损害时，需要结合运用《物权法》相关条款。而要确定知识产权时，则需依据《著作权法》《商标法》等法律来确定责任的构成、损害的承担等。

二、行政法规和部委规章

虽然部委规章在法院判决中是参照适用，但在法律规则体系中，行政法规和部委规章对义务和责任的确定有着重要作用。

（一）国务院颁布的《信息网络传播权保护条例》（以下简称《信息传播条例》）②

该《信息传播条例》规定了权利人的信息网络传播权。其中所指的权利人

---

① 《全国人民代表大会常务委员会关于加强网络信息保护的决定》于2012年12月28日由第十一届全国人民代表大会常务委员会第三十次会议通过。

② 《信息网络传播权保护条例》于2006年由国务院令第468号公布，经过2013年的修订。

为表演者、录音录像制作者、著作权人。在《信息传播条例》第 14 条规定了通知的形式和内容，即提供信息存储空间或者提供搜索、链接服务的网络服务提供者的服务涉及的作品侵害他人权利时，通知的形式和内容。《信息传播条例》第 15 条规定网络服务提供者接到权利人的通知书应当立即采取的措施。第 16 条规定在接到网络服务提供者转送的通知书后，服务对象认为未侵犯他人权利时，可向网络服务提供者提交要求恢复的书面说明以及具体内容。第 17 条则规定，在网络服务提供者接到服务对象的书面说明之后，应当立即恢复其停止的服务或者链接等，同时要向权利人转送该书面说明。但是依据该规定，产生的为行政责任及其权利人不得再通知的后果。

（二）公安部颁布的《互联网安全保护技术措施规定》（以下简称《规定》）①

该《规定》有涉及网络服务提供者义务和责任的内容，具体包括以下义务。

1. 规定了网络服务提供者有不得公开、泄露用户注册信息义务和建立相应管理制度义务。根据该《规定》第 4 条，互联网服务提供者有建立相应管理制度的义务；除法律、法规另有规定或者未经用户同意外，不得公开、泄露用户注册信息。网络服务提供者负有不得利用互联网安全保护技术措施侵犯用户通信自由和通信秘密义务。

2. 网络服务提供者采取安全保护技术措施的义务。《规定》第 7 条到第 10 条实质上规定了具体的安全保护措施。网络服务提供者应采取记录、跟踪网络运行状态，做到相应的安全保护技术措施。用户注册信息应该由网络服务提供者记录、留存。在提供接入服务时使用内部网络地址和互联网网络地址转换方式的，需记录和留存其使用的网络地址及内部网络地址的对应关系。

3. 采取安全保护技术措施义务。依据《规定》中涉及不同类型网络服务提供者安全保护技术措施。其第 9 条规定，提供互联网信息服务的单位应当落实几项安全保护技术措施。第一，保留相关记录，即在网络服务提供者提供公共信息服务时，如发现后停止传输违法信息的，应保留记录。第二，能够记录并留存信息。这是指网络服务提供者在提供新闻服务、出版服务或者电子公告服务的，对于其发布信息的内容、发布时间应该记录并留存。第三，自动恢复措施。这是指对门户网站、新闻网站或者电子商务网站，为了防止他人篡改网站、网页内容，应有自动恢复措施。第四，提供开办电子公告服务的网络服务提供

---

① 《互联网安全保护技术措施规定》于 2005 年由公安部发布（公安部令第 82 号）。

者，应该审计用户的注册信息和其所发布的信息。这里的审计，因为在《侵权责任法》中没有相关的规定，可以理解为有审查这些信息真实性的义务。第五，开办电子邮件和网上短信息服务的网络服务提供者，有义务采取措施防范和清除他人用群发方式所发送的伪造、隐匿信息发送者真实标记的电子邮件及信息。

根据《规定》第10条，提供互联网数据中心服务、联网使用的网络服务提供者，有落实相应功能的安全保护技术措施义务。这些义务与第9条相同的有保留相关记录、记录并留存信息、能够记录并留存互联网网络地址和内部网络地址对应关系。第11条对提供互联网上网服务的单位应当安装并运行互联网公共上网服务场所安全管理系统的义务做了规定。第12条规定互联网服务提供者采取互联网安全保护技术措施的，其联网接口应符合维护公共安全行业技术标准。第13条规定记录备份功能保存时间。依照该规定落实需要采用记录留存技术措施的网络服务提供者，记录备份功能的保存时间不少于60天。

4. 消极要件的规定。该《规定》第14条从禁止的角度规定了互联网服务提供者和联网使用单位不得实施的行为。该类行为包括五种：第一，禁止停止、部分停止安全保护技术设施和技术手段运行。第二，禁止故意破坏相应的安全保护技术设施。第三，禁止擅自删除、篡改相关安全保护技术设施和技术手段的运行程序及其相关记录。第四，禁止擅自改变安全保护技术措施之用途及其使用的范围。第五，禁止其他故意破坏安全保护技术措施或妨碍安全保护技术措施正常发挥其功能的行为。

（三）国家网信办颁布的《互联网信息搜索服务管理规定》①

《互联网信息搜索服务管理规定》实质上强调了互联网信息搜索服务提供者的企业社会责任，督促其加强自身管理，并为网民提供客观、公正、权威的搜索结果。依据该规定，互联网信息搜索服务提供者有建立健全信息审核义务，需建立对公共信息进行实时巡查等信息安全管理制度。该类网络服务提供者不得提供法律法规禁止的信息内容，具体来说，是在链接、摘要或者联想词等各种服务中，不得含有这些禁止的内容。依据该规定，互联网信息搜索服务提供者义务有：第一，健全信息安全管理制度义务。应建立健全各项信息安全管理制度，不得提供含有法律法规禁止的信息内容。第二，违法信息和行为报告义务。在网络服务提供者发现搜索结果中明显含有法律法规禁止内容，如禁止信息、网站和应用的，其负有停止提供搜索结果和保存记录、及时报告义务。第

---

① 《互联网信息搜索服务管理规定》由国家互联网信息办公室于2016年6月发布。

三，不得谋取不正当利益之义务。也就是说其不能通过断开相关链接或者提供含有虚假信息的搜索结果等手段，牟取不正当利益。第四，提供客观、公正、权威的搜索结果，不得损害国家利益、公共利益，以及公民、法人和其他组织的合法权益。第五，提供付费搜索时的查验、明确比例及醒目区分义务。提供付费搜索信息服务的网络服务提供者，应该依照法律规定来查验客户是否具备相关资质，应该明确相关付费搜索信息页面所占的比例。哪些是自然搜索结果、哪些是付费搜索信息，应当以醒目的方式在服务网页中加以区分，并且将显著标识逐条加注在付费搜索信息结果上。第六，依照法律法规要求提供商业广告信息服务。第七，建立健全投诉、举报途径义务。建立健全公众投诉、举报和用户权益保护制度，在显著位置公布投诉、举报方式，主动接受公众监督，及时处理公众投诉。

该《规定》对网络服务提供者侵权责任确定的重要意义在于对付费搜索信息服务提供者义务做了明确规定和列举。依法查验客户有关资质，可以预防加害行为发生。醒目区分自然搜索结果与付费搜索信息、加注显著标识于付费搜索信息的规定，有利于帮助网络用户区分其所搜索到信息的性质。因为长期以来，互联网信息搜索服务提供者提供的自然搜索结果与付费搜索信息区分往往不够清晰，导致很多人在不明真相的情况下听信网络广告。该规定在一定程度上能够遏制加害人利用网络医疗类付费搜索信息、虚假广告等方式侵害他人生命健康权和财产权的行为。该《规定》对互联网信息搜索服务提供者付费搜索信息服务、商业广告信息服务提出了具体要求，旨在推动相关服务不断规范，积极保护网民合法权益。

三、相关司法解释

网络服务提供者侵权规则体系中，没有就《侵权责任法》第36条的一般性司法解释。相关的司法解释主要涉及人身权益受侵害时的法律适用、网络著作权受侵害时的法律适用、食品药品纠纷及相关的刑事法律规范的适用等。

（一）《关于审理利用信息网络侵害人身权益民事纠纷案件适用法律若干问题的规定》①（以下简称《网络侵害人身权益的规定》）

最高人民法院2014年颁布的该规定是依据我国《民法通则》《侵权责任法》

---

① 《关于审理利用信息网络侵害人身权益民事纠纷案件适用法律若干问题的规定》为最高人民法院审判委员会第1621次会议通过，2014年10月10日起施行。

和全国人民代表大会常务委员会的《关于加强网络信息保护的决定》制定的。《网络侵害人身权益的规定》用列举的方式解释了"利用信息网络侵害人身权益民事纠纷",认为该类纠纷是利用信息网络侵害他人人身权益引起的纠纷,包括对利用网络侵害姓名权、名称权、肖像权、隐私权、名誉权和荣誉权而产生的纠纷。

《网络侵害人身权益的规定》内容比较齐全,包括了通知的内容和形式、采取措施是否及时的判断、抗辩事由、错误通知后果等。

1. 涉及 36 条第 2 款的解释

第一,通知的内容和形式。被侵权人通知的形式包括书面形式或者网络服务提供者公示的方式。通知内容通常包括通知人的信息,如其姓名(名称)、联系方式。通知中所称侵权内容要求明确,如需要采取必要措施的相应网络地址、准确定位相关侵权内容的信息。此外,通知人还需要说明要求删除相关侵权信息之理由。

第二,网络服务提供者接到通知后,采取措施是否及时的判断。措施采取是否及时,需要结合的因素很多。该网络服务提供者所提供的服务性质、通知者所采取何种形式通知、通知中所称指向的侵权行为是否准确、受侵害的权益类型、权益受侵害程度等,都是法院在受理这类案件需要综合考虑的因素。综合这些因素进而认定网络服务提供者采取的措施是否必要、是否及时。

第三,错误通知和采取措施错误后果。首先,接到通知采取措施可以作为抗辩事由。被采取措施的网络用户有权请求网络服务提供者提供通知内容。在发布信息的网络用户认为网络服务提供者采取的措施给自己造成损害,请求网络服务提供者承担责任(包括违约责任、侵权责任)的,"收到通知后采取措施"作为网络服务提供者的抗辩事由。其次,通知人承担错误通知造成他人损害的后果。再次,网络用户认为网络服务提供者采取了错误措施时,除了受技术条件限制无法恢复的之外,网络用户可向网络服务提供者请求恢复。

2. 涉及 36 条第 3 款的解释

第一,关于主观要件"知道"的判断。依据该规定第 9 条,认定网络服务提供者是否"知道",应当考量的因素主要包括:其一,是否有对侵权信息的改变行为。这种改变包括人工方式,也包括自动方式。具体行为可以是对侵权网络信息的编辑和整理,也可以是其他的行为,如进行选择和修改等。其二,考量网络服务提供者具体情况。如其管理信息能力、其所提供的服务是哪种性质、服务的提供方式、提供的服务导致侵权行为之可能性及其所导致损害之程度等。

其三，导致人身权益受侵害的信息所属类型、其侵权的明显程度和对社会造成的影响程度，并且结合在一定时间内该侵权信息的浏览量大小等因素考虑。其四，考察该网络服务提供者是否采取了合理措施、其在技术上采取预防侵权行为措施的可能性。此外，如果有发生重复侵权行为的可能时，要考察针对同一网络用户的重复侵权行为或者同一侵权信息，网络服务提供者是否采取了相应措施加以预防。

第二，对转载网络信息行为的过错及其程度认定的考量因素。对网络用户或者网络服务提供者的过错及其程度的认定，法院考量因素涉及范围很广。该转载主体的性质影响到其应该承担的注意义务之范围。考虑转载的信息导致他人人身权益侵害程度，如是否能明显判断该信息侵害他人权益。是否有实质性修改也是一个重要衡量因素，如果网络服务提供者对转载信息做出实质性修改、添加、修改了文章标题等，都会影响其侵权责任的构成。此外，还需考虑该转载信息的修改是否导致与内容严重不符、对公众产生误导的可能性等。

3. 对个人信息保护的规定

第一，对个人信息范围的界定。该规定第 12 条列举了个人信息保护范围。其中列举了自然人个人隐私，包括其基因信息、个人健康状况信息，如健康检查资料、病历资料；个人行为记录，如犯罪记录、影响个人安宁的信息，又如家庭住址和私人活动信息等。除了个人隐私信息外，还弹性规定了"其他个人信息"作为兜底条款。

第二，不承担责任的情形。存在法律规定的情形，对个人信息的公开无须承担责任。这些情形主要包括几类：①经权利人同意公开。该同意需要特殊的形式，即采用书面同意形式，并且要求该同意在约定范围公开。②为了公益目的，即为促进社会公共利益的公开，但这种公开限定在必要范围之内。公共利益还包括科研机构和学校等，为了学术研究需要、统计的需要公开，但是该公开也需经自然人书面同意，而且公开方式有限定，应该以不足以识别特定自然人的方式公开。③国家机关行使职权时，可以公开个人信息，比如法院判决、执行等。④如果自然人自己在网络公开其个人信息、以其他方式合法公开个人信息、以合法渠道获取个人信息等，也可以成为不承担责任的事由。

在不承担责任事由中，对"自然人自行在网络上公开的信息或者其他已合法公开的个人信息""以合法渠道获取的个人信息"的公开，有着一定的条件限制，即该种公开方式需要法律规定，应该符合社会公共利益、社会公德的条件要求。如果行为人以违反社会公共利益、社会公德的方式公开自然人这类信息或者被公开的其他信息会侵害权利人的重大利益时，因该种利益是值得保护之重大利益，因此该行为可以构成侵权行为。

第三，发布依国家机构履行职权行为公布信息是否构成侵权问题。根据国家机关履行职务行使职权的需要，其制作相关法律文书、公开实施其职权行为时，会发布相关个人信息。根据上述信息来源发布信息的网络用户或者网络服务提供者，并不能随意使用相关个人信息。如果有以下行为，则构成侵权行为。这些行为包括：发布与上述来源的信息内容不符信息的行为；在上述信息中添加侮辱性内容、诽谤性信息内容的行为；添加不当的标题或者通过增删、调整结构、改变顺序等方式使人误解信息内容的行为；对于已经更正的信息，不予更正或者发布被更正前信息的行为等。

4. 侵害人身权益的责任承担

第一，责任形式和责任范围。根据该规定，侵害人身权益的责任形式包括赔礼道歉、消除影响以及恢复名誉等。这和《民法通则》以及《民法总则》是一致的。但是该解释具体规定了这些责任形式的承担应当与侵权具体方式、侵权行为所造成影响范围相当。如根据侵权行为对他人名誉权损害范围，即其社会评价降低范围，来确定应该刊登赔礼道歉的通知的范围。在侵权行为人拒不履行法院判决的，法院可以在网络上发布公告或者公布裁判文书等合理的方式来执行。侵权行为人承担由此产生的费用。

第二，合理开支为财产损失。《侵权责任法》第 20 条规定了责任人应该赔偿其给受害人造成的财产损失。但是实践中，对于财产损失如何计算则需要具体确定。为制止加害人的侵权行为，受害人或其委托的代理人需要对侵权行为进行调查、取证，这些都需要支付相应的费用。该司法解释确认被侵权人所支付的这些费用为合理开支。根据当事人的请求和具体案情，法院可以将受害人支付的律师费用计算在赔偿范围之内，一般律师费用的收取应该符合有关部门规定的律师费用计算标准。

该司法解释在很多方面都对《侵权责任法》第 36 条以及其他条款进行细化。但该规定也存在一定的遗憾。首先，最高人民法院区分受侵害的权益进行解释的方式，使该规定只适用于侵害人身权益，对于网络服务提供者侵害财产权益，缺乏相关界定。其次，规定混淆了相关概念。如第 5 条将"被侵权人发送的通知未满足条件"作为免责事由。严格来说，应该是责任不成立事由。再次，根据第 9 条规定，知道和"应当知道"的判断没有明显界限。

（二）《关于审理涉及计算机网络著作权纠纷案件适用法律若干问题的解释》①（以下简称《关于网络著作权适用法律解释》）

该解释是专门针对网络侵害著作权做出规定，其内容主要有几个方面。

1. 承担连带责任的情形。即规定了网络服务提供者侵害计算机网络著作权时承担连带责任的几种情形。第一种情形涉及教唆、帮助侵害他人著作权。依据其第 4 条规定，参与他人侵害著作权，帮助、教唆他人侵害著作权的网络服务提供者是共同侵权行为人。因此网络服务提供者与其他加害人、直接实施侵权行为人承担连带责任。第二种情形针对提供内容服务的网络服务提供者。根据该解释第 5 条，这类网络服务提供者在两种情况下与侵害他人著作权的网络用户构成共同侵权，承担连带责任。一为主观上明知网络用户利用其网络服务实施侵犯他人著作权的行为；二为著作权人向其提出确有证据警告，仍不采取必要措施消除侵权后果的。

2. 承担过错责任情形。其第 6 条规定提供内容服务的网络服务提供者承担过错责任。该过错责任构成要件是：第一，权利人向该类网络服务提供者提出要求，请求其提供加害人在该内容服务提供商的网络上之注册资料；第二，该网络服务提供者接到请求，没有正当理由拒绝提供相关资料。

3. 关于著作权人通知要求及相关法律后果。其第 7 条规定了权利人向网络服务提供者发出的通知要求。该条款要求著作权人向网络服务提供者提供其身份证明、其所指的侵害著作权的行为之情况的证明、所称的著作权权属证明。如果在权利人向网络服务提供者提出的警告、索要侵权行为人网络注册资料要求的通知中，不符合上述条件要求的，法律后果视为未提出警告或者未提出索要请求。在接到通知后，有两种情形，分别是：第一种为网络服务提供者在接到著作权人出示上述证明后，仍不采取措施的。该种情况下权利人提起诉讼时，著作权人可以向法院申请先行裁定停止侵害、排除妨碍、消除影响。这是为了防止侵害行为导致的损害扩大的一种方式。第二种情况是网络服务提供者的免责和不实指控人的责任。由于通知人的通知中可能存在不实之指控，而网络服务提供者根据这些通知采取了相关措施，就可能涉及违约和侵权责任问题。根据该解释第 8 条之规定，如因著作权人指控侵权不实，网络服务提供者采取了措施，导致被控侵权人因这些措施的采取而遭受损失，请求网络服务提供者承

---

① 《最高人民法院关于审理涉及计算机网络著作权纠纷案件适用法律若干问题的解释》于 2000 年由最高人民法院审判委员会第 1144 次会议通过，自当年 12 月 21 日起施行。

担赔偿责任时，由不实指控人来承担该赔偿责任。

（三）《关于审理食品药品纠纷案件适用法律若干问题的规定》①（以下简称《食药品适用法律规定》）

该规定详细明确了提供网络交易平台销售特殊商品（食品、药品）时，网络服务提供者的特殊义务和责任。具体来说，该规定涉及几个方面的问题。

1. 网络服务提供者的权利和义务。第一，提供销售者真实信息义务。根据该《规定》第9条，网络服务提供者应提供销售者真实信息。也就是说，对于在该网络交易平台销售食品、药品的生产者或者销售者，网络交易平台需要能够提供其真实名称、联系地址以及这些主体的有效联系方式。在网络交易平台未履行该义务时，受害人可请求网络交易平台承担责任。第二，网络交易平台赔偿后可行使追偿权。网络交易平台提供者承担赔偿责任后，可以向生产者或者销售者行使追偿权。

2. 网络服务提供者与生产者、销售者的责任。首先，规定了责任类型。根据第9条第二款规定，网络交易平台提供者与生产者、销售者承担连带责任。其构成要件是网络交易平台提供者主观上知道或者应当知道生产者、销售者利用其平台，生产、销售药品和食品，实施侵害消费者合法权益的行为。客观上看，网络交易平台提供者未能采取必要措施，导致消费者人身和财产受到侵害。

其次，规定了损害赔偿。其第15条规定了支付价款十倍赔偿金。承担该责任的构成要件是生产不符合安全标准的食品和销售明知不符合安全标准的食品。该条规定虽然针对生产者和销售者的价款十倍赔偿金，但是结合第9条规定，如果网络服务提供者不能履行其义务，导致消费者无法向生产者、销售者请求赔偿的，消费者可以请求网络服务提供者承担责任。

（四）《关于办理利用信息网络实施诽谤等刑事案件适用法律若干问题的解释》②

该解释虽然是最高人民法院、最高人民检察院针对刑事案件做出的，但是其对信息网络的理解可以给予民事案件借鉴。如该解释，可以帮助理解"信息网络"。其所指的信息网络包括以电子设备为终端的信息网络和向公众开放的局域网。其中信息网络范围也非常广泛，包括了计算机、电视机、固定电话机、移动电话机等。除了计算机互联网外，广播电视网、固定通信网、移动通信网等信息网络都属于信息网络的范畴。

---

① 《关于审理食品药品纠纷案件适用法律若干问题的规定》于2013年12月9日由最高人民法院审判委员会第1599次会议通过，自2014年3月15日起施行。

② 最高人民法院、最高人民检察院《关于办理利用信息网络实施诽谤等刑事案件适用法律若干问题的解释》法释〔2013〕21号。

第二章

网络服务提供者侵权规则实施调查报告

《侵权责任法》是网络服务提供者侵权规则中的核心条款。在其实施之初，由于没有相关法院裁判实践的支持，我们将研究的重心之一放在对网络用户和网络服务提供者的调研上。调查目的是通过调查问卷，对法条实施后可能的侵权责任人和侵权法律关系的参与者所采取的相关做法和防范措施进行了解。问卷针对公司和个人分别设计。对于网络服务提供者，考察其公司状况：如何设置投诉处理机构、接到投诉的处理机制及其处理时考虑的因素和处理情况。此外，也包括网络服务提供者处理成本及其《侵权责任法》实施后对其影响等方面的问题。针对网络用户的问卷，调查内容主要涉及网络用户年龄段分布情况、网络用户在网络参与各项活动时对民事权利保护的认识、网络用户在参与网络活动过程中权益受侵害的情况及其在权利受侵害时选择的救济途径，等等。考虑到被调查者自身填写，其可能由于自身立场和利益影响，未能全面反映其真实情况。本调查问卷只能辅助了解《侵权责任法》实施后三年内相关主体的情况。

第一节　调查报告内容及研究意义

一、调查报告考察内容

针对不同的对象，调查报告分为两份，一份为针对网络服务提供者，另一份为针对网络用户。

（一）对网络服务提供者调查报告考察内容

该份调查报告一共有 53 道调查题目，其中 52 道选择题（包括多选和单选）和 1 道自由答题。其内容具体有：

被调查者的具体情况。其一，被调查者的业务。包括该主体提供的网络服务类型为搜索引擎服务、BBS 论坛、视频分享、社交网络还是 P2P 下载等。其二，被调查者的规模。考察公司的注册资本，选项分为"50 万以下""50 万到 500 万""500 万到 5000 万"和"5000 万以上"。

调查问卷考察了网络服务提供者对法律的了解和处理机构设置。其一，为对《侵权责任法》了解情况。其二，为公司处理网络侵权通知的人员或者机构设置情况，包括有或没有专门机构、其他部门是否兼有该职能等。其三，为公司判断网络用户侵权行为构成与否的机构，选项包括网络用户组成的处理委员会、公司相关部门和其他。其四，为公司在《侵权责任法》实施之后是否对公司员工进行过这方面的讲解与培训情况考察。

调查问卷考察了《侵权责任法》颁布后，网络服务提供者处理网络侵权纠纷的成本。首先是有没有增加成本。其次是考察增加的成本主要体现在哪些方面，选项包括处理人员的增加、处理技术的改进、处理人员培训费用的增加、处理机构的增设等。再次，考察网络服务提供者上述人员或者机构的设置和员工培训每年总共花费的金额在三年期间的增长情况，设了"5% 以下""5%—25%""25%—50%"和"50% 以上"4 个等级。

调查问卷考察网络服务提供者对于侵权行为的通知和处理情况。第一，考察其是否会接受认为网络用户或者网络公司实施了侵权行为，要求公司删除、屏蔽或者断开链接等相关通知。第二，了解其通知渠道，如拨打举报电话、网站上通知方式、联系板块负责人或者其他方式。第三，考察各年度接到通知的数量，以了解其变化，把握发展趋势。第四，考察"通知"所涉及的受侵害权利类型。该部分涉及的受侵害权利类型，包括名誉权、隐私权、肖像权、知识产权和其他权利，共有 5 道选择题分别加以考察。第五，被调查者对于"通知"的要求和错误通知的处理。对受理"通知"的基本要求题为多选，包括"只要求通知人提出通知即可""要求通知人提供自己的姓名、联系方式和地址""要求通知人提供要删除或者断开链接的侵权作品等的名称和网络地址"和"要求通知人提供构成侵权的初步证明材料"选项。然后进一步考察受理"通知"后，受访者通知投诉者的情况。对于受访者明确错误"通知"的做法，则有"依法直接删除、屏蔽或断开链接""告知通知者'通知'错误之处""要求通知人采取相应担保和不予受理"。对于不予受理的情形，问卷考察了其对该决定的通知情况，包括是否通知和通知方式。

调查问卷接下来考察的是"通知"中所指向的"侵权人"是否有陈述和辩

护机会，受访者是否会全面收集各方证据来为其决定提供支撑，包括受理"通知"后，网络服务提供者是否要求其所指的侵权人进行自我辩护、对网络行为侵权与否判断不明或者经过双方的陈述与自辩后，依然不明时，其如何处理。选项包括组织公司内部专门人员进行讨论研究并做出决定、交由网络用户组成的处理委员会决定、对涉事信息采取必要措施（必要措施是指：删除、屏蔽或者断开链接等措施，不采取必要措施及其他）。对于采取必要措施的比例及其细节，分别考察了不同年份同一时间段，目的是分析在《侵权责任法》实施前后不同年份的变化。

接下来，问卷考察的是网络服务提供者在做出侵权认定之后，是否会将处理结果通知投诉的用户和被投诉的用户；通知的方式，以及接到被侵权人的通知到最终判断侵权行为构成与否需要的时间；将"通知"所指的网络行为认定为"侵权"后，是否接到被认定为侵权的网络用户的"反通知"（即网络用户坚持认为其行为不侵权，认为公司对其处置措施不当，要求撤销处置措施）情况、接到"反通知"的比例和受理"反通知"后通知该网络用户的情况。在有反通知时，了解网络服务提供者以何种方式通知争议双方，选项包括电子邮件、发站内信、直接给该用户打电话及其他方式。此外，问卷还会了解收到上述"反通知"后，网络服务提供者有没有要求在一定的期限内告知"反通知者"是否会处理该项投诉、期限要求、对"反通知"的处理办法。其中处理办法包括不受理"反通知"、原则不受理"反通知"，但提供了新证据和新理由的除外，对"反通知"均受理，并重新审查涉事信息等选项。

对于通知处理产生的纠纷，到法院诉讼解决的情况，问题包括案件数量、所涉"侵权行为"侵害权利类型、网络服务提供者胜诉比例。对于接到"通知"后删除网络用户相关的网络文字后，是否有网络用户认为侵犯其合法权益而被起诉到法院也进行了考察。问卷还会了解网络服务提供者处理上述争议平均大概每个案件（不包括法院判决承担的数额）的费用（包括通知侵权人和被侵权人的费用、判断是否侵权所聘用人员的费用等）。

问卷接下来了解的是，网络服务提供者为预防网络侵权责任的承担，采取了哪些预防措施，包括关键字屏蔽、实名制、不良账号清理、网络服务使用协议的免责条款、雇佣网管监管及其他。

在最后，问卷考察的是《侵权责任法》实施给网络服务提供者造成的影响，包括具体公司成本增加、技术改进难度较大、法律风险加大等方面。问卷以一个开放型问题，以期考察对《侵权责任法》规定的网络服务提供者侵权责任的看法，包括该规则实施的效果，对其影响、态度和改进意见等。

（二）针对个人的调查问卷内容

问卷首先考察被调查者的个人情况。考察内容具体包括性别、年龄、职业。1 个小问题考察被调查者对网络服务提供者侵权法律知识的了解程度、了解网络服务提供者侵权法律知识的主要方式和途径，包括各类媒体、书籍、普法活动和法律宣传、学校老师的授课、经历网络侵权纠纷等。

接下来考察被调查者的网络使用情况，包括平均每天的上网时间、是否关注网络上的言论并发表自己的观点。再对发表观点选项受调者进行具体考察，通过选项了解内容、包括通过什么途径来发布信息和表达观点（微博、BBS 论坛、网络社区、聊天工具、加密的个人空间）等。受调者在网络上发表言论、图片或做出其他行为时是否意识到可能会侵犯他人的权利，以及意识到可能会侵犯他人权利时采取的应对措施。其中供选择的措施包括"取消发布言论、图片或其他行为""对所针对的对象采取匿名、化名""删除过激语句，平和、理性表达"等。由于应对方式的多样性，该选题采取多选和开放性选项。

受调者遇到的被删帖情况。为了解被删帖情况，一共有 8 道选择题。设计这些题考察的问题包括上网遇到过被删帖次数、删帖的网站是否告知删帖理由、是否认同网站提供的删帖理由等；在帖子被删之后能否从网站上找到关于救济途径的说明、受调者对于网站删帖权利的认知、有删帖权力的主体（网站、政府相关部门、法院、你发布的信息内容涉及的其他人）。受调者怎样看待网站的删帖等行为，选项包括"侵犯表达自由""应提供合理申辩的机会""侵犯个人账号的所有权和使用权"。

问卷考察了受调者遇到他人在网上发布对自己不利言论等情况和寻求救济的途径。其中救济途径包括"向网站或运营商投诉以将其删除""到法院诉讼""找到当事人"及"不知如何处理"。接下来了解其向网站或运营商投诉途径是否畅通。设计的答案包括"网站或运营商根本没有设置合理的投诉途径""自己的原因找不到投诉的途径""电话""电子邮件""发律师函"。在受调查者投诉发出后，网站或运营商如何处理也是问卷旨在了解之情况。备选答案包括"没有任何回应""直接删除或屏蔽信息""要求提供担保才采取保护措施"。在网站或运营商不理会投诉时，受调查者如何处理的选项包括"再次向其投诉""发律师函""将网站和发帖人告上法院""维权太难，自己忍让"等。

问卷接下来试图了解受调者在上网过程中对个人信息的认识和保护及受侵害状况。首先是其对个人信息保护认识，具体包括：上网时是否担心自己的私人信息可能会泄露、对私人信息被泄露途径的认识、上网时是否采取相应措施保护私人信息以及通常会采取哪些措施保护私人信息；然后了解私人信息是否曾经在网络中受到侵害，包括是否有受侵害发生、受到侵害的私人信息具体有哪些、对受到侵害权利的认识、对加害人的认识。

　　在了解个人信息受侵害情况后，调查内容涉及财产性权利的受侵害情况。其一，在游戏账户被入侵致使网络游戏装备被盗时救济途径、在他人通过盗号等方式冒充行骗时救济情况。问卷假设了一种情况以了解用户对作品被盗的救济，即在 QQ 被盗号导致小说电子稿灭失（仅此 1 份），而某影视公司已经支付10 万元稿费时如何救济。设计答案包括自认倒霉及时报案以追查盗窃者、向腾讯 QQ 公司索赔，作为网络软件设计者其安全技术存在缺陷，致使 QQ 容易被盗。

二、调查报告研究意义

（一）掌握网络服务提供者侵权规则生效初期实施情况

　　法律的实施有不同的阶段。在实施初期，各权利义务主体对法律规范的理解、相关处理经验的欠缺、配套规范措施等原因，都会使其与实施成熟期呈现不同特点。因此法律在不同阶段贯彻执行情况并不会完全一致。本问卷考察的是《侵权责任法》实施前三年的情况。虽然因调查范围、调查人群对调查问卷目的的认识、被调查者是否客观等原因可能导致数据不够客观，但本问卷能够为我们呈现法律实施之初，网络服务提供者侵权规则实施状况。为了解《侵权责任法》的实施对网络服务提供者和网络用户的实际影响，以及确定网络服务的行业行为标准，从而判断网络服务提供者是否构成侵权，网络侵权规则实施研究项目组对此开展了问卷调查，向网络服务提供者和网络用户发放问卷。由于有些调查问卷出现某些问题未选择现象，因此统计数字比例出现不足 100% 的情形。而有些是多选题，所以出现总和高于 100% 的情形。

　　调查问卷所调查的对象分布为网络用户和网络服务提供者。其中网络用户包括了企业主、国家工作人员、企业雇员等。网络服务提供者则有搜索引擎服务提供者、视频分享网站、社交媒体等。

（二）为不同阶段的法律实施情况提供比较研究的素材

　　本问卷调查网络服务提供者侵权责任规则生效初期状况，与本研究第四、五、六章所研究的案件实施时期不同，本调查问卷做出时的法律法规体系背景与第一章中法律法规体系背景也不一样。调查问卷时间为 2013 年，当时《侵权责任法》的实施仅有 3 年时间，其中第 36 条关于网络服务提供者侵权责任规则与网络服务提供者和网络用户的权益息息相关。当时已经颁布生效的有《侵权责任法》、全国人民代表大会常务委员会《关于加强网络信息保护的决定》①《著作权法实施条例》、国务院《信息网络传播权保护条例》和《最高人民法院关于审理涉及计算机网络著作权纠纷案件适用法律若干问题的解释》。而当时还未颁布实施《食品安全法》《网络安全法》《互联网信息搜索服务管理规定》以及《关于审理利用信息网络侵害人身权益民事纠纷案件适用法律若干问题的规定》。网络服务提供者侵权规则实施是一个不断完善的过程，也是一个人们从无意识到不断学习、遵守和贯彻执行的变化过程。本研究实质上是通过不同时期的研究来对实施状况做客观呈现基础上再加以分析。

第二节　网络服务提供者侵权规则实施对网络用户影响分析

一、表达自由所受规则实施之影响

表达自由是指公民享有的受法律规定、认可和保障的，使用各种媒介手段与方式公开发表、传递自己的意见、主张、观点、情感等内容而不受任何他人或组织干涉、限制或侵犯的权利，无论其内容如何或采取何种方式。② 我国宪法中称为言论自由。这里使用表达自由来概括广义的言论自由，也就是《公民权利和政治权利国际公约》第 19 条中使用的概念。

调查问卷考察的内容包括以下几个方面。

1. 网络用户对表达自由的理解。也就是考察人们通过网络发表自己的观点

---

① 2012 年 12 月《全国人民代表大会常务委员会关于加强网络信息保护的决定》将网络服务提供者对个人网络信息的义务具体化了。其第二到三条规定了网络服务提供者收集、使用个人信息的原则和保密义务，以及禁止泄露、篡改、毁损和出售及向他人非法提供的行为。第四条规定了网络服务提供者采取技术措施和其他必要措施确保个人电子信息安全的义务。第五条规定网络服务提供者应当加强对其用户发布的信息的管理，发现法律、法规禁止发布或者传输的信息的，应当立即停止传输该信息，采取消除等处置措施，保存有关记录，并向有关主管部门报告的义务。第六条规定了网络服务提供者为用户办理网站接入服务和入网手续，或者为用户提供信息发布服务时，要求用户提供真实身份信息的义务。

② 杜承铭. 论表达自由 ［J］. 中国法学，2001（3）：56–63.

和看法时，有没有对自己的言论是否可能侵害他人合法权益的认识，以及其是否采取措施避免侵害行为的发生。结论为人们一般可以较理性地行使表达自由，通常会尽到自己的义务——注意防止侵权行为的发生。具体表现为网络用户在使用微信、微博等工具时，会注意避免极端的语言，力求比较温和、理性地阐明自己的观点和看法。人们还会有意识地对可能受自己信息所侵害的对象采取假名、隐藏其姓名等方法来发布相关图文。

2. 了解人们在认为自己表达自由受到侵害时采取哪些措施来保护自己的权利。表2-1的数据显示部分网络用户在网络上发表言论时遇到被删帖的情况，这些网络用户在2013年上半年被删帖的次数在十起以下。

表2-1 网络用户被删帖的情况

选项	没有	偶尔有	这种情况次数比较多
百分比	75.5%	24.5%	0

表2-2说明大多数删帖的网站会向被删帖的网络用户告知删帖的理由，但仍存在很大比例的网络服务提供者没有向网络用户告知删帖的理由。并且根据表2-3的数据显示，大部分被删帖的用户不认同该理由。在表达自由的行使受到限制时，大多数用户不能从网站上找到救济途径的说明（如表2-4），这说明当时网络用户表达自由被侵犯后难以得到有效救济。网络用户认为网站的删帖等行为侵犯了表达自由，并且应该提供合理申辩的机会。

表2-2 删帖的网站有没有告知删帖的理由

选项	没有	有
百分比	45.5%	54.54%

表2-3 对网站提供的删帖理由的认同

选项	不认同	认同
百分比	72.73%	27.27%

表2-4 帖子被删后，你是否从网站上找到关于救济的途径

选项	有	没有
百分比	36.36%	54.54%

3. 人们对表达自由受侵害时向哪个机构寻求救济的认识分歧大。在回答问卷中"哪些机构有权删帖"的问题时，有三分之一选择了网站和法院，该具体比例为36.36%。更多人则认为政府相关部门拥有更大的删帖权力，比前一选项多了9个百分点，为45.45%。这从某个侧面体现了社会生活中，纠纷解决时的崇

拜行政权力的思维。而拥有审判权的法院，得到的认可程度和网站一样，这表明我们通过司法途径解决网络纠纷要得到人们的普遍认可程度还需进一步提高。

调查问卷考察了在接到他人投诉的时候，网络服务提供者如何采取必要措施及其比例问题。由于《侵权责任法》实施于2010年7月，为了比较实施前后的不同，选择了2009年、2011年及2012年的相关数据。在2011年和2012年侵权责任法实施后的两个年度，网络服务提供者接到通知后，对通知所称行为侵权的认定成立，遂采取了必要措施，比例比实施前的2009年度，有了一定幅度上升。2012年度，在30%—60%选项中，选择的比例为27.27%，比2009年度（该年度比例为18.18%）增加了9个百分点。该数据在一定程度上体现《侵权责任法》实施后，网络服务提供者对投诉他人侵权的通知中所称侵权行为的处理变得更加慎重，更加趋向于将通知所称的侵权信息等认定为侵权，并选择采取措施。这意味着，人们在网络上的表达自由更容易受侵害。因为表达自由的保护本身缺乏畅通途径。而网络服务提供者趋向于不加辨别地认定通知所称行为侵权，则会造成实质上未侵权信息会因此被采取措施，客观上侵害表达自由。

二、规则实施后对网络用户权利保护具体方式选择影响

问卷对人们在认为自己权益受侵害时，如何选择权利保护方式进行考察。其中，选择通过到法院寻求保护途径和向网络服务提供者寻求解决的比例一样，不到一成（为9.09%）。而碰到权益受侵害时，无所适从，不知如何处理的比例占第二。用户选择最多的选项是尽量找到发布信息的当事人，这一比例为27.27%。

对于"是否遇到别人在网上发布对你很不利的言论等信息"考察，结果是小部分网络用户偶尔遇到别人在网上发布对自己很不利的言论等信息。认为从来没有遇到这种情况的比例为87.8%，认为偶尔有的为12.2%，无人选择经常碰到这种情况选项。

问卷考察遇到权益受侵害时投诉解决途径是否畅通问题。其中部分用户选择通过电子邮件向网络服务提供者通知侵权行为。部分用户发现网站或其他网络服务商没有公布合理的通知地址和途径，从而无处投诉。在接到权利人的通知后，有部分（18.18%）的网站或运营商要求提供担保才能采取保护措施，部分网站（27.27%）没有任何回应。而遇到上述情况，有一部分网络用户（27.27%）会再次向其投诉，也有少部分（18.18%）用户由于认为这些权益的维护太困难，从而选择息事宁人，接受这种不快的结果。

三、规则实施中网络用户受侵害权利状况

（一）民众对受侵害权益的认知

调查问卷考察涉及网络侵权时，民众对受到侵害权益的认知程度。网络侵权行为中，受侵害的权益通常有隐私权、肖像权、商标权、著作权等知识产权和网络虚拟财产等。从以往的观点来看，涉及侵害著作权的网络侵权案件最多，如未经允许提供音像制品网络下载、未经作者同意将其作品放到网络供他人阅读行为。

然而通过这次问卷调查，我们发现对受侵害权益的认识与传统观点并不相同。在这些受侵害权益中，被认为受侵害最多的为隐私权，其比例达到很高的91.8%。居于其次的是财产权，有44.9%选了该选项。接下来是肖像权，选择该选项的有22.4%。倒是选择知识产权的比例最少，仅仅有16.3%。究其原因，很可能是与受调查的用户有关，该次调查问卷针对的是普通个人，而个人一般对著作权等权益受侵害并不敏感，相反如隐私权、肖像权等人格权益则与个人直接相关。

（二）民众对加害人的认知

在网络服务提供者侵权责任中，对于加害人是谁的认识直接关系到民众寻求对权益保护采取的途径及其内容。通过调查显示，一般民众对网络侵权中加害人的认知上大体正确，尽管他们在自己权益维护上并没有太大的信心。收集到的问卷中，有超过60%（具体为63.5%）的接受调查者认为网络运营商等其他网络服务提供者是加害人；将近45%的被调查者（具体为44.9%）选择了网络用户作为加害人。而网络用户更倾向于选择直接找他们所认为的加害人来保护合法权益。总的来看，对纠纷解决途径认识上，网络用户选择是正确的，但是对解决纠纷的信心不足。这样就决定了在权益受侵害时，他们更大可能会担心时间成本和金钱成本过高，而遇到阻力时放弃采取措施。调查结果显示，民众实际上对网络侵权中存在的具体加害人的认识准确，这就表明如果网络服务提供者能在网络平台等显著位置上采取通知等形式告诉网络用户在其权益受侵害时，通过什么方法以及何种途径来采取通知等形式维护自身权益，就会对民众行为有很大的指领作用。

（三）民众对个人信息保护的认知

在网络社会，一个非常显著的特征是个人信息容易被公开，并有可能被他人利用以侵害人们的人身权和财产权。通常理解，个人信息包括个人商业信息、

财产信息、银行账号和密码、个人在网络上从事社交娱乐等活动的网络痕迹等。

对于通常认为的、典型性的、个人在网络上易于受到侵害之个人信息，调查问卷专门设计了相关问题。从回收的问卷可以发现，网络用户普遍担忧自己的个人信息会在网络上泄露，造成自己民事权益损害。人们认为其在网站进行注册的过程中，所填写名字等个人信息资料、腾讯 QQ 号时，会有病毒木马程序未经自己允许，通过扫描电脑等方式将其个人信息泄露出去。

对于网络服务提供者或者其他利用网络的加害人所侵害的个人信息，所直接侵害的具体权利的认识上，多数民众认为侵犯了隐私权、财产权。而加害主体的认识，选择其他网络用户和网络运营商等其他网络服务提供者的比例将近一半。在个人信息受侵害时，网络用户通常会选择向直接侵害人或网络服务提供者寻求救济。个人信息受侵害的频率上，大多数网络用户认为其个人信息偶尔受到侵害。人们一般为预防受侵害，都会采取在账号注册的时候不提供真实、完整的个人资料，并且注意仔细阅读这些网站上注册时的相关用户协议条款，或者自己采取升级某些账户和密码、及时删除自己上网浏览记录等方式来保护个人信息。

（四）对特殊权益受侵害时民众认识的考察

调查问卷中，选择了两种有代表性的、民众在网络生活中容易受侵害的权益，考察他们在该种情况下如何选择救济。

第一种情况是考察 QQ 号被盗时如何采取措施。问题为当 QQ 号被盗，导致 QQ 空间里一部用近 5 年时间撰写的小说电子稿灭失（仅此一份），而某影视公司已经支付 10 万元稿费，此时情况下民众有何选择。其中选择比例最高的为及时报案，追查诈骗者，占比为 55.1%；其次为选择自认倒霉，没保管好 QQ 号，占比为 26.5%；而选择向腾讯 QQ 公司索赔，认为是作为网络软件设计者其安全技术存在缺陷，致使 QQ 容易被盗的占比 22.4%；在理由方面，选择向腾讯 QQ 公司索赔，认为是其没有提供充分合理的防范金钱诈骗提醒，占比为 8.2%。

第二种情况考察游戏装备被盗时如何采取措施。在自己遇到游戏账户被入侵，导致网络游戏装备被盗时，选择最多的选项是认为网络游戏装备不具有实体财产性，无法得到救济，其比例为 42.9%。该状况随着 2017 年《民法总则》颁布有所改变。因为《民法总则》第 127 条规定"数据、网络虚拟财产的保护"。其次为要求游戏网站运营商赔偿财产损失，因其安全技术存在缺陷，比例为 40.8%；处于末尾的是选择及时报案，找到盗窃者，要求其返还装备或赔偿财产损失，比例为将近 20%。

第三节　网络服务提供者侵权规则实施对网络服务提供者影响

一、规则实施对处理网络侵权成本影响

调查问卷考察了《侵权责任法》实施对网络服务提供者处理侵权成本问题。占六成以上的被调查者认为其处理网络纠纷成本出现了增长。将实施前后的数据对比可见，从2009年到2011年和2012年，网络服务提供者接到的关于侵权的通知数量出现增长。其中在2009年受调查者表示接到1000起以上的为0，而在2011年和2012年度，则有将近一成（9.09%）的受访者认为有1000起以上。接到侵权通知的增加，需要网络服务提供者增加人、财、物，以解决这类问题。增加成本部分主要用来支付处理通知和纠纷的人工费用和改进技术，包括在内部增加侵权问题的解决机构。具体看调查的时间段，增加的聘请专业人员费用和对员工的相关培训费用方面，有将近一成受访者表示增加幅度为25%—50%，近两成的受访者认为增加幅度为5%—25%。

二、网络服务提供者处理网络侵权的风险

在网络侵权纠纷的处理中，网络服务提供者面临的风险有几类：第一类，权益受侵害者起诉网络服务提供者原因是其发现侵害自己权益的网络侵权行为，通知网络服务提供者后，认为网络服务提供者处理不当应承担侵权责任；第二类，通知中认定的网络侵权行为人起诉网络服务提供者，认为通知所称侵权行为不属实，网络服务提供者采取了错误措施侵害自己权益；第三类，受害人起诉直接网络服务提供者，认为是其技术缺陷导致自己个人信息泄露，应承担侵权责任。

调查问卷考察认为权益受网络侵权行为侵害者诉请网络服务提供者承担侵权责任的案件情况。这类案件少数被调查者曾作为被告，但数额多为每年10起以下。案件通常是因侵害人格权，如名誉权、隐私权、肖像权和侵害知识产权引起。其中知识产权类纠纷比例最大。该类案件中，网络服务提供者胜诉概率比较平衡，在50%以下。

问卷考察了认为通知中所称行为不属实，起诉网络服务提供者采取了错误措施侵害自己权益的网络用户及其案件情况。45.5%受访的网络服务提供者没

有遇到 1 件这类案件；遇到 10 起以下这类案件的为 36.4%。由此可见，网络服务提供者遇到的这类风险占比非常小。问卷还考察了为防范风险，网络服务提供者采取的措施情况。采取关键字屏蔽措施的有 72.7% 的受访者；其次是通过网络服务使用协议的免责条款措施，占比 45.5%。有近两成的受访者雇佣网管监督，采取实名制和不良账号清理措施的不到三成。

第四节　运用"通知条款"规则实施情况考察

认为自己权益受网络侵权行为侵害的当事人，可以通过通知等方式来寻求救济。问卷考察了关于网络服务提供者对接到的通知应符合的要求、网络服务提供者接到后的判断及其反通知等规则实施情况。

一、"通知条款"的实施情况

（一）网络服务提供者对通知要求的认识

对于受理的通知是否应该符合何种要求的认识，网络服务提供者之间并不一致。接受调查者中，有将近一半的网络服务提供者认为通知人提出通知就可以，并没有特殊要求。占比为 36.4% 的网络服务提供者持不同态度，认为通知人的通知中，需要提供符合"要删除或者断开链接的侵权作品等的名称和网络地址"要求。此外，在接受调查者中，有 27.3% 的人选择了"要求通知人提供自己的姓名、联系方式和地址"选项和"要求通知人提供构成侵权的初步证明材料"。

从调查可见，在《侵权责任法》实施的最初阶段，由于有关司法解释没有出台，网络服务提供者对权利人的通知没有统一的要求和统一认识，在解决争议的具体操作过程中，存在着判断上的随意性等特征。当然这一问题在最近几年的法律实施中，有了很大改善。这一方面是有具体的法律、法规或者司法解释等规范性文件对某些类型的通知做出明确要求；另一方面，是由于随意性引发争议后，促使网络服务提供者对这些进行完善。

（二）网络服务提供者对错误通知的处理

该处所指之通知，是权利人在发现他人利用网络侵害自身人身权、财产权等权益，为了保障自身权益，向网络服务提供者发出的，希望网络服务提供者依据法律采取屏蔽、断开链接、删除相关侵权信息的通知。权利人发出的通知可能是正确的，也就是说该通知所指向的信息确实侵害了通知人的合法权益。当然也有可能通知错误，也就是通知中所指向的信息或者他人的行为并不构成侵权。此外还存在一种可能，即通知内容不确定。根据这类通知所提供的信息，网络服务提供者没法判断加害人，无法确切定位通知中所指的加害行为，无法确定通知中所称行为是否侵害通知人的合法权益。

针对不同的通知，网络服务提供者需要采取不同方式进行处理。调查问卷考察了网络服务提供者接到通知后，认为是错误通知时，采取何种措施进行处理。其中有 63.6% 的网络服务提供者表明自己会告知通知者，其通知存在错误之处。有 18.2% 的网络服务提供者会向通知人要求其提供相应的担保或者对这类通知不予受理。此外，有近一成的受访者表示，即便其认为接到的通知是错误的，也会直接采取 36 条要求的删除、屏蔽等措施。

（三）网络服务提供者告知相关当事人的方式

在网络服务提供者接到他人的投诉通知，经过其对通知的形式及其内容的判断，需要告知与通知有关的当事人，如通知人、通知中所称侵害他人权益的网络用户等。调查问卷考察了网络服务提供者告知相关当事人的方式。

分析调研结果发现，网络服务提供者采取"电子邮件"的形式来告知相关当事人，如投诉和被投诉人比例最高，占到被调查者的 72.73%。其次是通过发"站内信"的方式来通知相关当事人，其占比为 27.27%。采用其他方式的受访者有 18.18%（有多选，因此总和超过 100%）。

从调研可见，网络服务提供者在选择通知方式的时候，注重的是方便、快捷和能够节约成本、费用。电子邮件的通知方式符合这些要求，并且属于通知者与被通知者点对点的信息交流方式。采取该种方式的前提是通知者需要知道相关当事人的电子邮件联系方式。对于网络服务提供者来说，发站内信的方式最为简单便捷，一般来说相关当事人也会关注。但由于其是向不特定的多数人所发出，并不能保证相关当事人可以看到通知。此外，站内信的方式还存在一个重要的隐患，在相关的网络行为是否构成侵权尚不明确的情况下，这种方式很可能会侵害相关当事人的隐私等权益。

（四）网络服务提供者告知的期间

在接到通知后，网络服务提供者会在一定期间内做出处理并告知相关当事人处理结果。告知的期间通常与网络用户权益的维护有着重要关联。因为如果构成侵权的网络侵权行为，没有及时加以制止的话，损害可能在短时间内扩大。也就是说，该处理的时间太长，会产生损害扩大和受害人权益受侵害程度加深的后果。但如果时间过短，则提高网络服务提供者处理通知的难度，实践中可能难以执行。

问卷考察了网络服务提供者处理通知并告知相关当事人的期间。从问卷结果来看，超过半数的网络服务提供者告知的期间是 2—5 天，具体占比为 54.55%；而 5—10 天的不到一成，具体为 9.09%。

二、对侵权行为构成与否的判断

《侵权责任法》36 条并没有直接规定在接到通知后，网络服务提供者对侵权的具体判断问题。然而，该条规定了其接到通知没有及时采取必要措施，需与直接加害人（网络用户）就损害之扩大部分承担连带责任。当网络服务提供者知道直接加害人（网络用户）利用自己的网络服务侵害他人民事权益而没有采取必要措施时，需与该网络用户承担连带责任。根据该条对"采取措施"的理解分析，网络服务提供者并不是在接到通知后，一律应该采取措施，而是需要网络服务提供者判断通知中所称之加害行为是否构成侵权，来决定是否采取措施、采取何种措施。调查问卷考察了实践中是采取何种方式和程序来解决问题。

（一）通知中所称的加害人是否有自我辩护机会

由于通知是认为自己权益受侵害一方的看法和请求，通知中所称加害行为是否属实有待确定。对该问题，通知中所称之加害人又会有不同的看法。网络服务提供者常常难以通过一方的说法和证据来判断通知中所称侵权情况是否属实。所以这就需要让相关当事人都有机会来表达自己的观点并提供相关的证据来证明。

调查问卷考察了网络服务提供者在接到通知后，是否以及哪些情况下给通知中所称之加害人自我辩护的机会。从收集到的问卷看，没有网络服务提供者选择不给被投诉者申辩的机会。但是这并不意味着所有接到通知情况下，网络服务提供者都会给予通知中所称的加害人自我辩护机会。问卷结果表明，网络服务提供者会根据不同情况来判断是否给予所涉的当事人辩护机会，这个条件就是根据通知中所称"侵权行为"判断之难易程度来决定。其中有 36.4% 的受访者表示，其会给予通知中所称之加害人进行自我辩护的机会。而超过六成的受访者（具体为 63.6%）表示，在其认为接到的通知中所称加害行为达到"明显侵权"程度时，决定做出不要求听取涉嫌侵权人的自我辩护。在网络服务提供者自己决定根据其掌握的情况，对于通知中所称网络行为是否构成侵权判断困难时，才会给予通知中所称之侵权人辩护机会。从这一点看，现有的司法解释做法更为周到可取。

（二）对是否构成侵权判断不明的处理

对通知中所指的网络行为是否构成侵权无法确定，在经过双方提供证据、陈述、自辩后，依然难以判断时，网络服务提供者会采取哪些方式处理，调查问卷对处理方式进行了考察。根据统计结果显示，在是否构成侵权难以判断时，网络服务提供者不采取删除、屏蔽或者断开链接等必要措施的选择为0。网络服务提供者最常见的做法是组织公司内部专门人员进行讨论研究并做出决定，占比54.6%；直接对争议的涉事信息采取必要措施的占27.3%；而更为慎重地由第三方"网络用户组成的处理委员会"决定的，占到18.2%。近三成的网络服务提供者会对涉事信息采取必要措施。不采取必要措施这一处理方式无人选择，说明网络服务提供者在无法判断是否构成侵权时，更倾向于减少自己承担连带责任的风险。

（三）网络服务提供者判定侵权行为时间和结果的告知

网络服务提供者接到认为自身权益因网络服务受到他人侵害的通知后，需要通过一定的程序，最终判断通知中所称之行为是否网络侵权行为。调查问卷对网络服务提供者判定侵权行为时间进行了考察。从回收问卷的分析结果看，不同的网络服务提供者所需时间不一。其中比例最大的是选择了"最多为1—3天"选项，占受访者比例将近一半，具体为45.5%。而表示自己可以在1天以内处理的占到将近三成，具体为27.3%。有18.2%的网络服务提供者选择"一周以上"，选择4—7天的受访者占9.1%。

在网络服务提供者认为通知中所称的网络侵权行为成立后，如何告知通知人和通知中所称加害人？在调查问卷结果显示，告知处理结果的方式有以电子邮件、站内信、直接电话通知和其他方式的选项。其中，受访者最常采用的为电子邮件方式，占到超过七成的受访者（具体为72.7%），其次为给用户发站内公开信，有27.3%的受访者填了该选项。其他方式的为18.2%。而选择直接给用户电话通知的为0。

三、反通知规则实施情况

为避免因接到通知后，采取了错误措施或者在不应该采取措施时采取了措施等因素导致网络服务提供者承担相应的责任，网络服务提供者向通知中所指向的涉嫌侵权的网络用户披露通知内容。当通知中所指的涉嫌网络用户认为该通知的内容与现实不符，或者认为虽然行为属实但是并不侵害他人权益的时候，网络用户可以采取反通知方式，请求网络服务提供者恢复被其删除或者阻止访问的信息。① 网络用户要求网络服务提供者不按照权利人通知的要求采取删除、断开或者屏蔽等措施而向网络服务提供者发出的通知，在这里称为反通知。

（一）网络服务提供者对反通知的受理

调查问卷考察了网络服务提供者对侵权行为认定后，是否接到反通知的情况。超过六成（具体为63.64%）的网络服务提供者确认接到被认定为侵权的网络用户的反通知，没有接到的占36.36%。

问卷接着考察对于网络服务提供者最终判断为侵权行为的案件与接到反通知比例的关系。设置了四个层次选项，分别为"30%以下""30%—60%""60%—90%"以及"90%以上"。其中选择该选项的网络服务提供者按顺序分别占比为54.55%、18.18%、9.09%和0。这些数据表明，反通知程序对网络用户权益保障有着非常重要的意义。

问卷进一步考察了网络服务提供者受理反通知的要求。大多数的网络服务提供者（占比为63.6%）在反通知中提供新证据、新理由的时候会受理该反通知。而不符合条件的，原则上不受理。没有网络服务提供者选择"对反通知都受理，并重新审查涉事信息"。选择"其他选项"的占约9%。选择不受理反通知的占比为18.2%。从这可以看出，与通知相比，网络服务提供者对反通知的受理要求远高于通知的受理要求。

（二）网络服务提供者对反通知的处理

网络服务提供者对反通知的处理，调查问卷在几个方面进行考察。第一，关于网络服务提供者是否会将处理结果告知发出反通知的网络用户。有90.9%的受调查者表示会告知。对反通知的处理结果是否会告知发出通知的权利人问题上，数据和前一项差距比较大。有63.6%的受调查者选择会告诉，而其他的受调查者都选择了"偶尔会"选项。从这两组数据分析可知，网络服务提供者在处理反通知时，认为需要对发出反通知的人告知处理结果，而对于受反通知影响的主体——发出通知的人，则认为必须要告知的略高于六成。

问卷考察网络服务提供者对反通知结果的告知方式有哪些？其中最主要的是电子邮件的方式。63.6%的受访者表示其通常是以电子邮件告知，采取站内

---

① 张新宝，任鸿雁. 互联网上的侵权责任：《侵权责任法》第36条解读 [J]. 中国人民大学学报，2010（4）：17-25.

信方式告知争议双方用户的占比为 18.2%。选择"直接给该用户打电话"和"其他"选项的都为 9.1%。这一结果与通知的方式基本是一致的。

问卷考察了网络服务提供者告知网络用户是否会处理反通知的期限。选择 1 天以内处理的为 0;选择 2—5 天期限的受访者占比超过五成,具体为 54.6%;18.2% 的受访者选择 10 天以上,选择 5—10 天的为 9.1%。调查结果显示占绝大多数的为 2—5 天这个时间段。这一结果可以作为确定该行业一般标准的参考。

问卷考察了网络服务提供者受理了反通知之后,是否要求所指的通知人进行答辩情况。超过五成受访者(54.6%)表示要求答辩,其他的选择无须答辩。这也就是说,为了弄清楚通知和反通知中存在内容分歧的事实和法律问题,网络服务提供者通常会给予当事人进行答辩的机会,但是也有将近四成的受访者没有给相关当事人自我辩护的机会。

对于网络服务提供者对反通知的处理时限的调查发现,受调查者在 3—10 天内处理的占比近五成(具体为 45.5%)。网络服务提供者对自身处理期限无规定的也有近三成(27.3%),而选择 3 天以内处理和 10—20 天处理期限的同为 9.1%。据该调查结果,可以发现网络服务提供者一般处理期限标准为 3—10 天。

第五节　对规则实施前三年问卷调查结论

一、网络用户表达自由容易受到侵害

通过对调查问卷的分析可见,在网络侵权责任规则实施过程中,网络用户表达自由很容易受到侵害。从数据上看,将《侵权责任法》实施前的 2009 年的数据与《侵权责任法》实施后的 2011 年、2012 年的数据比较,可以看出网络服务提供者认为接到他人"通知",而认定网络用户存在侵权行为,采取相关措施的比例有一定幅度的增加。这从客观上表明,网络用户的表达自由受到的限制之可能性更大。这与当时学者的理论担忧相一致。即认为第 36 条规定导致权利冲突,主要体现为言论自由与民事主体人格权(通常为隐私权、肖像权、名誉权等)之间的冲突。在言论自由与可能遭受侵害的人格权之间,网络服务提供者为逃避过重的注意义务负担,有理由倾向于采取宽松的审查机制来处理涉嫌

侵权的信息，以免除自身的侵权责任。①

具体来看，受访的网络服务提供者，在发现认为自身权益受侵害者的通知有误时的处理方式容易侵害其他用户的网络表达自由。即在通知人坚持认为其发出的通知中所称的网络加害行为构成侵权时，有一部分网络服务提供者在通知者不提供担保时，采取措施。其认为这样有利于及时解决争议，避免损害的扩大。避免争议产生，对网络服务提供者来说，也就降低了判断成本。然而这样势必可能是采取了错误措施。通过调查发现了权利人发出声称自身权利受损"通知"的受理要求较低，通知受理后，为避免就扩大的损失承担连带责任，网络服务提供者会采取必要的措施。对网络行为侵权与否判断不明，或者经过双方的陈述与自辩后，依然不明时，也有部分网络服务提供者会对涉事信息采取直接删除、屏蔽或断开链接等必要措施，这些行为均会限制网络用户的表达自由。

导致这一现象的更深层原因是表达自由难以救济的特点。网络用户通常可以通过起诉等方式维护自己的人身和财产权益。但当网络用户认为自己的表达自由受侵害时，通过调查发现，在对有权对表达自由进行合法限制的权力机构的判断上，网络用户认识不一。这说明大部分网络用户对侵害其表达自由的主体认知模糊，会导致其受侵害时难以救济。此外，作为宪法性自由，其保障需要在民事法律中加以具体化。

二、网络服务提供者侵权规则体系需完善

(一) 网络服务提供者解决纠纷程序及规则需统一

从《侵权责任法》实施前 3 年的情况看，网络服务提供者侵权规则仅规定被侵权人有权通知网络服务提供者采取必要措施。网络服务提供者接到通知后未及时采取必要措施的，对被侵害人损害的扩大部分与该网络用户承担连带责任。由于当时缺乏具体操作细则，实践中网络服务提供者适用标准各有不同。

这种差异主要有几个方面。首先，通知要求不同。网络服务提供者对通知受理要求、错误通知处理方式、告知方式和判断期限等，操作上都有很多差异。其次，关于通知中所称侵权行为构成之判断不同。判断过程中，网络服务提供者考虑的因素不一，有受调查者会给通知所称涉嫌侵权者以自我辩护机会。在

---

① 梅夏英，刘明. 网络侵权归责的现实制约及价值考量 [J]. 法律科学，2013 (2)：82 – 92.

对这些问题判断不清时，各网络服务提供者处理也不相同，体现在是否告知通知人、反通知处理结果和是否有设定的期限等问题上。然后，是否提供充足机会给当事人自辩护的处理也不相同。体现在被控侵权人的权利、权利行使程序及保障问题（即反通知）、反通知的受理要求等。

（二）对网络服务提供者侵权规则实施的具体建议

立法的空白导致适用上的困难，通过调查问卷分析，我们在有些问题上发现网络服务提供行业在处理过程中采取的有共性的或者具有一般性的标准、做法。

第一，关于通知程序。受调查者在问卷中对通知采取的形式以用电子邮件方式占绝对多数地位。网络服务提供者在网页显著的位置发布其接受通知和反通知的邮箱、地址和电话等对纠纷解决和权益维护有着重要作用。关于通知的内容，需要借鉴《信息网络传播权保护条例》等规定统一，可包括权利人的姓名（名称）、联系方式和地址；请求的内容；构成侵权的初步证明材料；权利人应当对通知书的真实性负责；对于明显错误的通知，网络服务提供者应当告知通知人的错误之处。

第二，对侵权行为的判断。问卷中的启示之处是，可以考虑应设置侵权人自我辩护的程序。在网络服务提供者对通知中所称加害行为判断不明时，提供机会，让涉及的当事人能够陈述和自辩。在这样做依然无法确定时，可组织公司内部专门人员进行讨论研究并做出决定。

第三，关于反通知程序。反通知采用与通知相同的书面形式，以电子邮件为宜。反通知的受理上，在提供了新证据、新理由时，网络服务提供者应该受理，并且应该知会反通知所指的通知人，给其自我答辩的机会。

第四，网络服务提供者告知义务的履行。通知和反通知程序中都涉及网络服务提供者告知义务履行问题。如在其网页的显著位置发布接受通知的邮箱、地址和电话。告知的内容应包括处理的期限、处理程序、处理结果等。

本问卷调查由于受调查时间局限，网络服务提供者侵权规则的实施过程中凸显的问题无法得以全面体现。可以说很多问题都还是预测阶段。而有些问题在问卷之后的立法规则中加以明晰，在后面专章中有收集法院的样本裁判分析。通过两者的比较分析，可以看出对于法律实施的预测和实践的差距。

第三章

网络服务提供者侵害人身权
时规则实施情况分析

以受侵害的权益为对象进行分离，以中国裁判文书网上的案件归类总结为方法，收集到的网络服务提供者侵害人身权和侵害财产权案件中，规则的实施情况与存在的问题有其特点及不同之处。因此本章和下一章对区分受侵害的不同权益对规则实施状况分别加以归纳和分析。

第一节　网络服务提供者侵害人身权案件总体情况

通过在中国裁判文书网上从 2011 年到 2017 年案件的收集，网络服务提供者侵害人身权案件的数量及分布情况总体如下：①

年份	案件总数	责任成立案件数	责任不成立案件数	受侵害权利的具体类型			
				名誉权	隐私权	肖像权	姓名权
2017	58	35	23	38	0	20	0
2016	108	74	34	74	0	34	0
2015	37	26	11	27	2	8	0
2014	19	10	9	10	1	7	1
2013	10	5	5	5	2	2	1

---

① 需要说明的是，由于并不是所有的法院裁判都能够在中国裁判文书网中找到，因此我们的统计只能在一定的程度上、从某一个角度反映各类案件的发展变化情况。研究能够体现出来的，仅仅是上网的裁判中的情况，这里特别予以说明。对于一些有典型性的、在中国裁判文书网上没有的案件，我们也会在研究中予以关注。分析收集到的样本裁判，但也包括少数的有典型意义的非样本分析。其中对非样本裁判部分分析都做了特别说明。在中国裁判文书网的样本裁判的搜索统计日期为 2018 年 2 月 22 日。

年份	案件总数	责任成立案件数	责任不成立案件数	受侵害权利的具体类型			
				名誉权	隐私权	肖像权	姓名权
2012	8	7	1	6	0	2	0
2011	2	1	1	1	0	0	1
总计	242	158	84	161	5	73	3

一、总体案件数量发展趋势

从统计的数字来看，自2011年到2015年，涉及网络服务提供者侵害人身权的侵权责任案件数量呈逐步上升趋势。2011年全年仅2件，2015年增加到37件。而且每年都是在上升，前两年基数小，上升速度最快。2012年案件数是2011年案件数的4倍，2013年案件数是2012年的1.25倍，2014年案件数则为2013年的1.9倍，2015年案件数是2014年的1.95倍。这段时间总体来说，每年以不低于1.25倍的速度增长。相比前些年份，2016年案件则突然上涨迅速，为108件，是前一年度的2.92倍。案件数量到2017年又有大幅下降，为58件。

在案件中，责任成立与责任不成立的案件没发现一致的规律。有些年份责任成立与责任不成立的案件相等或近似，如2011年、2013年两者完全相等，2014年则近似（其责任成立为10件，不成立案件为9件）。有4个年份的差距则比较大，为2012年、2015年、2016年和2017。因此，总的来看能得出的结论是，责任成立的案件等于或者多于责任不成立的案件。

数量的逐步增长趋势，说明在互联网环境下，人们逐步认识到保护人身权的重要性，通过诉讼途径寻求解决的意识越来越强。从另一个角度，也可以说明在网络环境下，涉及网络服务提供者对人身权侵害的行为在增多。从责任成立和责任不成立案件比例，可以看出并不存在滥诉的情况，因为在提起诉讼的案件中，不少于50%的案件中法院判决责任成立。

二、案件类型特点

分析网络服务提供者侵害的人身权类型，有如下特点。

第一，受侵害的为人格权。在民事权利分类中，人身权包括人格权和身份权。身份权最主要的类型是亲属权，也就是基于亲属地位而发生的各种权利的集合，其内容可以包括形成权、支配权和请求权。① 但在样本裁判案件中，受侵害的权利类型全部为侵害人格权的案件，没有 1 例涉及身份权的案件。可见从侵害身份权的侵权行为表现上看，通常不会通过网络发生。

第二，受侵害的人格权类型集中度高。依据法律规定和法理，人格权的具体类型很多，有生命权、身体权、健康权等，而网络服务提供者侵权责任中，受侵害的人格权类型并不包括人格权类型的全部。受侵害权利集中在四种类型，具体有名誉权、隐私权、肖像权和姓名权。样本裁判中，存在受侵害的权利为多个的情况，其中侵害的权利同时包括肖像权和名誉权、隐私权和名誉权的案件较多。

第三，受侵害的权利集中在精神性人格权。物质性人格权是指自然人以物质性实体为标的，对于物质人格要素，如生命、身体、健康等的不可转让的支配权。具体来说包括生命权、健康权、身体权等。而与之相对应的是精神性人格权，指以抽象的精神价值为标的的、不可转让的人格权，如名誉权、隐私权、肖像权等。② 在样本裁判中未发现加害人侵害物质性人格权的案件类型。针对精神性人格权的侵害方式多种多样，其损害后果往往不涉及生理上的痛苦，所遭受的主要为精神痛苦。因此，对其救济方式方法主要是精神损害赔偿，还包括恢复名誉、消除影响等。样本裁判体现的问题是对权利主体造成的精神损害，法律上很难度量，同时很难确定统一的赔偿标准。此外，还有以一般人格权作为案由的，实质上判决中受加害行为侵害的包括了原告的名誉权、隐私权、姓名权、肖像权等人格权造成严重的损害。③

在非样本裁判中有网络服务提供者侵权行为侵害生命权的案件，如 QQ 相约自杀案。该案之被告张某利用腾讯 QQ 向不特定的公众发出自杀邀请。两原告之子范某接受该邀请，与被告张某依约定实施自杀行为。后张某因难以忍受痛苦放弃了自杀行为。范某坚持自杀身亡。两原告起诉腾讯计算机系统有限公司，认为其为网络服务提供者，未及时对该信息采取措施，导致信息传播，因此腾讯公司与张某应该对受害者的死亡承担连带赔偿责任。一审法院判决腾讯公司承担 10% 的赔偿责任。二审法院驳回了原告诉讼请求。④ 从非样本裁判看网络

---

① 史尚宽. 亲属法论 [M]. 中国政法大学出版社，2000：34 – 41.

② 王利明. 人格权法研究 [M]. 北京：中国人民大学出版社，2005：44.

③ 浙江省杭州市西湖区人民法院，(2012) 杭西民初字第 401 号 "民事判决书".

④ 黄明，董碧水. QQ 相约自杀案腾讯公司不担责 [N]. 中国青年报，2012 – 02 – 11 (3).

服务提供者有可能会涉及侵害他人生命权、健康权、信用权案件。因此，样本裁判的结果只能表明在我们研究收集的时间段内，没有网络服务提供者侵害这几种权益的案件，并不能证明这类案件不会发生。

三、从受侵害权利类型分析样本裁判特征

从受侵害权利类型案件数量发展角度分析，样本裁判中，网络服务提供者侵害的权利类型非常集中，其中侵害名誉权的案件最多，有161件，占总数的66.2%。侵害肖像权案件数量排行第二，有74件，占比为30.5%。其他两类受侵害权利为隐私权和姓名权，其中侵害隐私权的占比为2.1%，侵害姓名权的占比为1.2%。

从逐年数量增长趋势看，侵害名誉权的案件，除了在2012年、2013年和2017年三个年度减少外，其他年份呈现逐年上升趋势。尤其是2016年，比起2015年增加非常迅猛，具体增加了49件。这体现了人们对社会评价的重要性及其保护的意识不断增强的趋势。也是由于该年度增长过高，2017年又有了减少。不过如果不看2016年度的剧烈增加，2017年比2015年还是增长了11件。侵害肖像权的案件也是呈现逐年增加趋势，从2011年无一件，增加到2015年的8件，2016年也有34件。同样2017年比2016年减少了14件。侵害名誉权和侵害肖像权在2016—2017年的这种减少变化趋势原因并不明朗。我们推断产生原因可能有几个：第一，由于《侵权责任法》实施到一定的时候，网络服务提供者在解决纷争时更有效，以至于诉讼到法院的纠纷减少；第二，人们对网络侵权自身权利的容忍度增加；第三，加害行为变少。到底是哪种或者几种原因所导致，还有待于以后新的研究数据和情况来验证。侵害姓名权、隐私权的案件则比较平稳，没有固定的发展趋势。

这一发展特征也许跟我国传统的隐私意识和立法有关。我国隐私权确立的时间较短，立法上在2001年《最高人民法院关于审理精神损害赔偿案件适用法律若干问题的解释》第3条首次涉及隐私权问题，而到2009年我国《侵权责任法》才首次以法律的形式确定隐私权。由于隐私权确立时间不长，民众对隐私权的内容、范围、保护方式等没有明确的意识。而对名誉权则不一样，我国传统上人们一直非常在意社会、他人对自己的评价。

四、样本裁判法院之地域分布特征

从样本裁判中所涉及的受理和裁判的法院看，一共有21个省、自治区或直辖市，分别包括辽宁、安徽、河北、山东、浙江、北京、江苏、湖南、四川、福建、上海、广东、江西、广西、重庆、湖北、河南、天津、云南、山西和吉林。其中裁判最多的 3 个直辖市或者省份是北京、江苏和浙江，分别有 38 件、30 件和 25 件。以后依次为上海裁判 13 件，广东 12 件，安徽、四川和江西 8 件，湖南 7 件，河南 6 件，辽宁 5 件，湖北 4 件。云南、山西和吉林分别为 1 件。从地域上来看，受理案件法院主要分布在沿海和北、上、广等大城市所在地，其次是中部地区如湖南、江西，再次为个别西部省份，如四川和重庆。而西北如新疆、甘肃、宁夏及西藏等地区没有分布。总的看，经济发达省份和直辖市的案件多，经济落后地区省份没有收集到相关的样本裁判①。

从法院裁判的地域分布，可以大致判断网络服务提供者侵权责任的案件的被告住所地或者侵权行为地。根据《民事诉讼法》第 21 条可以判断，起诉自然人的民事诉讼，管辖法院是被告住所地法院。在被告的住所地和其经常居住地不一致的时候，原告应在被告经常居住地法院起诉。而对法人、其他组织提起民事诉讼的，管辖法院为被告住所地法院。涉及侵权诉讼时，依据该法第 28 条，原告应该在侵权行为地或者被告住所地人民法院提起诉讼。因此，从样本裁判的受理法院分析，我们可以得出结论：样本裁判中所涉及的网络服务提供者侵权责任纠纷中，根据受理法院来判断，即可知其被告住所地或者案件的侵权行为发生地主要为浙江、北京和江苏 3 个地域。但还需考量的因素是，有很多案件，网络服务提供者并不是唯一被告，而是作为共同被告，由此，也可能是直接加害人所在地的法院受理了这类案件。此外，侵权行为地的范围比较广，包括侵权行为实施地和侵权结果发生地。因为根据最高人民法院《关于适用〈中华人民共和国民事诉讼法〉的解释》第 25 条确定信息网络侵权案件中，侵权行为实施地包括范围广，具体有实施被诉侵权行为的计算机等信息设备所在地、被侵权人住所地和侵权结果发生地。

第二节　自己责任条款适用状况分析

自己加害行为，即狭义的侵权行为，是指加害人对因过错侵害他人人身权、

---

① 并不能当然得出这些省份无相关裁判的结论。从收集样本裁判分布省份看，找不到判决文书也可能与这些省份裁判上网工作有关。

财产权以及法律保护的利益而承担责任的行为。① 《侵权责任法》第 36 条第 1 款是关于自己责任的规定，也就是规定网络用户、网络服务提供者有利用网络侵害他人民事权益行为的，应当为自己的行为承担相应的侵权责任。本节对样本裁判中网络服务提供者利用网络侵害人格权，承担自己责任的案件进行分析。

在样本裁判中，网络服务提供者利用网络侵害人格权承担自己责任的案件共 27 件，占总数的 11.1%。它们分别是董璇与王国庆、沈阳和平百嘉丽医疗美容医院有限公司肖像权纠纷案，戴皎倩与北京阳光飞华科技发展有限公司人格权纠纷案，南京嘉泽投资管理有限公司凤凰岛医疗美容诊所与苗圃肖像权、名誉权纠纷案②，南京嘉泽投资管理有限公司凤凰岛医疗美容诊所与董璇肖像权、名誉权纠纷案③，毛俊杰与东莞市玛丽亚妇产医院有限公司名誉权纠纷案④，孟瑶与东莞市玛丽亚妇产医院有限公司肖像权名誉权纠纷案⑤，苏州新媒体传播有限公司与熊乃瑾肖像权纠纷案⑥，北京冯立哲医疗美容门诊部（普通合伙）与林心如肖像权、名誉权纠纷案⑦，戴皎倩与重庆妮丝医疗美容门诊部有限责任公司肖像权纠纷案⑧，王雅捷与北京贵美汇医院肖像权纠纷案⑨，李湘与杭州同欣整形美容医院有限公司肖像权纠纷案⑩，马苏与杭州同欣整形美容医院有限公司肖像权案⑪。此外，在余潇潇与广州宏安贸易有限公司、浙江淘宝网络有限公司肖像权纠纷案中，广州宏安公司承担的也是自己责任。

2016 年到 2017 年间案件则包括了北京搜狐互联网信息服务有限公司、陈建

---

① 张新宝. 侵权责任构成要件研究［M］. 北京：法律出版社，2007：21.
② 江苏省南京市中级人民法院，（2015）宁民终字第 5961 号"民事判决书". 江苏省南京市玄武区人民法院（2015）玄民初字第 1293 号"民事判决书".
③ 江苏省南京市中级人民法院，（2015）宁民终字第 5960 号、江苏省南京市玄武区人民法院（2015）玄民初字第 1290 号"民事判决书".
④ 北京市朝阳区人民法院，（2015）朝民初字第 24093 号"民事判决书".
⑤ 北京市朝阳区人民法院，（2015）朝民初字第 18426 号"民事判决书".
⑥ 北京市第三中级人民法院，（2015）三中民终字第 13728 号、北京市朝阳区人民法院，（2015）朝民初字第 22353 号"民事判决书".
⑦ 北京市第三中级人民法院，（2015）三中民终字第 01253 号、北京市朝阳区人民法院，（2014）朝民初字第 38789 号"民事判决书".
⑧ 北京市朝阳区人民法院，（2014）朝民初字第 31027 号"民事判决书".
⑨ 北京市朝阳区人民法院，（2014）朝民初字第 37749 号"民事判决书".
⑩ 浙江省杭州市下城区人民法院，（2012）杭下民初字第 1745 号"民事判决书".
⑪ 杭州市下城区人民法院，（2012）杭下民初字第 1746 号"民事判决书".

军名誉权纠纷案①，口口相传网络技术有限公司等和知行公司名誉权纠纷②，环球时报在线（北京）文化传播有限公司与上海洋码头网络技术有限公司名誉权纠纷案③，蒋勤勤与成都商报社肖像权纠纷案④，北京搜狐互联网信息服务有限公司与孙天罡名誉权纠纷⑤，广东绿瘦健康信息咨询有限公司与湖南新万阳传媒有限公司名誉权纠纷案⑥，广州网易计算机系统有限公司与邬丹洁名誉权纠纷案⑦，广州威林节能科技有限公司与马灿灿名誉权纠纷案⑧，何红霞与重庆维普资讯有限公司名誉权纠纷案⑨，盐城市湿地树人信息科技有限公司与施广权名誉权纠纷案⑩，姚予鄂、南阳市楚汉网络媒体有限公司名誉权纠纷案⑪，向华强与广州网易计算机系统有限公司名誉权纠纷案⑫，胥凤兵与北京市海淀区科教园培训学校网络侵权责任纠纷案⑬，北京读讯网络科技有限公司、中央人民广播电台与张某、中报国际文化传媒（北京）有限公司、法制网传媒（北京）有限公司名誉权纠纷案⑭。

通过分析总结发现，这类案件的共同特征有几个具体表现，笔者在下文具

---

① 浙江省金华市中级人民法院，（2017）浙07民终565号"民事判决书". 浙江省义乌市人民法院，（2016）浙0782民初2989号"民事判决书".
② 浙江省杭州市余杭区人民法院，（2017）浙0110民初2015号"民事判决书".
③ 上海市静安区人民法院，（2017）沪0106民初1759号"民事判决书". 上海市第二中级人民法院，（2017）沪02民终9737号"民事判决书".
④ 北京市朝阳区人民法院，（2017）京0105民初58030号"民事判决书".
⑤ 北京市海淀区人民法院，（2015）海民初字第19325号"民事判决书". 北京市第一中级人民法院，（2016）京01民终6047号"民事判决书".
⑥ 广东省广州市中级人民法院，（2016）粤01民终14346号"民事判决书". 广东省广州市荔湾区人民法院，（2016）粤0103民初1010号"民事判决书".
⑦ 上海市第二中级人民法院，（2016）沪02民终8673号"民事判决书". 上海市静安区人民法院，（2016）沪0108民初2194号"民事判决书".
⑧ 北京市第三中级人民法院，（2017）京03民终11805号"民事判决书". 北京市朝阳区人民法院，（2016）京0105民初56836号"民事判决书".
⑨ 河南省开封市顺河回族区人民法院，（2016）豫0203民初145号"民事判决书".
⑩ 江苏省盐城市中级人民法院，（2016）苏09民终5154号"民事判决书".
⑪ 河南省南阳市中级人民法院，（2017）豫13民终402号"民事判决书". 南阳市卧龙区人民法院，（2016）豫1303民初4172号"民事判决书".
⑫ 广东省广州市天河区人民法院，（2015）穗天法民一初字第5075号"民事判决书". 广东省广州市中级人民法院，（2017）粤01民终2166号"民事判决书".
⑬ 北京市第一中级人民法院，（2016）京01民终1560号"民事判决书". 北京市海淀区人民法院，（2015）海民初字第03932号"民事判决书".
⑭ 北京市第三中级人民法院，（2016）京03民终5861号"民事判决书". 北京市朝阳区人民法院，（2015）朝民初字第02534号"民事判决书".

体阐述。

一、网络服务提供者加害行为类型发展特征

网络服务提供者作为直接加害人承担责任的案件，其加害行为类型在时间上有显著的变化特征。

（一）从《侵权责任法》实施后到 2015 年（含 2015 年）

在该时间段，网络服务提供者作为直接加害人案件包括两类。

第一，网络服务提供者同时也是实体经营者。典型的案件如网络服务提供者在其广告中使用了名人的肖像，或者是网络服务提供者擅自使用名人肖像，为其他实体经营者做广告。如苏州新媒体传播有限公司与熊乃瑾肖像权纠纷案中，新媒体公司在其主办的网站为维多利亚公司进行广告宣传，在未经熊乃瑾同意的情况下使用其照片的行为侵害了其肖像权。

第二，裁判样本中涉及的网络服务提供者侵权责任之构成和赔偿等，与实质上是否是网络服务提供者没有关系。如戴皎倩与北京阳光飞华科技发展有限公司人格权纠纷案，其起诉的理由是被告宣传网站上刊登的"3 大常见鼻部整形方法""额部填充助你天庭饱满"等文章中，被告未取得同意，擅自使用了原告照片作为宣传图片，且在文章的页面设有多处在线咨询窗口、预约挂号内容和被告的地址和联系方式等链接。原告认为这明显是想利用其照片达到提高知名度并进行宣传和推广目的，具有营利目的，侵害肖像权。因此，其侵权责任的构成与一般的侵害肖像权纠纷无异。①

该段时间的样本裁判，侵权行为主体有明显的行业特征，通常为整形美容医院。从行为上分析，都是加害人自营网络，或者自营媒体传播，自己编辑相关文章等，为整形医院、美容等做广告。受害人职业特征也非常典型，往往是从事演艺事业的演员，加害人用受害人的肖像作为宣传。典型的案件如马苏与杭州同欣整形美容医院有限公司肖像权、名誉权纠纷。该案被告是美容整形医院，医院网站也是该院经营管理，在网站上发布的涉案文章是医院广告。法院认为医院在自己经营网站使用他人肖像作为推广时应当征得肖像权人同意。被告以营利目的，在未得原告同意情况下，将原告肖像用在面部脱毛技术文章中的行为，明示或暗示性影射原告个人形象与美容手术等内容存在联系，直接导致原告社会评价降低。无偿利用原告肖像社会认可度，为被告医院提高知名度

---

① 北京市通州区人民法院，(2015) 通民初字第 09170 号"民事判决书".

行为变相侵害了原告就其肖像商业价值应得的经济利益。作为网站的网络服务提供者，被告需承担赔偿损失、停止侵权责任。①

（二）2016 年到 2017 年时间段

从 2016 到 2017 年时间段来看，关于自己责任的案件中，网络服务提供者直接侵权行为与前一时间段有差异，具有典型特征。

第一，网络服务提供者转载行为产生侵权的案件比重大。这一时段涉及自己侵权责任的有 27 件，而涉及转载行为的就有 9 件，占自己责任类案件中的三分之一。在该类案件中，有案件判决中直接确定自己责任。其他案件判决中虽然没有直接写自己责任，而裁判的依据往往也是笼统地写"《侵权责任法》36条"。直接写明自己责任的为北京搜狐互联网信息服务有限公司与孙天罡名誉权纠纷。该案二审法院在阐释对转载的网络服务提供者的侵权责任构成时，就直接明确其为自己责任，认为转载行为与原创行为的区别仅为发布内容来源于他人。法院确定转载行为属于法律规定的"利用"网络的行为，明确搜狐公司即为直接行为人。② 从时间脉络来看，这种变化，印证了学者关于"转发是当今Web3.0 环境下信息广泛传播的关键。转发者理应成为网络侵权法律关系中的第三个主体，它与网络信息发布者和网络服务提供者共同构成 Web3.0 环境下承担侵权责任的主体"之判断。③

样本裁判中可以发现自己责任和因第三人（网络用户）产生的责任构成不同，导致裁判结果的差异。典型的案件一审和二审不同裁判结果的原因是对网络服务提供者是否有转载行为的认定分歧，如北京搜狐互联网信息服务有限公司与陈建军名誉权纠纷案。该案一审法院认为作为大众媒体的网络服务提供者对发表或转载文章应尽合理的注意义务。转载文章需先对文章内容的真实性进行审查，没有尽到该审查义务时应该承担侵权责任。而二审法院则认定被告没有转载行为，作为网络服务提供者客观上没有能力对每条信息进行审查，其原则上不负有对网络用户所发布的信息的主动审查和事先审查的义务。因此判决网络服务提供者不构成侵权，无须承担责任。④

---

① 杭州市下城区人民法院，（2012）杭下民初字第 1746 号"民事判决书".

② 北京市海淀区人民法院，（2015）海民初字第 19325 号"民事判决书". 北京市第一中级人民法院，（2016）京 01 民终 6047 号"民事判决书".

③ 马新彦，姜昕. 网络侵权中转发者责任考察［J］. 社会科学杂志，2015（2）：53 - 56.

④ 浙江省金华市中级人民法院，（2017）浙 07 民终 565 号"民事判决书". 浙江省义乌市人民法院，（2016）浙 0782 民初 2989 号"民事判决书".

第二，提供链接、信息搜索行为、置顶行为引起的争议。2015 年到 2017 年时间段，自己加害行为除了转载行为外，其他典型行为还包括提供链接、信息搜索和置顶行为等。在何红霞与重庆维普资讯有限公司名誉权纠纷案中，引起争议的为《中华儿女》杂志上刊登的"朱恒宽，当得起荣耀受得起委屈"一文。该文已经有生效民事判决书认定侵犯了原告等人的名誉权。被告书面答辩意见辩称，在其网站上输入"朱恒宽、当得起荣耀受得住委屈"出现的只有标题和三行摘要，点击"下载全文"则提示该文未被维普收录。但法院认定被告将该篇文章进行转载，提供链接、信息搜索，造成该文章传播的范围进一步扩大，构成侵权。①

网络服务提供者的置顶行为也为法院认定为自己行为。在胥凤兵与北京市海淀区科教园培训学校网络侵权责任纠纷案中，法院认为"置顶"行为本身包含了胥凤兵的价值判断和选择，在一定程度上表达了胥凤兵的立场。结合发帖人管理员的身份、内容的叙事角度、言论所涉事件背景、发文目的、置顶行为、网站介入程度等因素综合考量，法院认为该帖应视为胥凤兵自行发布。②

第三，自己责任主体变化。2015 年到 2017 年时间段内，自己责任主体特征与前一时间段有变化。加害人主要是网络内容服务提供者。具体可以分为几类：第一类为国内综合性网站，如中关村在线、北京搜狐互联网信息服务有限公司；第二类为新闻媒体网站，包括如环球时报在线（北京）文化传播有限公司、成都商报社、南阳楚汉网络媒体有限公司；第三类为从事某项专业信息提供的网站，比如湖南新万阳传媒有限公司即为从事食品信息收集、汇总，提供行业相关信息的网络服务提供者；重庆维普资讯有限公司为相关论文进行搜索、提供链接和原文下载的专业网络服务提供者；哈尔滨匇游大数据科技有限公司则是经营旅游网站的信息公司。

二、受侵害的权利类型特征

在网络服务提供者自己责任承担的样本裁判中，被告受侵害的权利通常同时包括肖像权和名誉权，也有案件中原告仅仅提出侵害肖像权之诉，但非常少，如王雅捷与北京贵美汇医院肖像权纠纷案。从法院裁判结果看，比较统一的是

---

① 河南省开封市顺河回族区人民法院，（2016）豫 0203 民初 145 号"民事判决书".
② 北京市第一中级人民法院，（2016）京 01 民终 1560 号"民事判决书"．北京市海淀区人民法院，（2015）海民初字第 03932 号"民事判决书".

支持了对肖像权的侵害，是否侵害名誉权则存在不同的情形。

第一类裁判结果是法院支持原告关于侵害肖像权的诉求，但不支持对名誉权侵害。这类案件如戴皎倩与北京阳光飞华科技发展有限公司（以下简称北京阳光飞华公司）人格权纠纷案。在该案中法院认为被告北京阳光飞华公司的行为是营利行为，虽其自己没有进行整形美容等商业经营，但网站经营本身为商业行为的一种。被告使用原告的照片对整形知识进行宣传目的是谋取网站点击率，增加广告收入。未经原告同意，被告在其实际管理的网站上使用涉诉图片的行为构成对原告肖像权的侵犯。但法院认为使用原告肖像的行为不足以产生令原告社会评价降低的后果，不足以对原告精神上造成损害，因此裁判支持原告关于侵害肖像权的请求，但不支持精神损害赔偿。对于是否支持精神损害赔偿的请求上，样本裁判中，法院持不同态度，如南京嘉泽投资管理有限公司凤凰岛医疗美容诊所与被上诉人董璇肖像权、名誉权纠纷案。该案法院认为被告侵害肖像权，但不侵害名誉权。不同的是法院酌定了精神损害赔偿。裁判中，法院认为无证据表明因凤凰岛医疗美容诊所使用照片导致董璇社会评价降低，故不宜认定凤凰岛医疗美容诊所对董璇名誉权构成了侵害，但对侵害肖像权酌情判决五千元的精神损害抚慰金。

另外一个案件则对是否侵害名誉权的判断理由有差异。该案为毛俊杰与东莞市玛丽亚妇产医院有限公司名誉权纠纷案。案件裁判中法院支持了原告肖像权受侵害的请求，理由是被告在其主办的网站中使用了原告照片，有营利目的。但其认定被告没有侵害原告名誉权的理由则为在其宣传和推广中未提及原告姓名。法院支持了原告关于精神抚慰金的请求，这一点戴皎倩与北京阳光飞华公司案有不同之处。毛俊杰案中，没有支持原告关于侵害名誉权的诉求，但裁判侵害原告肖像权，并赔偿五千元精神抚慰金。

第二类样本裁判结果是对原告侵害肖像权、侵害名誉权的诉求都予以支持。如在南京嘉泽投资管理有限公司凤凰岛医疗美容诊所与被上诉人苗圃肖像权、名誉权纠纷案中，法院就支持了侵害名誉权的诉讼请求。在孟瑶与东莞市玛丽亚妇产医院有限公司肖像权、名誉权纠纷案，法院认为被告使用原告照片的相关文章涉及相关医疗项目，其使用行为容易使受众误以为原告曾接受过相应的治疗，且涉及私隐整形项目，侵害了原告名誉权。法院判决该妇产医院承担相应的责任。法院综合考虑被告使用原告照片的形式和范围，决定被告赔礼道歉的形式以及赔偿精神抚慰金两千元。北京冯立哲医疗美容门诊部（普通合伙）与林心如肖像权、名誉权纠纷案中法院支持了名誉权和肖像权受侵害。与此相同的是戴皎倩与重庆妮丝医疗美容门诊部有限责任公司肖像权纠纷案。该案审理法院认为，从涉案文章的标题和内容看，系对被告美容整形项目进行的宣传和推广，具有营利目的，构成对原告肖像权的侵犯。被告使用原告照片的相关文章涉及"隆鼻失败修复"等美容整形医疗项目，其使用行为容易使受众误以为原告曾接受过相应的治疗修复，故亦构成对原告名誉权的侵权。

李湘与杭州同欣整形美容医院有限公司肖像权、名誉权纠纷案中，法院认为被告应对于在自己网站上编辑、发布的侵权内容承担赔偿损失、停止侵权等相应的责任。至于被告抗辩称为了科普目的而合理使用原告照片，因其发布的上述文章并非"新闻报道"，不予采纳。作为其他网站也存在内容相同或者近似的文章的抗辩也不成立，不能免除被告的侵权责任。[1] 马苏与杭州同欣整形美容医院有限公司肖像权、名誉权案中，被告以"为了科普目的而合理使用原告照片"抗辩，法院认为其发布的涉案文章并非"新闻报道"，故该抗辩不能成立。同样，即使其他网站也存在内容相同或者近似的文章，也不能免除被告的侵权责任。[2]

三、裁判中对网络服务提供者义务确定特征

（一）确定转载主体义务的法律依据不同

在样本裁判中，对于确定网络服务提供者是否承担侵权责任的重要前提是判断其是否承担义务及有哪些义务。综合来看，裁判法院对于转载义务确定的依据是最高人民法院《关于审理利用信息网络侵害人身权益民事纠纷案件适用法律若干问题的规定》。在口口相传网络技术有限公司等和被告知行公司名誉权纠纷一案中，法院将转载者义务称为"注意义务"，在判断网络服务提供者是否构成侵权时，依据该规定第 10 条总结出网络服务提供者转载行为之过错和程度判断时的考量因素包括三个方面：其一，转载主体所承担的与其性质、影响范围相适应的注意义务；其二，所转载信息侵害他人人身权益的明显程度；其三，对所转载信息是否做出实质性修改，是否添加或者修改文章标题，导致其与内容严重不符以及存在误导公众的可能性。[3] 该案确定网络服务提供者侵害法人的名誉权，但是判决赔偿的是经济损失，没有精神损害赔偿。诉讼请求为停止

---

[1] 浙江省杭州市下城区人民法院，（2012）杭下民初字第 1745 号"民事判决书".

[2] 杭州市下城区人民法院，（2012）杭下民初字第 1746 号"民事判决书".

[3] 浙江省杭州市余杭区人民法院，（2017）浙 0110 民初 2015 号"民事判决书".

侵害、赔礼道歉和赔偿经济损失。由此可见各级法院在案件中对于最高人民法院的司法解释适用相当准确和及时。只有个别案件在判决的法律依据中，涉及转载并没有提到该司法解释。如何红霞与重庆维普资讯有限公司名誉权纠纷案。因该案不仅涉及转载行为，还涉及提供链接、信息搜索等，法院在裁判依据上列出的有《侵权责任法》第36条，《民法通则》第101条、120条，《最高人民法院关于审理名誉权案件若干问题的解释》第3条和《互联网信息服务管理办法》第13条。

（二）裁判文书中对网络服务提供者承担义务表述不统一

在有关自己责任的裁判文书中，对网络服务提供者承担义务没有统一的表述。

裁判中称为"注意义务"的占多数，但是其表述也存在一些细微不同。有些裁判在"注意义务"前加上不同定语，如有称为"审查注意义务"的。在环球时报在线（北京）文化传播有限公司与上海洋码头网络技术有限公司名誉权纠纷案中，法院认为环球时报公司侵害洋码头公司名誉权。环球时报公司主张系合法转载"新闻快报"文章并未有充分证据证明。然后进一步阐释，即便为转载文章，环球网作为网络服务提供者仍负有审查注意义务。① 该案侵害法人名誉权，当事人没有请求精神损害赔偿。在姚予鄂、南阳市楚汉网络媒体有限公司名誉权纠纷案②中，法院将其称为"注意义务"，表述为"综合考虑转载主体的注意义务"。而向华强与广州网易计算机系统有限公司名誉权纠纷案中，法院认为网易公司有"一定的谨慎注意义务"，无论是首发还是转载都应对其发布的文章的真实性、合法性进行审查。③ 北京读讯网络科技有限公司、中央人民广播电台与张某、中报国际文化传媒（北京）有限公司、法制网传媒（北京）有限公司名誉权纠纷案中，法院认为网络服务提供者转载中负有"合理注意义务"。④

有裁判将其称为"审慎的审核义务"。蒋勤勤与成都商报社肖像权纠纷案是

---

① 上海市静安区人民法院，（2017）沪0106民初1759号"民事判决书"．上海市第二中级人民法院，（2017）沪02民终9737号"民事判决书"．

② 河南省南阳市中级人民法院，（2017）豫13民终402号"民事判决书"．南阳市卧龙区人民法院，（2016）豫1303民初4172号"民事判决书"．

③ 广东省广州市天河区人民法院，（2015）穗天法民一初字第5075号"民事判决书"．广东省广州市中级人民法院，（2017）粤01民终2166号"民事判决书"．

④ 北京市第三中级人民法院，（2016）京03民终5861号"民事判决书"．北京市朝阳区人民法院，（2015）朝民初字第02534号"民事判决书"．

涉及新闻媒体管理的网站转载他人信息的侵权责任。法院以新闻出版总署在《关于严防虚假新闻报道的若干规定》中对新闻机构关于新闻报道的要求确定被告义务。法院认为其无论自采还是转发报道，都需注明来源，不得直接使用未经核实的网络信息和手机信息，不得直接采用未经核实的社会自由来稿。法院将其在主管网站上转载文章所应该履行的义务总结为"审慎的审核义务"，并且认定法院没有履行该义务。在确定网络服务提供者侵权责任承担时，考虑被告过错程度、侵权方式、侵权后果、影响范围等因素，判决被告赔礼道歉、酌定精神损害抚慰金和赔偿经济损失。[①]

有代表性的样本裁判中，法院做出改判的分歧主要是对网络服务提供者转载行为是否侵权的认定。代表性案件为广东绿瘦健康信息咨询有限公司与湖南新万阳传媒有限公司名誉权纠纷案。该案的贡献在于非常详细地阐述，并且广泛综合转载行为的各种影响因素而做出转载形式是否侵权的认定。首先，终审法院对转载行为是否侵权的认定进行了详细阐述。其认为要求转载者对于所转载的所有信息均进行准确的实质性审查，既不符合网络信息传播便捷、快速之功能，在技术上亦不现实。要求转载者提供涉案信息相应的事实依据会不合理地增加其举证难度。接着，法院总结对转载者的转载行为是否尽到相应审查以及注意义务的标准。认为应从转载的社会背景、信息来源、形式，以及转载内容是否有明显的侵权特征，转载者自身性质、能力和影响范围等方面进行考察。最后，法院阐明网络服务提供者已经履行了其审查和注意义务，不应承担侵权责任。裁判中写道，该案缘起于相关新闻媒体就食品安全问题基于表面事实的合理怀疑而开始的跟踪调查系列报道。新万阳公司作为收集食品信息的网站，在转载涉案文章时已尽到与其自身的性质、能力和影响范围相适应的审查以及注意义务，现双方均确认所有涉案文章已经删除。据此，不宜认定新万阳公司的转载行为属于名誉侵权。最后终审法院撤销一审裁判，改判网络服务提供者转载行为不构成侵权。[②]

（三）网络媒体义务的特殊性

样本裁判中，还有一类特殊情况就是网络媒体义务。认为网络媒体作为网络服务提供者义务的确定有着特殊之处。也就是说，网络媒体在新闻报道和评论行为中负有的义务有其特点。广州网易计算机系统有限公司与邬丹洁名誉权

---

① 北京市朝阳区人民法院，（2017）京 0105 民初 58030 号"民事判决书".

② 广东省广州市中级人民法院，（2016）粤 01 民终 14346 号"民事判决书".

纠纷案，一审法院考虑到网络信息具备传播速度快、传播范围广的特点，认为网络服务提供者应当对自行采集、编辑的信息尽"谨慎审查的义务"，并表示其不能以博取大众眼球为目的做出与事实不符的新闻报道（包括新闻标题与实际内容的偏差）。终审法院在裁判中阐释了其对于网络媒体注意义务的理解，认为媒体报道新闻应如实反映客观事实，特别是网络媒体，因传播速度快、覆盖范围广等特点，故对新闻的报道及评论较一般媒体更应严格审慎，如实报道。①

注意义务的确定，还涉及确定网络服务提供者义务的法源问题。姚海鹰与济南燎原网络科技有限公司名誉权纠纷中，网络服务提供者没有遵守实名制的管理规定。法院认为在 2015 年 3 月 1 日《互联网用户账号名称管理规定》施行之后，济南燎原公司未能采取相应措施对城市论坛中已经注册的网络用户进行实名认证，存在管理上的疏漏，但考虑到《互联网用户账号名称管理规定》仅为部门规范性文件而非法律法规，故该管理疏漏并不能作为认定济南燎原公司承担民事侵权责任的依据。②

总的来看，侵权责任法 36 条之理解，应区分自己责任和因第三人侵权产生的责任。转载、提供链接、修改标题等作为自己责任。而通知条款是第三人责任，"知道条款"也是第三人责任。盐城市湿地树人信息科技有限公司与施广权名誉权纠纷案中，二审法院认为，上诉人对网友发送的帖子标题进行了修改且进行全文头条推送，推送的帖子标题内容失实，且所引用的内容载有贬损他人人格的部分，上诉人的行为构成了对施广权名誉权的侵犯。③

第三节 "通知条款"适用状况分析

《侵权责任法》36 条第 2 款规定了在受害人认为自己权益受侵害时通知的权利，及其网络服务提供者应该采取的措施与其责任。根据该条规定，网络用户利用网络服务实施侵权行为的，权利人有权通知网络服务提供者，要求其采取必要措施，如删除、屏蔽和断开链接等。在接到通知后，网络服务提供者没

---

① 上海市第二中级人民法院，（2016）沪 02 民终 8673 号"民事判决书". 上海市静安区人民法院，（2016）沪 0108 民初 2194 号"民事判决书".

② 济南市市中区人民法院，（2016）鲁 0103 民初 5692 号"民事判决书". 山东省济南市中级人民法院（2017）鲁 01 民终 2478 号"民事判决书".

③ 江苏省盐城市中级人民法院，（2016）苏 09 民终 5154 号"民事判决书".

有及时采取必要措施的，其就损害扩大部分与加害人承担连带责任。我们将该款简称为"通知条款"，并对涉及适用通知条款的网络服务提供者侵害人格权的样本裁判进行分析，以了解该条款的实施情况。主要是从裁判中要求的通知的内容和形式、通知的后果、网络服务提供者接到通知后是否采取必要措施以及如何理解、确定扩大的损害等方面来考察该条款的实施情况。

一、通知的内容和形式

《侵权责任法》未对通知的内容和形式提出具体要求，从样本裁判分析中发现问题之一是确定依据，即通知的内容和形式是按照哪些法律法规来确定。样本裁判中反映的主要是按照法律规定还是按照网络服务提供者通知确定的内容和形式问题。

（一）网络服务提供者对通知的单方要求是否有约束力的争议

有样本裁判以通知形式和内容不符合网络服务提供者的要求为理由驳回原告的诉讼请求，如吴春燕与北京搜狐互联网信息服务有限公司案。该案判决中，法院以原告的通知不符合网络服务提供者在自动回复邮件中的要求、原告未能以充分的证据证明有符合要求的通知为理由驳回原告诉讼请求。法院认为被侵权人向网络服务提供者发出的通知，可以是书面形式或以网络服务提供者要求形式，但是该通知中所包含的内容需要符合法律规定的要求。该案中被侵权人发送的通知未满足要求，因此网络服务提供者以通知不符合法律要求而主张免除自己责任的，该主张成立。原告认为其发出通知不仅包含快递删帖申请、律师函的方式，还包含发送邮件。法院认为，原告发送通知的邮箱为系统自动回复邮箱，发送通知到自动回复邮箱行为不能证明原告完全履行了通知义务。因为根据该自动回复邮件所告知的内容，原告若需删帖，仍应当以书面形式通知被告，同时将书面意见的电子版发送至被告客服邮箱。现原告认为其已经按照要求填写"搜狐个人及企业投诉申请表"后将该表邮寄给被告，但未能充分举证证明。① 有些样本裁判中，法院对通知的要求理解不同，认为通知的内容和形式符合书面形式或网络服务提供者公示的方式都可以。例如高维红与北京众鸣世纪科技有限公司名誉权纠纷案。该案审理法院认为受害人发出的书面通知或者依据网络服务提供者公示方式发出的其他形式的通知，应该包含当事人信息，如其通知人姓名或名称、通知人的联系方式。通知应该包括确定侵权内容

---

① 杭州市下城区人民法院，（2015）杭下民初字第00227号"民事判决书".

的相关信息，如侵权行为的网络地址、其他足以定位侵权内容信息。通知还需说明其请求删除相关信息之理由等。在被侵权人发送的通知未满足上述条件时，网络服务提供者主张免除责任的，人民法院应予支持。①

样本裁判中，通知没有按照网络服务提供者在网站上明确的通知地址寄送，也是导致原告败诉的原因。如在朱某亮与昆山阿拉丁网络传媒有限公司网络侵权责任纠纷中，受害人委托律师向阿拉丁公司发出要求删除帖子的律师函，但该函没有寄送到论坛首页《侵权信息涉诉流程及其处理办法》中明确的地址。诉讼中也没有其他证据能证明阿拉丁公司收到该函件。因此受害人对网络服务提供者承担接到通知后未删除应该承担责任的请求并没有得到法院支持。②

有样本裁判并没有讨论单方面的权利受侵害的投诉要求是否应该遵守问题，但是在裁判中明确被告不承担责任是因为没有证明原告按照网络服务提供者的要求投诉。具体为张园园与被告厦门热推网络有限公司侵权责任纠纷案。该案判决认为，热推公司在厦门小鱼网网站"联系我们"栏明确了《权益保护投诉须知》链接，原告未能举证证明在讼争网帖删除前其已按《权益保护投诉须知》公示的投诉渠道或办法提交投诉，也未能证明热推公司已收到其投诉，故热推公司不应承担侵权责任。③ 裁判虽然没有讨论单方提出通知的要求是否应该遵守问题，但是在裁判中认可了单方投诉要求的效力。

在网络服务提供者内部制定的规则对通知的要求超出司法解释要求时，法院认为符合司法解释要求即可。张某某、北京搜狐互联网信息服务有限公司与河南大象融媒体集团有限公司网络侵权责任纠纷案中，搜狐公司以没有提供身份证照片等不予删除，直到 11 月 3 日映象网删除了涉案文章，其间搜狐公司并未采取任何处理措施。法院认为，虽原告未严格按照搜狐公司的投诉规则，但搜狐公司内部投诉流程超出《最高人民法院关于审理利用信息网络侵害人身权益民事纠纷案件适用法律若干问题的规定》第 5 条对通知的要求，不能对抗被侵权人。搜狐公司未及时采取必要措施，怠于履行管理职责，对从张某某通知投诉后的合理期间到映象网最终删除涉案文章这一时间段的侵权行为，应承担

① 北京市朝阳区人民法院，（2015）朝民初字第 29123 号"民事判决书".
② 江苏省昆山市人民法院，（2017）苏 0583 民初 2438 号"民事判决书". 江苏省苏州市中级人民法院，（2017）苏 05 民终 5879 号"民事判决书".
③ 福建省厦门市思明区人民法院，（2017）闽 0203 民初 7967 号"民事判决书".

责任。①

(二)《侵权责任法》和其他法规对通知要求不一致时如何适用的问题

在《侵权责任法》中关于通知的要求与其他规定要求不一致时的法律适用问题上，样本裁判中有非常有启发意义的判决。林大元与台州创星数码港有限公司网络侵权责任纠纷案中，被告认为原告的通知不符合《信息网络传播权保护条例》关于通知要求，应视为没有通知。法院认为《信息网络传播权保护条例》第14条关于"通知"的规定是针对著作权侵权责任而设，并不必然地适用于本案名誉权侵权责任的认定，我国《侵权责任法》第36条第2款并未对被侵权人向网络服务提供者发出的通知规定任何形式要求，故本案不应对原告的"通知"要求过于苛刻。② 法院认为，原告发现有人在"玉环e网论坛"上侵害其权益时，已用律师函的形式通知了被告，请求其采取必要措施。被告有义务在接到律师函之后及时采取删除、屏蔽或者断开链接等相应的必要措施，以避免损害扩大。该裁判对36条第2款的实施与其他条例的关系理解是非常到位和正确的。《信息网络传播权保护条例》有其自己的适用范围，其位阶也比《侵权责任法》低，不能以其规定来改变法律的内容。该规定与《侵权责任法》的规定相比，虽然定了通知要求，但是其适用前提是版权等受到侵害。如果法院以此普遍适用，并扩大适用范围，实质上也会降低对权利人权益保护标准。因此法院认定其适用于著作权是正确的。另外，《关于审理利用信息网络侵害人身权益民事纠纷案件适用法律若干问题的规定》在该案审理时还没有生效，因此不作为法律依据加以适用。

(三) 根据通知内容能否定位侵权行为的判断

如何确定是否达到"根据通知中提供的信息定位相关侵权内容"要求问题。有样本裁判认为，只要提供足以准确定位侵权内容的相关信息即可。如吴春燕与天涯社区网络科技股份有限公司网络侵权责任纠纷案。法院认为，以电子邮件通知被告删除时，该帖子已经在被告网站存在。虽然原告通知被告删帖的链接中未包含公证书中该帖子的链接，但帖子题目一致，而且原告在删帖申请中明确"希望被告删除全部此类文章、标题"，应认定原告提供了足以准确定位侵

---

① 北京市海淀区人民法院，(2016) 京 0108 民初 10111 号 "民事判决书". 北京市第一中级人民法院 (2017) 京 01 民终 2064 号 "民事判决书".

② 浙江省台州市中级人民法院，(2014) 浙台民终字第 462 号 "民事判决书". 浙江省台州市玉环县人民法院 (2014) 台玉民初字第 438 号 "民事判决书".

权内容的相关信息，要求被告将该题目项下的帖子予以删除。① 我们认为此案中法院对通知能否定位的判断是正确的。以"足以准确定位侵权内容"为标准即可，不应要求具体定位到所有具体帖子的链接。是否"足以定位"，应以网络服务提供者当时的一般技术标准来判断。

此外裁判还涉及通知主体适格问题。史习敖与天涯社区网络科技股份有限公司网络侵权责任纠纷涉及该问题。原告通过律师函、电子邮件等方式要求被告删除相应帖子，但被告以委托人身份未经核实为由而未及时采取必要措施。法院认为原告以邮寄律师函、发送电子邮件的方式要求删帖。律师函为原件，内容已经明确清晰地表达了原告委托事项、联系方式、侵权帖标题及网址信息，足以使被告对相应侵权内容进行定位并与原告核实相关身份信息，该为有效的通知。②

二、对是否采取必要措施的理解

（一）对必要措施的认定

据侵权责任法第 36 条规定的列举，必要措施的方式包括删除、屏蔽和断开链接等。网络服务提供者接到被侵权人的通知之后，没有及时采取相关必要措施的，需依照法律的规定承担相应的侵权责任。但是该规定并未具体明确何为必要措施。在样本裁判中，也涉及对必要措施的理解分歧。

1. 隐名是否为必要措施

有案件涉及网络服务提供者采取隐名措施是否是必要措施的判断。在吴春燕与新昌信息港网络传媒有限公司网络侵权责任纠纷中，原告通过给被告网站上的客服邮箱地址发送电子邮件来申请删帖，被告并没有删帖。原告再联系被告客服 QQ，要求删除帖子。QQ 客服对帖子中的具体人名部分做了隐名处理，将"吴春燕"改成"吴＊＊"，并隐去原告女儿的名字和其就读高中名称。但原告的姓氏、女儿就读杭州 XX、文章的标题、杭州市等信息均未隐去，也没有删除涉案帖子。裁判法院认为部分阅读者仍然能够根据帖子的中信息与原告对应，被告采取隐名处理措施并未能有效制止侵权行为。而相关的类似侵权帖子亦发布于其他网络上，普通的网页浏览者都可通过案涉帖子的文章标题、相关

---

① 浙江省杭州市下城区人民法院，（2015）杭下民初字第 00225 号"民事判决书".
② 杭州市拱墅区人民法院，（2016）浙 0105 民初 2595 号"民事判决书".

内容与原告对应。① 因此法院判决被告应承担侵权责任。

2. 删除措施是否足够的判断问题

对采取的具体措施是否足够的理解体现在王甫刚与南京西祠信息技术股份有限公司网络侵权责任纠纷案。该案争议包括网络服务提供者在收到通知后，采取的删除措施是否足够，是否应该就直接加害人再次发帖造成的损害承担责任。原告认为，在得知"沙滩脚印"在西祠胡同上发布对其进行诽谤和侮辱的帖子后，其先后通过打电话和发函方式要求西祠公司采取删除、屏蔽、断开链接等必要措施来消除影响。而西祠公司仅仅采取删除帖子的措施，并没有及时采取屏蔽、断开链接等必要措施，致使相同的帖子在被删除后不久再次被"沙滩脚印"发送至网上，造成了王甫刚名誉损失的扩大。因此，西祠公司应当就损失扩大部分向王甫刚承担侵权赔偿责任。

3. 必要措施的判断标准问题

该问题体现在王甫刚与南京西祠信息技术股份有限公司网络侵权责任纠纷案中，二审法院首先对删除、屏蔽、断开链接等必要措施进行解释。法院认为所谓的删除，通常是指直接删除存在于侵害他人权益的网页内容中的侵权信息的文字、图片、音频、视频等，使得这些侵权内容不再在该网页之中存在。屏蔽通常是指有针对性地阻止某些信息出现在特定的网站上。其仅屏蔽涉及侵权信息的部分，并不是将所有网页都加以屏蔽。而在难以直接删除侵权信息时，采取断开链接措施，也就是采取切断该网站或者涉及侵权网页内容链接的方式来达到阻止具有侵权信息的网页或内容的进一步扩散。法院说明了关于删除、屏蔽、断开链接等必要措施的适用对象，认为从《侵权责任法》的规定可以看出，这些措施所针对的适用情形是被侵权人已经向网络服务提供者发出了符合法律规定的有效通知，而被采取措施的侵权行为应该是加害人已经利用网络服务提供者的服务实施过的加害行为。由于《侵权责任法》未明确网络服务提供者应当具体采取何种措施，而采用了列举方式。法院认为其主要原因在于不同网络服务提供者提供的服务类型不同，其采取必要措施的类型也不同。例如，在该网络服务提供者为搜索引擎服务提供者时，屏蔽信息方式为其主要的相应措施。但在网络服务提供者为存储空间服务提供者时，删除信息则是其主要采取的相应措施方式。对于如何判断必要措施的限度上，在法律没有明确规定时，应该考虑网络服务提供者与网络用户之间的服务合同关系、对被侵权人的保护，

---

① 浙江省杭州市下城区人民法院，（2015）杭下民初字第00541号"民事判决书".

以及综合考虑网络用户的言论自由、对网络空间的自由使用等各种因素，一般应以能够防止侵权行为的继续和侵害后果的扩大，并且不会给网络用户造成不成比例的损害为限度。最后法院判决，侵权责任法中所列举的方式，并不存在孰优孰劣问题，没有措施力度上的递进关系，具体如何采用，需要根据网络服务提供者所提供的服务类型、侵权信息的具体形式等因素做出选择。该案中，西祠公司作为西祠胡同的经营者，属于提供存储空间服务的网络服务提供者，其在接到王甫刚的通知后，及时将涉嫌侵权的帖子予以删除，应当说是比较彻底的处理方式，已经有效防止了侵权行为的继续和侵害后果的扩大。如果要求西祠公司仅仅基于"沙滩脚印"针对一个问题的集中发帖行为，就对其采取中止服务（即王甫刚所主张的"封号"）的措施，则该种权利限制措施与其侵权行为、侵害后果之间不成比例，将影响其正当的使用网络空间的自由和网络监督自由。因此，西祠公司针对"沙滩脚印"2014 年 4 月 1 日、4 月 12 日、4 月 14 日、4 月 17 日所发帖子所采取的措施，并无不当。王甫刚提出的西祠公司未能采取措施防止相同内容帖子再次发至网上，对因此造成的损失扩大部分应承担赔偿责任的主张，没有事实和法律依据，本院不予支持。[①] 该案是法律适用上成功的一个范例。其对法条理解正确，并且能够结合权利与自由等基本法律价值观、比例原则等进行裁量和说理，值得借鉴。

结合这些案件，可以得出结论，对于网络服务提供者在接到通知后，应该采取哪些措施，判断采取了哪些措施为足够阻止侵权行为问题，并没有统一的标准。实践中应该通过已经采取措施的结果来判断。如果在通常情况下，采取的措施已经有效防止了侵权行为的继续和侵害后果的扩大，则措施为足够。

（二）接到通知后是否产生网络服务提供者审查义务

前面讨论了在接到通知前，网络服务提供者进行审查和管理，能否作为接到通知后不采取措施的免责事由。样本裁判中，还涉及另一问题是网络服务提供者接到通知后是否产生相应的一般审查义务。

对该问题，样本裁判有分歧。一类观点认为网络服务提供者没有超出通知人列明的侵权行为之外的信息审查义务。王威与中国电信股份有限公司连云港分公司网络侵权责任纠纷案中法院持该观点。法院认为网络服务提供者不负有超出通知人列明的网络地址或者检索方式进行搜索、一并删除的义务。电信公

---

① 江苏省睢宁县人民法院，（2014）睢民初字第 1372 号"民事判决书". 江苏省徐州市中级人民法院，（2014）徐民终字第 3676 号"民事判决书".

司已履行了必要的审查与管理义务，采取了合理、有效的措施后仍不能发现或者确定侵权内容，不应当认定其有过错。法院认为关于网络服务提供者的信息披露义务，我国现行法律、法规尚无明确规定。自然人的个人信息受到法律保护，只有在请求人能够举证证明侵害其合法权益的行为客观存在，或者在得到相关权利人同意前提下，网络服务提供者才承担信息披露义务。①

持不同观点的有徐海与山景科创网络技术（北京）有限公司（以下简称山景公司）姓名权纠纷案。该案山景公司负责运营网络平台赶集网，该网为用户发布分类信息、搜索分类信息提供网络技术服务及设备支持。2013 年 9 月 26 日，山景公司收到徐海的投诉，称他人冒用自己的手机号码在赶集网上发布了虚假信息。山景公司当日对该条信息进行了删除处理。然而，从 2014 年 6 月 4 日起，赶集网上又陆续出现以该手机号码发布的各类侵权信息 200 余条。这段时间徐海收到大量关于这类信息的咨询电话，这给他的工作生活造成了极大困扰。为保存证据，徐海委托公证机关对赶集网上以徐海名义发布的虚假信息进行公证。徐海以山景公司运营的网站对网络用户发布个人信息的真实性未尽审查义务、未经徐海同意将其个人信息发布，造成其隐私权受到侵害为由，要求山景公司停止侵权、消除损害、赔礼道歉并赔偿其精神损害抚慰金五万元、公证费五百元。

法院认为该案属于适用通知条款的案件。也就是说，在接到通知后没能及时采取必要措施时，网络服务提供者需与加害人一起，对损害之扩大部分承担连带侵权责任。该案提出的一个重要问题是：在接到被侵害人信息后，网络服务提供者采取了措施，但措施是否应该包含对之后的时间内，网络上再次出现侵权信息的审查义务存在争议。一审法院认为，徐海收到的骚扰电话、短信以及其提供的公证书足以证实其个人信息被他人多次冒用，而山景公司作为赶集网的运营商，在用户发帖时没有尽到合理审查义务，且在接到徐海的举报后只是针对举报的信息进行删除，没有对该电话号码及发布人采取身份核实验证等技术措施，且至庭审结束前仍不能提供侵权人的 ID 地址等信息，致使无法确定侵权人，故其过错明显，应依法承担相应的侵权责任。根据一审判决，可以理解为网络服务提供者在接到通知后，只针对举报信息的删除不足够，而"没有对该电话号码及发布人采取身份核实验证等技术措施"是否指对之后的侵权信

① 江苏省连云港市新浦区人民法院，（2014）新民初字第 0941 号"民事判决书". 江苏省连云港市中级人民法院，（2015）连民终字第 01624 号"民事判决书".

息问题，语焉不详。其判决责任承担的原因不单纯是接到通知后的事后审查义务，主要是"到庭审结束前仍不能提供侵权人的 ID 地址，致使无法确定侵权人，有明显过错"。

该案的二审法院关于山景公司在运营网络过程中是否尽到应尽义务，应否对徐海承担民事责任问题进行论证和判断与一审不尽相同。二审法院认为原告向被告投诉的内容不是某个虚假侵权信息，而是冒用自己的手机号码发布虚假信息的行为，投诉内容为"这个电话号码是我的！为什么我注册手机号码了，别人还是可以用我的手机号码发帖子"！山景公司在接到徐海的投诉后，固然应当及时采取措施删除相关网贴，对于今后赶集网上再次出现的以徐海手机号码所发布的网帖的真实性，山景公司亦应当慎重核实，必要时应及时对该手机号码采取技术保护措施，避免相关网络用户继续冒用徐海手机号码发布虚假信息。① 从另一角度理解，该案涉及问题是采取措施的内容确定。从采取措施时间看，采取措施不应是接到通知后一次性的，而应根据不同内容确定。依据措施针对内容，如果只有在此后都采取措施才能制止侵权行为的，应该将之后的措施理解为必要措施。

（三）接到通知后网络服务提供者披露加害人信息范围

有案件涉及网络服务提供者披露信息范围问题。例如冯大辉与北京智者天下科技有限公司名誉权纠纷案争点中涉及网络服务提供者披露信息范围。法院认为智者天下公司后台中保存着的相关用户信息，智者天下公司已以书面形式通过法院向冯大辉进行了披露。智者天下公司除掌握相关用户的 ID、注册时间、注册邮箱、注册 IP、用户主页、微信 OpenID、微信名字等信息外，并不掌握其手机号码、姓名、身份证等其他信息，并不属于无正当理由拒不提供的情况，对该公司并不掌握的信息，法院无法责令其进行披露。②

三、适用"通知条款"时加害人责任承担

在适用通知条款时，法院可能判决网络服务提供者承担全部或部分责任，也可能判决其不承担任何责任。梳理样本裁判中两类不同裁判结果，可以看出实践中法律适用的分歧。

---

① 江苏省徐州市中级人民法院，（2015）徐民终字第 2805 号"民事判决书". 江苏省徐州市铜山区人民法院，（2014）铜茅民初字第 1065 号"民事判决书".
② 北京市海淀区人民法院，（2016）京 0108 民初 34926 号"民事判决书". 北京市第一中级人民法院，（2017）京 01 民终 2061 号"民事判决书".

（一）网络服务提供者承担侵权责任之案件分析

1. 接到通知未及时采取相应措施的，应承担侵权责任。

对于侵权责任构成的判断上，法院认为接到以诉讼形式的通知后，还未采取措施的，应该承担侵权责任。在吴春燕与泗洪风情网络科技有限公司案中，被告是依据通知条款承担责任。法院认为根据证据，能够确认原告以诉讼的形式通知被告要求删帖，但被告在接收到法院邮寄送达的起诉状副本及证据等诉讼材料后，仍未做删帖处理这一事实。法院因此确定泗洪风情网络科技有限公司承担责任。①

样本裁判中，大都是因为网络服务提供者在接到通知后，未能及时采取措施而承担相应的侵权责任的情况。这些案件具体包括：吴春燕与宁海县国脉网络信息有限公司网络侵权责任纠纷案。该案法院判决被告与加害人承担连带责任，理由是其在接到通知后，没有及时采取相应的必要措施，导致损害扩大。② 在李某与北京微梦创科网络技术有限公司网络侵权责任纠纷中，也是被告接到原告投诉通知后没有及时采取必要措施，导致侵权行为的损害结果进一步扩大。③ 在北京智德典康电子商务有限公司与珠海小马哥汽车服务有限公司网络侵权责任纠纷案中，法院认定，帖子虽然不是智德公司撰写发布，但智德公司作为爱卡汽车网的网络服务提供者，当小马哥公司投诉至其受理纠纷的平台即社区居委会时，智德公司未采取有效措施以减少影响，应负有管理责任。④ 广州网易计算机系统有限公司与苏用和网络侵权责任纠纷案中，二审法院认为，直至苏用和提起本案诉讼时，《政协委员被指率众殴打农民工将一名妇女农民工爆头》一文仍在网易公司的网站上刊登，未被删除，对此网易公司未履行其作为网络服务提供者应负的法定义务，存在过错，其发布澄清报道不能成为阻却其侵权行为违法性的正当事由。⑤ 浙江建人专修学院与温州柒零叁网络传媒有限公司案中，法院认定被告接到通知之后，没有及时采取措施，没有履行制止侵权行为的保护义务。被告未及时采取必要措施制止侵权行为，加重了对原告

① 浙江省杭州市下城区人民法院，（2015）杭下民初字第00220号"民事判决书".

② 浙江省杭州市中级人民法院，（2014）浙杭民终字第731号"民事判决书". 浙江省杭州市江干区人民法院，（2013）杭江民初字第1613号"民事判决书".

③ 江西省莲花县人民法院，（2012）莲民一初字第115号"民事判决书".

④ 广东省珠海市香洲区人民法院，（2011）珠香法民一初字第3038号"民事判决书". 广东省珠海市中级人民法院，（2012）珠中法民一终字第239号"民事判决书".

⑤ 广东省佛山市中级人民法院，（2015）佛中法民一终字第811号"民事判决书".

名誉的损害，应承担侵权责任。①

2. 网络服务提供者事前采取措施、履行管理义务的行为并不影响责任承担

在适用"通知条款"时，网络服务提供者是否可以以已经尽到事前管理义务为由不采取措施问题，裁判法院持否定态度。在李罡鸿、王关陵与海南天涯社区网络科技股份有限公司人格权纠纷案中，法院认为在发现网络用户利用被告的网络服务侵害其合法权益时，原告有权通知被告并请求其采取相应的必要措施。被告负有根据原告的通知及时采取必要措施义务。该案中虽被告在注册协议中已进行管理（被告认为其履行的为管理义务），即明确告知网络用户不得侮辱、诽谤他人，但法院认为履行管理职责并不能代替知道侵权行为时必要措施的采取，被告在得知有人利用其提供的网络服务侵害他人权益时，仍负有采取必要措施、避免损害结果扩大的义务。② 我认为法院对该问题判断正确。36 条第 2 款的适用不以是否采取事前的管理措施为条件。遗憾的是，在判决中忽视了一个问题的论述：在接到通知后，网络服务提供者如何对通知内容进行实质性判断，如通知是否符合法律要求、通知中所指的加害行为是否侵害了他人的权利等问题。

浙江台州市两级人民法院对事前管理措施采取是否可以作为不承担责任的理由与湖南株洲荷塘法院持同样态度。法院认为即使被告在其《网络服务条款》中已事先履行了相应的管理职责，但得知有人利用其提供的网络侵害他人权益时，仍负有采取必要措施，避免损害结果扩大的义务。作为网络服务提供者的被上诉人，在接到上诉人的律师函后，未采取必要的措施，致使损害后果的扩大，据此被上诉人应承担相应的法律后果。③

（二）网络服务提供者不承担责任的案件分析

样本裁判中，法院判断被告履行了相应义务，就无须承担责任。不承担责任的理由往往是被告在接到通知后采取措施及时。如黄益绍与北京新浪互联信息服务有限公司网络侵权责任纠纷中，法院认为所涉博文全部内容由网络用户提供，被告作为网络服务提供者，并不对博文进行主动编辑或修改，且被告接到原告投诉后，均按照原告提供的链接采取了及时删除措施，被告主观上无过

---

① 浙江省杭州市下城区人民法院，（2012）杭下民初字第 2120 号"民事判决书". 浙江杭州市中级人民法院，浙杭民终字第 1505 号"民事判决书".

② 湖南省株洲市荷塘区人民法院，（2014）株荷法民一初字第 1363 号"民事判决书".

③ 浙江省台州市中级人民法院，（2014）浙台民终字第 462 号"民事判决书". 浙江省台州市玉环县人民法院（2014）台玉民初字第 438 号"民事判决书".

错，其行为不构成对原告名誉权、隐私权的侵害。① 吴志立与李亚玲、北京微梦创科网络技术有限公司名誉权纠纷中，法院也持相同观点。② 凌莉与北京微梦创科网络技术有限公司名誉权纠纷案中，法院认为，被上诉人作为网络服务提供者在接到针对"Isabel-凌"微博账号的投诉后及时审核并注销了该账号，被上诉人已尽其法定义务。③

根据第 36 条之规定，在理论上网络服务提供者不承担责任，应该还有另外一种情形，也就是在网络用户（直接加害人）的行为并不构成侵权行为时，网络服务提供者在接到通知后未采取任何措施的，也不应承担侵权责任。但是样本裁判中没有体现出这种情况。可能的原因是，一般来说，通知人对自己的权益受到他人侵害的判断是正确的。因此在接到通知的网络服务提供者没有采取相应措施时，受害人到法院提起诉讼。而胜诉的比例高则说明原告对自身权益受侵害判断正确；另一方面也证明没有利用"通知条款"进行滥诉的现象。

浙江建人专修学院与百度公司案涉及几个方面的问题。第一，原告无法证明其曾发出符合要求的通知而败诉。第二，该案中没有明确说明，百度公司提出的通知要求是单方要求还是法律的要求。法院认为浙江建人专修学院无证据证明浙江建人专修学院在诉前履行了符合要求的通知义务。而在诉讼过程中，百度公司也按浙江建人专修学院提供的链接进行了及时删除，故浙江建人专修学院以百度公司网络侵权为由要求百度公司删除所有侵权网页、赔礼道歉、赔偿损失的请求不成立。但法院在判决中却提出，作为信息平台服务提供者，百度公司需要通过改善投诉渠道等方式，来为权利人提供条件，以便于其维护自身合法权益。该案浙江省人民检察院于 2015 年以事实认定确有错误为由抗诉，浙江高院裁决提审，没有看到最终判决或裁定。④

有案件争点是"被告不提供直接侵权的网络用户的相关信息是否存在过错"。在陈郝英与盐城一二三网络科技有限公司网络侵权责任纠纷案中，法院认为被告没有向原告亲属提供直接侵权用户信息，并不存在过错。原因是接到原告亲属的电话通知后，被告在发帖次日上午对相关侵权帖子及时删除。根据

① 湖南省长沙市天心区人民法院，（2014）天民初字第 3001 号"民事判决书".
② 四川省成都市锦江区人民法院，（2014）锦江民初字第 2620 号"民事判决书".
③ 上海市黄浦区人民法院，（2014）黄浦民一（民）初字第 1791 号"民事判决书".
④ 浙江省杭州市中级人民法院，（2013）浙杭民终字第 3232 号"民事判决书". 浙江省杭州市下城区人民法院，（2013）杭下民初字第 468 号"民事判决书". 浙江省高级人民法院（2014）浙民申字第 436 号"民事裁定书".

《信息网络传播权保护条例》及《最高人民法院民事诉讼证据规则》，有权调取网络用户信息的主体是行政机关和人民法院。该案中原告未向被告提交书面申请等材料，被告未向原告亲属提供网络用户信息并无不当，并且诉讼中被告已据法院要求提供案涉帖子发布人邮箱、发帖 IP 地址、注册时间等信息。①

有案件在裁判理由中存在对通知是被侵权人权利还是义务的认识错误。尹三来、萍乡市晓说安源传媒有限公司一般人格权纠纷的一审法院存在对《侵权责任法》第 36 条"通知条款"性质认定的错误。其认为尹三来未提供证据证实已通知被告要求删除该发帖，即在尹三来未向城事网络传媒公司履行法定通知义务的情况下，城事网络传媒公司不应承担本案的网络侵权责任。② 通知应该是被侵权人在知道侵权行为时通知网络服务提供者并采取措施，是被侵权人的权利而不是义务。③

第四节　"知道条款"适用分析

我国法律没有对过错的主观性或者客观性做出明确的立法界定，但一些司法解释将过错与加害行为并列（连同损害、因果关系）作为侵权责任的构成要件，表明司法解释持主观过错的立场。法律对故意和重大过失两种基本过错类型做了划分，司法解释在一定程度上对过失的程度进行了区分。④《侵权责任法》第 36 条第三款规定的"知道"，是过错的一种特殊表述。我们将其简称为"知道条款"。该款规定网络服务提供者在主观上知道侵权行为存在时责任的承担。也就是在其知道网络用户有利用其提供的服务对他人的民事权益加以侵害，网络服务提供者没有采取必要措施时，应该对该侵权行为造成的所有损失，与加害人承担连带责任。本节对样本裁判中适用该条款的案件加以讨论和分析。

---

① 江苏省盐城市盐都区人民法院，（2017）苏 0903 民初 5848（2014）.
② 江西省萍乡市安源区人民法院，（2016）赣 0302 民初 2136 号（2014）.
③ 张新宝，任鸿雁. 互联网上的侵权责任——侵权责任法第 36 条解读 [J]. 中国人民大学学报，2010（4）：17 - 25.
④ 张新宝. 侵权责任构成要件研究 [M]. 北京：法律出版社，2007：428.

一、对"知道"的理解适用状况

（一）通过网络服务提供者行为的确定判断网络服务提供者是否"知道"

样本裁判中，对网络服务提供者"知道侵权行为"的判断各有不同。有法院以网络服务提供者在接到通知前采取措施的行为确定其"知道"侵权行为的存在，如姜宏与杭州十九楼网络传媒有限公司一般人格权纠纷案。该案法院根据被告自己提供的对一些网民所发相关帖子的处理，包括采用删除、撤销评分等措施处理相关涉案侵权帖子，认定被告管理人员在原告发通知前已经知道有侵权信息存在。①

在覃雨岭与河池日报社网络侵权责任纠纷中，法院比较全面地分析了如何通过行为判断"知道"的理由。该案一审法院界定了侵权的含义。其认为利用信息网络侵害人身权益民事纠纷案件，指的是利用信息网络侵害他人标表型人格权，如姓名权、名称权、肖像权，以及精神性人格权，又如名誉权、荣誉权、隐私权等权益，所引起的纠纷。② 法院依据第 36 条第三款认定网络服务提供者是否"知道"应综合考虑的因素包括：第一，网络服务提供者是否对侵权信息进行处理。该处理包括人工方式和自动方式进行，处理行为包括整理、编辑信息、推荐或者排名以及选择等。第二，网络服务提供者所提供服务的性质和方式，以及该服务导致侵权发生之可能性、网络服务提供者应当具备的管理信息能力。第三，易受该网络信息侵害的人身权益之类型和受侵害的明显程度。第四，对网络信息的浏览量或者是其社会影响力。第五，网络服务提供者是否采取了相应合理措施，或者是其采取预防措施之技术可能性。第六，对同一网络用户的重复侵权行为或者同一侵权信息，网络服务提供者是否采取合理措施。第七，与案件相关之其他因素。二审法院认为，网友"百年修得共枕眠"于2015 年 2 月 12 日发布标题为"环江县前任农机局局长贪污腐败生活荒淫无度"的帖子后，河池论坛管理员跟帖回复该网友，称河池论坛对其发布帖子的真实性无法核对，并告知该网友如掌握真实证据的，可就帖子所述内容向相关职能部门反映。这说明上诉人在没有证据证明帖子反映内容属实的情况下，通过一般性审查即可知道或者应当知道涉诉帖子会侵害他人民事权益，但上诉人未及

---

① 浙江省杭州市西湖区人民法院，（2012）杭西民初字第 401 号（2014）.
② 广西壮族自治区河池市中级人民法院，（2015）河市民一终字第 505 号"民事判决书".
广西壮族自治区环江毛南族自治县人民法院，（2015）环民初字第 1351 号"民事判决书".

时采取屏蔽、锁定主题或者断开链接等措施，仍然把涉诉帖子挂在网页上，侵害了被上诉人覃雨岭的合法权益。通过该样本裁判，我们可以看出，该法院在总结的对于"知道"的判断标准方面，做得非常全面，值得借鉴。

汤雄与北京百度网讯科技有限公司名誉权纠纷案的裁判中，法院认为作为信息存储平台的网络服务提供者对于他人存储在平台的内容有一定的审查义务，认为其审查范围是对存在暴力、恐怖、反动等方面的内容。如果通过一般性审查无法判断词条内容是否存在侵权，则权利人应向百度公司提出申请，由百度公司对词条内容予以删除。①

（二）"知道条款"和"通知条款"关系

《侵权责任法》36 条第二款（通知条款）和第三款（知道条款）的关系问题，在样本裁判中存在不同理解。接到受害人关于侵权的通知后，网络服务提供者是否就变成知道侵权行为问题，有法院持肯定态度。在吴春燕与泗洪风情网络科技有限公司网络侵权责任纠纷案、与天涯社区网络科技股份有限公司网络侵权责任纠纷都涉及该问题。原告用通知的方式要求删除相关文章和链接，但是网络服务提供者没有及时采取措施。法院判决书虽然是笼统地用《侵权责任法》第 36 条，但根据判决说理部分内容，可以确定法院适用的是知道条款，确定网络服务提供者和网络用户承担连带侵权责任。② 这种做法不当之处是，其对 36 条第二款和第三款关系认识存在错误，将接到通知未采取措施认定为"知道"。

对两个条款关系正确的认识在龚蔚蔚等名誉权纠纷一案中有体现。该案的二审法院明晰了《侵权责任法》第 36 条第二款和第三款的关系。法院认为两个条款之间不是递进关系，不是包含关系，也不存在并列关系。在受害人能够提供证据来证明网络服务提供者"知道"侵权行为的，其无须通知网络服务提供者侵权，就可以直接请求网络服务提供者依据第 36 条第 3 款的规定来承担连带侵权责任。该案中，法院认同原审法院的意见，即龚蔚蔚在公共场所遭遇他人性骚扰的视频被案外人拍摄后传到天盈公司提供的网站上发布，在当时的媒体已有广泛的报道。同时，有媒体还直接指出了视频来源于天盈公司经营管理的网站。在此情形下，天盈公司应当知道该视频的存在。③

---

① 苏州市吴中区人民法院，（2016）苏 0506 民初 6208 号"民事判决书".
② 浙江省杭州市下城区人民法院，（2015）杭下民初字第 00225 号"民事判决书".
③ 上海市第一中级人民法院，（2014）沪一中民一（民）终字第 1932 号"民事判决书".
　 上海市浦东新区人民法院，（2013）浦民一（民）初字第 41457 号"民事判决书".

　　湖南融桥互联网有限公司与北京银讯财富信息技术有限公司名誉权纠纷案中涉及对于"知道"的判断。样本裁判认为，根据《最高人民法院关于审理利用信息网络侵害人身权益民事纠纷案件适用法律若干问题的规定》第 9 条规定，人民法院依据《侵权责任法》第 36 条第三款认定网络服务提供者是否"知道"，应当综合考虑下列因素：第一，网络服务提供者是否以人工或自动方式对侵权网络信息以推荐、排名、选择、编辑、整理、修改等方式做出处理；第二，网络服务者应当具备的管理信息的能力，以及所提供服务的性质、方式及其引发侵权的可能性大小；第三，该网络信息侵害人身权益的类型及明显程度；第四，该网络信息的社会影响程度或者一定时间内的浏览量；第五，网络服务提供者采取预防侵权措施的技术可能性及其是否采取了相应的合理措施；第六，网络服务提供者是否针对同一网络用户的重复侵权行为或者同一侵权信息采取了相应的合理措施；第七，与本案相关的其他因素。本案中，被告经营的网贷天眼网站系为用户提供相关网贷信息的网站，对网贷信息真实性具有识别能力，而未对涉案帖子内容的真实性进行审核；另外，涉案帖子标题中有"坑了投资者上千万""诈骗"等明显存在侵害人身权益的词汇，而被告在网络用户发布涉案帖子时进行审核通过，更在一定程度上使浏览者误以为该网站对涉案帖子内容予以确认。综上，可认定被告知道网络用户利用其网络侵害他人民事权益，未采取必要措施，应当承担相应的侵权责任。①

　　条款中"知道"没有明确是"明知"，还是包括"应知"。将"知道"作为主观上的故意，其本质是一种内在的追求或放任自己行为造成损害后果的意图，是主观的不良心态。这种主观不良性通过对行为人在实施行为前后的各种言论、行动加以研判。② 如上所见，样本裁判中对于"知道"的判断是综合这些要素所做出的，但是主观方面的判断，实质上有法官的自由裁量在其中，因此与具体案件中法官对于证据的选择和取舍、法官的理解有着重要关联。

二、对注意义务的适用状况

　　《侵权责任法》第 36 条第三款虽然没有关于注意义务的规定，但是按照归责原则，其属于过错责任类型。是否存在注意义务以及是否违反注意义务是过错的判断前提。此外，对于不作为侵权行为来说，是否违反注意义务对于侵权

---

① 长沙市岳麓区人民法院，（2016）湘 0104 民初 6990 号"民事判决书".
② 张新宝. 侵权责任构成要件研究［M］. 北京：法律出版社，2007：479.

行为的判断也至关重要。因此研究样本裁判中法院是否认为网络服务提供者负有注意义务、其如何定义和理解注意义务的内涵等问题，有着重要意义。在样本裁判中，可以看到法院对网络服务提供者负有的注意义务理解存在着分歧：有的法院认为网络服务提供者承担的为一般注意义务；另一类裁判中，法院则认为网络服务提供者不承担一般注意义务。当然，在案件裁判中，法院使用的词汇不一，有些称为事先审查义务，有些称为管理义务，还有些称为普遍管理义务等。

（一）认为存在注意义务的案件

1. 对注意义务的表达差异

对于是否存在注意义务问题，有些法院认为存在普遍的注意义务，虽然裁判中所用的称呼不一。有些案件中法院称之为"注意和管理义务"，如在初钢兴与天涯社区网络科技股份有限公司网络侵权责任纠纷中，法院认定网络服务提供者有管理义务。样本裁判中，辽宁中院和某基层法院认定，"天涯社区"作为天涯社区网络科技股份有限公司设立的网络信息平台，对信息平台上注册的网络用户发布的信息内容具有注意和管理义务，应当具备相应的管理信息能力，对于包含诸如"包养情妇"等敏感内容的信息具有相应的监管措施。①

有些裁判中用"严格审查及管理义务"的称呼，并且以义务之违反来判断过错的存在。如张定玲诉深圳二木科技有限公司侵权责任纠纷。该案中，法院认为被告作为"无秘"App 社交网络平台的所有人和运营人，应对该网络平台用户发布的信息进行严格审查及管理。直接加害人通过被告开发的社交软件发布攻击原告的言论，侵害其名誉权。被告作为网络服务提供者，能够在技术上确定侵权信息发布人的注册信息，故原告要求被告提供匿名发帖人的注册手机号等信息。被告对此义务的违反即表明其存在过错，应当承担侵权责任。②

有些样本裁判，法院在说理部分，对论坛的管理者的审查义务进行分析。如认为网络服务提供者作为论坛的管理者，负有一定的社会导向责任，理应倡导社会新风尚。故该公司对于论坛内网帖的内容真实性、合法性应尽审查义务，避免将论坛沦为个人情绪的宣泄平台，造成社会大众不良的舆论传播。论坛管理者对于网帖内容的真实性未加审查，还进行了"加亮"等特别操作，已构成

---

① 辽宁省大连市中山区人民法院，（2015）中民初字第 1169 号"民事判决书". 辽宁省大连市中级人民法院，（2015）大民一终字第 01845 号"民事判决书".

② 安徽省合肥市包河区人民法院，（2015）包民一初字第 02869 号"民事判决书".

侵权，理应承担相应的法律责任。①

　　还有样本裁判中，法院虽然判决网络服务提供者不承担责任，但在判决中，认为网络服务提供者有义务对微博的内容进行形式上的审查，并就其中危害国家安全、暴力等言论及时予以处理的义务，但是没有其他内容的事先审查义务。② 有样本裁判将审查义务限定在接到通知之后产生。如陈珍与北京微梦创科网络技术有限公司名誉权纠纷案中，法院认为被告作为新浪微博的经营者，对用户在微博上发表的言论，应当具有审查义务，但该义务具有必要限度，即仅在被侵权人告知侵权事实后采取删除、屏蔽、断开链接等必要措施，否则构成侵权。③

　　也有案件在判决书中并没有引用《侵权责任法》第 36 条规定，但阐述了关于是否存在注意义务及义务的内容。在王琴与安徽开锐捷网络科技有限公司网络侵害名誉权、隐私权纠纷中，法院认为涉案帖子内容侵犯了王琴的名誉权、隐私权。但用户上传信息是瞬间自动完成的，网络服务提供者无法事先获知客户上传的信息内容，客观上目前的技术也不具备对上传信息进行全部事前审核的能力，网络服务提供者事前只能通过发布声明，告诫网络用户不得发布法律禁止性的信息及网签文责自负等内容的协议等方式，来约束网络用户的言行。网络服务提供者虽对发文内容具备编辑控制能力，但应在"合理的时间"和"合理判断标准"原则的限度内履行监控管理义务。该案中，网名叫"洛莉塔 6个 6"的网络用户于 7 月 26 日发文后，原告于 7 月 31 日要求删帖。尽管原告以非理性的方式要求被告删帖，但在民警的协调下，被告公司还是或删除或屏蔽或技术性处理了含有"扒皮帖""关于十六万天价"等内容的帖子。因此法院认定被告公司基本尽到在"合理的时间"和"合理判断标准"原则的限度内履行监控管理义务，判决网络服务提供者不构成侵权。④ 该案存在法律适用错误问题。其裁判依据为最高人民法院《关于审理利用信息网络侵害人身权益民事纠纷案件适用法律若干问题的规定》第 4 条第一款、《民事诉讼法》第 64 条、最高人民法院《关于民事诉讼证据的若干规定》第 2 条之规定。正确的法律条文应该是适用《侵权责任法》第 36 条之规定，接到通知，考虑通知形式等是否符合要求，被告接到通知是否采取措施及采取措施是否符合法律规定。该案关

---

①　江苏省常州市中级人民法院，（2015）常民终字第 1669 号"民事判决书".

②　上海市黄浦区人民法院，（2014）黄浦民一（民）初字第 1791 号"民事判决书".

③　南昌市东湖区人民法院，（2016）赣 0102 民初 3927 号"民事判决书".

④　安徽省滁州市南谯区人民法院，（2015）南民一初字第 01800 号"民事判决书".

于网络服务提供者的注意义务的理解部分正确。

有案件中为网络用户发布侵害他人人身权的信息，网络服务提供者接到受害人通知后及时删除信息。但是法院认为"网络平台未尽到注意和管理义务的，亦应承担连带责任。天涯社区网络科技股份有限公司作为网络服务提供者，应当对在其平台发布的信息进行监管，自涉案帖子发布到实际删除存在时间较长，本院认为被告应当知道该帖子内容存在侵害他人民事权益的可能性，但未采取必要措施"①。该案实质上是认为"知道"包括了明知和应知。

对于提供综合性服务的网络服务提供者，具体区分网络服务性质来确定责任。北京搜狐互联网信息服务有限公司与孙天罡名誉权纠纷中，法院认为被告应该预见所转载的报道文章可能存在失实之处给他人造成损害，故应对转载报道文章进行审查。搜狐公司经营的搜狐网站是综合性信息发布的大型门户网站，其财经频道及新闻频道所发布的财经及新闻等领域的信息影响力大、传播范围广，其作为转载主体应承担与其性质、影响范围相适应的注意义务。搜狐公司未尽审查义务，应承担侵权责任。②

2. 特定服务类型的网络服务提供者的注意义务

样本裁判中有法院认为特定的网络服务提供者因其从事的服务类型要求而负有注意义务。如网络服务提供者提供的是新闻板块的服务时，判断考量相关法律规范对新闻类网络服务提供者的注意义务要求确定。如在蔡某某与广州市交互式信息网络有限公司名誉权纠纷案中，法院认定按照国务院新闻办公室、原信息产业部《互联网新闻信息服务管理规定》（2005 年 9 月 25 日颁布施行）第 2 条、第 5 条和第 16 条规定及被告信息公司获得的行政许可，被告信息公司属于非新闻单位，其设立的大洋网新闻中心只能发布转载中央、广东省及广州市广播电台、电视台播出过的视听新闻节目以及娱乐、政务视听节目的汇集、播出服务。同时，作为批准在一定范围内发布新闻的单位，不应当刊发或转载未经核实的社会自由来稿及网络信息。案件中，被告信息公司将本不属于新闻的信息不恰当发布在新闻版面，超出了许可范围，构成不当发布。依照有关法律法规的规定，网络服务提供者在登载、发送新闻信息或提供时政类电子公告服务时，不得存在侮辱或诽谤他人、侵害他人合法权益以及法律、行政法规禁止的内容。被告信息公司在大洋网新闻中心刊登涉案信息时，刊登了有损原告

① 石家庄市长安区人民法院，（2017）冀 0102 民初 6920 号"民事判决书".
② 北京市海淀区人民法院，（2015）海民初字第 19325 号"民事判决书".

蔡某建声誉、贬损其人格的信息。此种信息从一般社会公众的认知来看，即能够判断出其直接对现实生活中的他人指名道姓，内容贬低他人人格、有损他人的社会信誉。被告信息公司没有审核新闻信息的内容并拒绝发布此类信息，放任损害他人合法权益的信息发布在其新闻栏目，应当认定其应当知道信息的内容侵犯了原告蔡某建的合法权益。①

高巧琳与唐星、美丽传说股份有限公司等名誉权纠纷案中，法院认为网络服务提供者有"合理的审查义务"，具体来说是认为网络服务提供者应该具备相应的管理信息的能力，对网民发帖内容进行合理的审查，对明显含有淫秽、色情、违法及违反社会公德等方面的内容进行过滤，且以现有网络科技水平，美丽传说公司、天涯社区公司应该具备相应的技术手段来防止唐星再次发布涉及高巧琳的类似侵权网帖②。

样本裁判中有法院以地方政府的管理规定确定网络服务提供者的注意义务。如，在李某与北京微梦创科网络技术有限公司网络侵权责任纠纷中，法院认为新浪微博服务的提供者，理应按照《北京市微博客发展管理若干规定》③ 核实微博客使用者的真实身份信息，被告违反该规定未履行实名制审查义务。④ 被告在接到原告的投诉通知后，没有及时采取相应措施，从而导致侵权行为的损害后果进一步扩大。⑤

3. 网络服务提供者对推送他人广告的注意义务

网络服务提供者推送他人提供的广告时，对广告中是否有侵权行为的审查义务以及责任承担，样本裁判中也有涉及。上海第九城市信息技术有限公司、

---

① 江苏省海安县人民法院，（2014）安民初字第00082号"民事判决书".
② 西安市临潼区人民法院，（2016）陕0115民初1545号"民事判决书".
③ 北京市人民政府新闻办公室、北京市公安局、北京市通信管理局、北京市互联网信息办公室2011年12月16日共同公布了《北京市微博客发展管理若干规定》，其中第9条规定"任何组织或者个人注册微博客账号，制作、复制、发布、传播信息内容的，应当使用真实身份信息，不得以虚假、冒用的居民身份信息、企业注册信息、组织机构代码信息进行注册。网站开展微博客服务，应当保证前款规定的注册用户信息真实"。第15条规定"本规定公布前已开展微博客服务的网站，应当自本规定公布之日起三个月内依照本规定向市互联网信息内容主管部门申办有关手续，并对现有用户进行规范"。该规定自公布之日起生效。
④ 江西省莲花县人民法院，（2012）莲民一初字第115号"民事判决书". 江西省莲花县人民法院，（2012）莲民一初字第117号"民事判决书". 江西省莲花县人民法院，（2012）莲民一初字第118号"民事判决书".
⑤ 该案件从责任承担上是按照通知条款，但其确认网络服务提供者的注意义务上，则是对知道条款的理解问题，因此归于此类。

第九城市计算机技术咨询（上海）有限公司、新浪公司与马拉多纳姓名权、肖像权纠纷案涉及该问题。第九城市信息技术公司与第九城市计算机技术公司是分别具有独立法人资格的关联公司，"热血球球"是由第九城市计算机技术公司所开发并由第九城市信息技术公司发布上线运行的一款小型网络游戏，在该游戏运营页面使用马拉多纳形象及外文签名字样。诉讼中第九城市信息技术公司、第九城市计算机技术公司提交了与马拉多纳签订的《代言协议》，证明其使用马拉多纳的形象及签名不构成对于马拉多纳肖像权及姓名权的侵害。法院鉴定结论确认了该代言协议上的签名非马拉多纳本人签署。第九城市信息技术公司、第九城市计算机技术公司并没有亲眼看到马拉多纳签字，其是通过中间人陆伟平与马拉多纳签署的协议，并将协议中约定的代言费250000美元全部支付给了陆伟平。该案涉及网络服务提供者新浪公司是否需要承担相应的侵权责任判断问题。其判断的前提是新浪公司是否有审查义务，及其是否履行了其审查义务。新浪公司主张其在网站上使用马拉多纳肖像及姓名的行为，是履行与第九城市信息技术公司之间所签订的《合作协议》的结果。《合作协议》合作方承诺其所授予的"热血球球"软件、文档和许可不侵犯任何第三方任何版权、中国专利、商标或其他权利。新浪公司对于第九城市信息技术公司提供的涉及马拉多纳肖像的游戏推广方案没有能力，也不可能进行实质审查。在商业合作中，合同相对方提供的第三方的公章、签名、各主管部门的批文等，进行了形式审查，就应当被视为尽到了必要的注意义务。新浪公司在获悉"热血球球"游戏的推广可能涉及侵犯马拉多纳肖像权后，立即停止了继续使用马拉多纳肖像，积极地防止损失，继续扩大。新浪公司并没有故意侵犯马拉多纳肖像权、姓名权，亦不存在任何过失，不应承担任何责任。法院认定新浪公司已经尽到了必要的审查义务，无须承担责任。① 通过该案可以得出结论：第一，从事广告运营的网络服务提供者有审查义务。第二，其审查义务是形式上的审查。尽到必要审查义务则没有过错，无须承担责任。我们认为，该案审查义务应该与其他的广告经营者一样，用"合理时间"和"合理的判断标准"，不应因其是网络服务提供者而区别对待。

4. 认为存在对特定主体的注意义务

林旭东、湖北荆楚网络科技股份有限公司名誉权纠纷案中，法院认为荆楚

---

① 北京市第一中级人民法院，（2011）一中民初字第10291"民事判决书". 北京市高级人民法院，（2013）高民终字第3129号"民事判决书".

网络公司作为一家网络服务提供者，面对网络的海量信息，客观上没有能力对每条信息进行审查，其原则上不负有对网络用户发布的信息主动审查和事先审查义务，但本案涉及革命先烈及其后代的名誉，荆楚网络公司应当对此类言论履行必要的审查义务。①《民法总则》第 185 条规定"侵害英雄烈士等的姓名、肖像、名誉、荣誉，损害社会公共利益的，应当承担民事责任"。该条是关于"英雄烈士人格利益保护"的规定，揭示了英雄烈士的姓名、名誉、荣誉与社会公共利益之间的关系，也是英雄烈士生前人格利益的保护不同于一般死者生前人格利益之处。② 该条规定是从民事责任角度做出的规定，但是其实质上是确定英雄烈士的人格利益，相对应地产生他人不得侵害英雄烈士的人格利益之义务。然这种一般义务并不能必然产生网络服务提供者主动审查网络用户是否侵害英雄烈士人格利益的义务。正如规定人身权、财产权，会产生他人不侵害人身权和财产权的一般义务，但不产生网络服务提供者审查网络用户是否侵害他人权益的义务。网络服务提供者的义务，应该有特别的规定。因此除非有其他法律或规范性文件直接规定，网络服务提供者才负有审查义务。该案适用法律为《民法通则》第 101 条、第 120 条第 1 款，《侵权责任法》第 36 条和《最高人民法院关于审理利用信息网络侵害人身权益民事纠纷案件适用法律若干问题的规定》第 9 条等法律规范。其中《最高人民法院关于审理利用信息网络侵害人身权益民事纠纷案件适用法律若干问题的规定》第 9 条确定了网络服务提供者符合《侵权责任法》第 36 条规定的"知道"条款。案中网络服务提供者荆楚网络公司在收到起诉状副本后就删除了侵权言论。而涉争文章 2009 年 9 月 24 日就发表于荆楚网络公司经营的网站，《功勋湖北 100 人大会邀请林育南后代林光华是骗子》。审理查明林光华系林育南之子，2015 年 3 月 20 日，中华人民共和国民政部颁发烈士证明书，载明"林育南同志在对敌斗争中牺牲，被评定为烈士。特发此证，以资褒扬"。法院判决为 2017 年 2 月份做出。也就是在帖子存在的时候，并不能确定林育南的英烈身份。这时候网络服务提供者就有审查义务的说法实在是赋予其过重的义务。此外，文章并不是针对林育南，而是其子，以英雄烈士人格利益保护很值得商榷。

---

① 湖北省武汉市武昌区人民法院，（2016）鄂 0106 民初 5872 号"民事判决书". 湖北省武汉市中级人民法院，（2017）鄂 01 民终 4318 号"民事判决书".
② 陈甦. 民法总则评注［M］. 北京：法律出版社，2017：1324.

5. 转载者的审查义务

义乌市江东街道下傅村民委员会诉被告北京搜狐互联网信息服务有限公司、北京新浪互联信息服务有限公司名誉权纠纷案，法院认为文章标题"浙江义乌村霸劣行记"是带有严重指控性质及贬义色彩的，且其中内容指出村委会违法违规，乱改文件，出卖村民利益，甚至得出了金额 2 亿元的数据，这是非常严重的指控，对于这类文章，转载过程中应尽到更严格的审查义务。①

（二）认定不存在注意义务的案件

与上一类观点不同，也有很多样本裁判认为网络服务提供者不存在事先审查义务。如浙江建人专修学院与北京百度网讯科技有限公司网络侵权责任纠纷中，法院认为网络服务提供者面对网络的海量信息，客观上没有能力对每条信息进行审查。因此百度公司原则上没有主动审查和事先审查其网络用户发布信息之义务。② 黄山鹏飞汽车销售服务有限公司与刘巍网络侵权责任纠纷案中，法院认为作为提供信息存储空间或者提供搜索、链接服务的网络服务提供者，刘巍对于网络上发表的信息不负有事先审查的义务。③

在李罡鸿、王关陵与海南天涯社区网络科技股份有限公司人格权纠纷案中，法院认为被告仅为提供信息平台服务者，为信息交流提供技术支撑。被告并不主动审查、筛选和组织信息内容。④ 黄益绍与北京新浪互联信息服务有限公司网络侵权责任纠纷案中，法院认定所涉博文全部内容由网络用户提供，被告作为网络服务提供者，并不对博文进行主动编辑或修改，且被告接到原告投诉后，均按照原告提供的链接采取了及时的删除措施，被告主观上无过错，其行为不构成对原告名誉权、隐私权的侵害，故对于原告的全部诉讼请求，法院均未予支持。⑤ 谢博思与福州晓猪网络科技有限公司、何向飞等名誉权纠纷中，法院认为讼争帖子发表后，原告并无证据证明其向各相关被告提出删除帖子的主张，且各相关被告在诉讼材料送达时均已删除了讼争帖子，避免产生更大的社会影响。故可认定各相关被告在其职责范围内采取了必要措施，履行了网络管理者

---

① 浙江省义乌市人民法院，（2016）浙 0782 民初 2988 号"民事判决书".
② 浙江省杭州市下城区人民法院，（2014）杭下民初字第 1150 号"民事判决书".
③ 安徽省黄山市黄山区人民法院，（2016）皖 1003 民初 653 号"民事判决书". 安徽省黄山市中级人民法院，（2016）皖 10 民终 657 号"民事判决书".
④ 湖南省株洲市荷塘区人民法院，（2014）株荷法民一初字第 1363 号"民事判决书".
⑤ 湖南省长沙市天心区人民法院，（2014）天民初字第 3001 号"民事判决书".

义务。①

王甫刚与南京西祠信息技术股份有限公司网络侵权责任纠纷中，二审法院认为王甫刚将"屏蔽"理解为"西祠公司应当通过技术处理，在网络用户发出包含王甫刚姓名及类似涉嫌侵权内容的帖子时，系统自动将其发帖屏蔽"，实质上超出了法律规定的屏蔽等必要措施所适用的对象范围。这是要求西祠公司对网络用户所发每一条信息都要进行事先审查，所以不应当对西祠公司科以网络信息的普遍审查义务。法院认为，西祠公司经营的西祠胡同是有海量信息的开放式社区平台。西祠公司很难做到在信息发出时通过技术处理的方式对涉嫌侵权关键词自动屏蔽。如果这样要求，会明显破坏这种自由发表信息的开放式运营模式，影响到言论自由和妨碍正常的网络监督。该案中"沙滩脚印"于再次发出相同内容帖子时，西祠公司不能实时知道，只能在接到王甫刚的通知后才知道，然后采取删除措施。因此，西祠公司针对"沙滩脚印"所发帖子采取的措施亦无不当。② 与此相同的是在浙江建人专修学院与温州柒零叁网络传媒有限公司案。一、二审法院都认定，网络服务提供者面对网络的海量信息，客观上没有能力对每条信息进行审查。原则上来说，网络服务提供者并没有主动审查、事先审查网络用户发布信息的义务。③

北京搜狐互联网信息服务有限公司、陈建军名誉权纠纷案，一审和二审法院不同判决的原因之一是对于是否有事先审查义务理解有分歧。二审法院认为北京搜狐互联网信息服务有限公司作为一家网络服务提供者，面对网络的海量信息，客观上没有能力对每条信息进行审查，其原则上不负有对网络用户所发布信息的主动审查和事先审查的义务。④ 张小宁与南宁创高营销广告有限公司网络侵权责任纠纷案中，法院认为被告南宁创高营销广告有限公司作为网络服务提供者，仅提供平台服务于网络用户，其无主动审查网络用户所发帖文的义务。⑤ 冯大辉与北京智者天下科技有限公司名誉权纠纷案，法院认为智者天下公司提供的是信息存储空间服务，对相关用户发布的帖子并不具有事先的审查义务。① 有案件法院认为网络服务提供者无审查义务，并说明理由，认为涉嫌诋毁他人名誉等行为，不经法院审理，难以准确判断是否侵权行为②。

一般来说，侵权责任中故意的确定，有意思主义和观念主义的分歧。意思主义强调故意须有行为人对损害后果的"希望"或"意欲"。观念主义强调行为人认识或预见到行为的后果。也有学者采折中主义，认为故意是行为人应当认识到或者预见到行为的结果，同时又希望或听任其发生。③ 从"知道条款"的样本裁判看，认定不存在注意义务的案件，大都认为网络服务提供者客观上没有能力对每条信息进行审查，其并没有主动审查、事先审查网络用户发布信息的义务，因此不存在以注意义务来解决有责性问题。从裁判后果来看，这些案件更接近观念主义，即认为网络服务提供者没有能力认识到行为的后果。案件中基本没有看到对损害后果的"希望"或"意欲"的理由分析。比较学者对于判断一般注意义务之违反是否同时具备可归责性的四个要件④，从裁判文书看，认可存在注意义务的案件，大都从践行义务有期待可能性和义务违反避免可能性方面进行论证。

第五节　网络服务提供者侵害人身权规则实施其他问题分析

一、抗辩事由

《侵权责任法》第 3 章专门规定不承担责任和减轻责任的情形，包括被侵权人的过错、受害人的故意、第三人造成损害、正当防卫和紧急避险。作为一般侵权责任，网络服务提供者侵权责任也适用第 3 章的规定。抗辩事由可以针对请求权提出，而不承担责任或减轻责任事由则是在责任成立的前提下的减轻和免除。对样本裁判中进行分析，我们发现其涉及的抗辩事由则比第 3 章包罗的这些情形更多。以下则是对样本裁判中所涉及网络服务提供者侵权责任承担中的抗辩事由进行的研究和总结。

---

① 北京市海淀区人民法院，（2016）京 0108 民初 34926 号"民事判决书".
② 北京市昌平区人民法院，（2016）京 0114 民初 3306 号"民事判决书".
③ 杨立新. 侵权责任法［M］. 法律出版社，2010：87.
④ 廖焕国. 侵权法上注意义务比较研究［M］. 北京：法律出版社，2008：209.

（一）超出审查能力是否可作为抗辩事由

有样本裁判涉及关于判断帖子所述事实是否真实，已经超出其所具备的审查能力能否，作为免责事由。法院认为，被告是网络信息交流平台服务提供者，对于相关信息是否侵权较社会普通民众更具有专业性。涉案帖子所述内容是否真实，即使如被告所辩难以判断，但该帖子公开原告的姓名、公开宣扬原告有婚外情等细节信息，明显属原告的隐私范畴。一般人都可判断该信息属于不宜公开的信息。该网络用户可能涉嫌侵犯他人隐私权或名誉权，侵权行为如此彰显，被告作为专业机构，其该项辩称显然不符合客观事实，法院未予采纳。① 我们认为如果超出审查能力作为抗辩事由，其暗含的前提是认可网络服务提供者有一般审查义务。这属于广义的责任抗辩问题。《侵权责任法》第 3 章是狭义的责任抗辩，即讨论由法律专门规定在构成要件之外的，影响（不承担或者减轻）侵权人一方侵权责任的抗辩事由。② 因此，虽然样本裁判中涉及该问题，但不宜作为一般规则来适用。

（二）没有接到通知能否作为抗辩事由

在被诉行为不构成《侵权责任法》第 36 条第三款的"知道条款"要件时，样本裁判中，网络服务提供者往往以没有接到有效通知作为抗辩事由，而法院大都判决其抗辩成立。在王秀霞与北京集智医药技术开发公司肖像权纠纷中，法院以没有通知作为抗辩事由。网络服务提供者包括网络接入提供者、网络内容提供者和网络中介服务提供者。被侵权人以书面形式或者以网络服务提供者公示的方式向网络服务提供者发出的通知，法院认定有效的标准是具备以下内容：第一，发出通知的人的情况，如其姓名、名称，以及通知人的联系方式。第二，确定侵权信息的情况，如通知中请求采取措施侵权信息的网络地址或者在没有具体网络地址时，需要提供足以让网络服务提供者准确定位的侵权信息。第三，通知人需要说明请求删除侵权信息之理由。如果不能够满足上述条件，网络服务提供者主张自己对未及时采取措施的行为不承担责任的，法院会支持该请求。该案中，原告和泰祥高远均认可原告在本案诉讼前未向泰祥高远发出通知，即要求泰祥高远就侵权视频采取必要的措施。因此法院认定原告要求泰祥高远承担侵权责任于法无据，判定被告无须承担责任。③

---

① 浙江省杭州市西湖区人民法院，（2012）杭西民初字第 401 号"民事判决书".
② 张新宝. 侵权责任法［M］. 北京：中国人民大学出版社，2010：65.
③ 北京市朝阳区人民法院，（2014）朝民初字第 06391 号"民事判决书".

（三）内部约定不能作为对抗第三人抗辩事由

样本裁判涉及被告以与其他人有约定来对抗原告的情形，法院则以内部约定不能作为对第三人的免责事由（抗辩事由）来做出裁判。在林心如与无锡美联臣医疗美容医院有限公司、无锡热线传媒网络有限公司肖像权纠纷中，热线公司在一审中称其同意美联臣医院的答辩意见。因其与美联臣医院存在合作协议，其将涉案的域名交由美联臣医院进行使用和管理。美联臣医院向其书面承诺保证发布于该网页内的全部信息均真实、准确、合法，不会侵害任何第三方的合法权益，如引起争议将自己承担全部责任。热线公司对美联臣医院使用林心如照片一事毫不知情，缺乏侵权的主观故意，也没有侵权的实际行为，故不应承担相关责任。① 法院对该观点未予认可。在北京智德典康电子商务有限公司与珠海小马哥汽车服务有限公司网络侵权责任纠纷案中，法院也认为《爱卡汽车俱乐部管理条例》第 6 条的相关条款对用户以外的人没有约束力，其抗辩理由不能成立。②

因内部约定是合同当事人之间的合同关系。合同关系是存在于特定当事人之间的权利义务关系，原则上仅在合同当事人之间发生效力，并不及于第三人。这是我国的通说，立法上我国《合同法》第 121 条间接地确立了合同相对性原则。③ 侵权责任属于不同的法律关系，其构成依据为《侵权责任法》规定。因此，对于内部协议不影响侵权责任构成的判断是正确的。

此外，还有案件裁判以避风港原则作为免责事由。胡尹与天涯社区网络科技股份有限公司名誉权纠纷案裁判故被告天涯公司未及时删除侵权帖子，不能适用"避风港"规则免责。④

二、经二审样本裁判之改判情况分析

网络服务提供者侵害人格权的案件，上诉的为 28 件，上诉率为 44.4%，总体来看上诉率比较高，但是二审法院的改判的案件仅为 4 件，改判率为 6.3%，改判的案件不多。这里就改判的案件和理由做总结分析。

---

① 江苏省无锡市中级人民法院，（2014）锡民终字第 0532 号"民事判决书"．江苏省无锡市崇安区人民法院，（2013）崇民初字第 1213 号"民事判决书"．
② 广东省珠海市香洲区人民法院，（2011）珠香法民一初字第 3038 号"民事判决书"．广东省珠海市中级人民法院，（2012）珠中法民一终字第 239 号"民事判决书"．
③ 韩世远．合同法总论［M］．北京：法律出版社，2004：15 – 17．
④ 成都高新技术产业开发区人民法院，（2016）川 0191 民初 6315 号"民事判决书"．

（一）对加害行为的定性分歧

在改判样本裁判中，一审和二审法院分歧的焦点为被诉侵权的文章是否构成侵权问题。如派博在线（北京）科技有限责任公司与世奢会（北京）国际商业管理有限公司等网络侵权责任纠纷案属于此类。该案一审法院认定，派博公司所发表的涉案文章足以让社会公众认定世奢会（北京）公司为报道针对的对象之一，世奢会（北京）公司是本案适格主体。涉案文章构成对世奢会（北京）公司名誉权的侵害。派博公司应当预见到这篇报道的内容会导致世奢会（北京）公司经济能力和公众信赖降低的不良后果，属于未尽到其应尽的注意义务，主观上存在过错，应当承担侵权责任。① 二审法院对一审判决进行改判。其理由是案件所涉及的文章并不能构成侵害世奢会公司的名誉权。因此派博公司在网络上转载该争议文章的行为也不会构成侵害世奢会公司名誉权。因为该争议文章是依据客观事实而调查和质疑世奢会现象，作者在写作目的和做出的结论都具有正当性，不构成侵权行为。②

样本裁判中，有案件为部分改判。如苏州新媒体传播有限公司与熊乃瑾肖像权纠纷。该案二审法院和一审法院就侵权行为是否成立没有争议，但对侵权行为是否导致社会评价降低有不同看法。涉诉文章中，23 次使用了 4 张熊乃瑾的不同照片。从涉诉文章标题、内容及页面设置等可以看出，涉诉网站整形频道系对"维多利亚医院"整形美容项目的宣传和推广。新媒体公司作为营利性企业法人，经营范围包括设计、制作及代理国内各类广告，故可以认定其在涉诉网站上发布涉诉文章，并使用这些照片配图行为具有营利目的。案中新媒体公司无法提供涉诉照片合法来源，未能证明经过熊乃瑾同意使用，因此新媒体公司行为构成对熊乃瑾肖像权的侵犯。二审法院在被告行为是否侵害原告名誉权认定上与一审持不同态度，认为新媒体公司将熊乃瑾的照片用于整形美容等诊疗项目的相关内容介绍中，该情况确会对熊乃瑾造成一定不良影响，在一定程度上构成对熊乃瑾名誉权的侵害，但是并没有对承担责任的方式和内容改判。③

（二）对责任性质确定的分歧

尹三来、萍乡市晓说安源传媒有限公司一般人格权纠纷中，一、二审裁判

---

① 北京市朝阳区人民法院，（2013）朝民初字第 21930 号"民事判决书".
② 北京市第三中级人民法院，（2014）三中终字第 05748 号"民事判决书".
③ 北京市第三中级人民法院，（2015）三中民终字第 13728 号"民事判决书".

的分歧是网络服务提供者自己责任还是第三人责任问题。该案一审法院认为被告在接到被侵权人通知时采取了必要措施因而无须承担责任。① 二审法院认为该案网络服务提供者、网络用户及侵权行为人为同一人，即本案的被上诉人，涉案网帖也由被上诉人的法定代表人亲自撰写并发布，不存在被上诉人对其不知情而需要上诉人先行通知的情况。因此，除出于故意应承担侵权责任外，由于过失给他人名誉造成损害的也应承担侵权责任。② 由此改判被上诉人应该承担侵权责任。

（三）对案件法律适用的分歧

有样本裁判中，二审法院改判的理由是适用法律不当。如陈建清诉中国电信股份有限公司乐山分公司侵害姓名权案。一审法院认为被告未经原告同意使用其姓名办理手机登记业务并使用该号码手机，该行为侵犯了其姓名权。电信乐山分公司作为办理手机号登记业务单位，没有审查申请人持有的是否本人身份证件，未尽合理注意义务，该行为侵犯了原告姓名权。但法院认定，由于以陈建清名义登记的手机号码已停机销号，该号码现已以其他人名义重新登记使用，原告要求电信乐山分公司消除该手机卡号的诉讼请求已经得到满足，该院不必再行判决。原审法院根据《侵权责任法》第 2 条、第 6 条，《民事诉讼法》第 64 条判决驳回陈的诉讼请求。二审法院改判理由是：以陈建清名义办理的涉案手机卡号，虽然对其带来了一定困扰，但并未达到造成其严重精神损害的程度。然原告从上班处往返乐山处理纠纷，产生相应交通费，原审判决认定事实基本清楚，但适用法律有不当之处，判决陈建清的上诉请求部分成立。③

广东绿瘦健康信息咨询有限公司与湖南新万阳传媒有限公司名誉权纠纷案的一、二审裁判差异原因之一是关于能否适用《侵权责任法》第 36 条第 2 款。二审裁判认为新万阳公司在转载时已尽到与其自身的性质、能力和影响范围相适应的注意义务。新万阳公司属于转载者，其所经营的"食品饮料网"并非供网络用户自由发布信息的网络信息平台，故不适用《中华人民共和国侵权责任法》第 36 条第 2 款关于网络服务提供者接到删除通知必须采取删除、屏蔽、断

---

① 江西省萍乡市安源区人民法院，（2016）赣 0302 民初 2133 号"民事判决书".

② 江西省萍乡市中级人民法院，（2017）赣 03 民终 134 号"民事判决书". 江西省萍乡市中级人民法院，（2017）赣 03 民终 134 号"民事判决书".

③ 四川省乐山市中级人民法院，（2014）乐民终字第 488 号"民事判决书". 四川省乐山市市中区人民法院，（2013）乐中民初字第 1865 号"民事判决书".

开链接等措施之法律规定。①

（四）样本裁判改判理由同时涉及加害行为和损害后果的认定分歧

在马拉多纳案中，法院认为第九城市信息技术公司、第九城市计算机技术公司有能力认识并预见法律后果，能够审核发现真实情况，由于过失未能避免侵权行为的发生，故一审法院对其"存在疏于审查及未尽合理的审慎注意义务"的认定正确。一审法院认为，马拉多纳是在全球范围内的知名人物，和其肖像一样，其签名也有着进行形象标识的意义，因此将签名视为马拉多纳个人形象的一部分。法院将案件中所涉的游戏运营界面上马拉多纳的外文签名视为肖像权的一部分，认为其与肖像权密不可分，从而对其的侵害不独立构成侵害他的姓名权。二审法院认为一审裁判论述中，将签名与姓名完全等同，将姓名视为个人形象的一部分，认为姓名与其肖像一样具有形象标识意义，作为肖像密不可分的一部分予以保护，没有法律依据，欠缺理论基础。这种认定会导致肖像权与姓名权两种不同权利的混淆。肖像权与姓名权虽均系人格权，但有着不同的构成要件、适用范围和请求权基础。姓名权是法定化的绝对权。姓名权是权利主体依照法律规定，所享有的决定或变更自己的姓名、合法使用自己的姓名，以及排除其他人的非法干涉或使用自己姓名的权利。运营广告中签名仅作为使用姓名的外在表现形式，打印文字、音像等形式亦可作为使用姓名的外在表现形式，如未经允许在文字中表述或在广播中做广告称某人代言，被代言人均可主张姓名权。姓名的形式可以多样化，但姓名的实质在于对特定人的识别功能，在社会生活中彰显与他人相区别的个别性以及本人前后行为的同一性，并不受限于载体的形式。在游戏运营中，加害人不但使用了签名，也以文字广告等形式使用马拉多纳姓名，使他人认为马拉多纳同意该游戏运营广告使用自己姓名。因此加害人未能尽到合理范围内的审慎注意义务，未经姓名权人马拉多纳许可擅自使用其姓名，则构成侵犯姓名权。

三、样本裁判中涉及侵权行为认定问题

（一）对侵害隐私权的认定

样本裁判中涉及对侵害隐私权的侵权行为之判断问题，具体说是 360 手机卫士标记功能是否侵害隐私权的认定。在王刃诉北京奇虎科技有限公司隐私权

---

① 广东省广州市荔湾区人民法院，（2016）粤 0103 民初 1010 号"民事判决书". 广东省广州市中级人民法院，（2016）粤 01 民终 14346 号"民事判决书".

纠纷中，法院认为原告作为公司法定代表人，将个人名下手机号码作为企业办公电话予以登记，工商登记信息也为将该手机号码并在企业黄页披露。被告通过大数据比对功能，确定该手机号码与浙江维特网络信息有限公司合肥分公司相对应，进行标记。此外，软件标记为企业信息，非公民个人信息。被告认为该软件设计开发目的是使用户获得更好体验，主观上无侵害人格权之故意，原告不能证明损害后果。且到开庭时，该号码标记已经取消。原告关于诉讼中被告重新进行标记没有提交充分依据加以证明。法院认为被告获取手机号码信息均源于公开渠道，不能认定被告标记号码的行为侵犯了隐私权。基于以上理由，法院驳回原告诉讼请求。但是在裁判中，法院认为软件主动标记企业信息的功能，仍存在一定改进之处。因我国小微企业主为工作方便、节约资源，将私人电话作为办公电话使用是普遍情况，但并不意味着手机号码被登记在工商机关，就是专用于商务。如非所有人主动申请标记号码，建议针对被标记号码采取短信确认的方式，对所有人有所提示，有助于其获得相应知情权。① 法院对标记功能的评价，容易让人理解为其对网络服务提供者在服务的过程中，有应该注意的问题没有注意到，未能全面地履行注意义务。没有履行义务的行为就是有过错，而可构成侵权行为。因此，该段评论与判决的结果容易让人认为裁判的论证和判决结果存在分歧。

（二）对网络领域名誉权侵害构成与一般名誉权②受侵害的不同理解

在王威与中国电信股份有限公司连云港分公司网络侵权责任纠纷中，二审法院认为名誉权是民事主体，就自身属性和价值所获得的社会评价享有的保有和维护的人格权。因此，对名誉权的损害后果应当是造成被侵权人社会评价的降低。该案中他人通过网络对"卫东"发表过激言论，造成"卫东"网络评价的降低，但虚拟网络评价降低并不必然导致网络用户在现实生活中社会评价的降低。网络虚拟环境是现实环境的衍生，不是社会生活必不可少的部分，只有网名与本人有固定的对应关系且为他人所知悉，对其攻击才会降低现实中周边人对其评价，仅攻击网名这一虚拟身份，而非针对具体生活中的某人，不构成侵犯名誉权。③

---

① 北京市西城区人民法院，（2015）西民初字第 28460 号"民事判决书".

② 一般名誉权并非一个严格的法律定义，在这里仅仅是用来与网络世界对应，说明在非网络世界的名誉权。

③ 江苏省连云港市新浦区人民法院，（2014）新民初字第 0941 号"民事判决书". 江苏省连云港市中级人民法院，（2015）连民终字第 01624 号"民事判决书".

（三）媒体加害行为问题

1. 自媒体加害行为的特性问题

美国新闻学会的媒体中心于 2003 年 7 月出版了由谢因波曼与克里斯威理斯两位将自媒体（We Media）定义为是普通大众经由数字科技强化，与全球知识体系相连之后，一种开始理解普通大众如何提供与分享他们本身的事实、他们本身的新闻途径。现实中，自媒体包括但不限于个人微博、个人日志、个人主页等。随着手机网络的发展，涉及个体提供信息生产、积累、共享、传播内容兼具私密性和公开性的信息传播方式越来越普及和便捷。样本裁判中也涉及该类问题。

有样本裁判中，法院对涉及自媒体中发表言论和看法时确定加害行为的判决标准进行论证。有裁判认为，"公开"属性的博客，因其内容能够被不特定的网络用户阅览、发表评论，在性质上已经成为自媒体。对自媒体上言论的发表，不能采取太严苛的标准。微博是比较自由随性的表达方式，应尊重其个性表达方式。当然言论自由的行使必须以不侵犯其他人的合法权利为限。判决中进一步说明了判断加害行为的标准，即在判断微博发布内容是否侵权时，应当综合考量相关微博发布的背景和内容、微博言论的特点、当事人主观上侵权的恶意、事实陈述与意见表达的区分、言论给当事人造成损害的程度等因素，合理确定微博领域行为人正当行使言论自由和侵犯他人名誉权之间的界限。[1] 也有裁判涉及微信作为自媒体时，确定加害行为时言论自由尺度把握的讨论。竺文兴与江西逗比信息科技有限公司名誉权纠纷案中，裁判中写到自媒体发展，即近年来新兴传媒方式，在把握言论是否侵权的尺度要适度宽松。[2]

2. 网络媒体与一般媒体新闻报道标准

广州网易计算机系统有限公司与邬丹洁名誉权纠纷案提出该问题。该案一审判决认为网易公司作为媒体有新闻自由的权利，但在实现此种权利时不应以牺牲他人合法权益为代价，也应当尊崇新闻报道真实的信条。考虑到网络信息具备传播速度快、传播范围广的特点，网络服务提供者，更应当对自行采集、编辑的信息尽到谨慎审查的义务，不能以博取大众眼球为目的做出与事实不符的新闻报道（包括新闻标题与实际内容的偏差）。[3] 二审裁判文书中写到媒体报

① 南京市建邺区人民法院，（2017）苏 0105 民初 668 号"民事判决书".

② 浙江省舟山市定海区人民法院，（2017）浙 0902 民初 443 号"民事判决书".

③ 上海市静安区人民法院，（2016）沪 0108 民初 2194 号"民事判决书".

道新闻应如实反映客观事实，特别是网络媒体，因传播速度快、覆盖范围广等特点，故对新闻的报道及评论较一般媒体更应严格审慎，如实报道。[1]

（四）网络搜索服务提供者抓取网络快照是否构成侵权行为问题

网络搜索服务提供者在提供的搜索服务中，搜索结果中存在侵害他人权益的内容，其是否构成侵权及责任认定问题，有着自身特点。样本裁判中有网络搜索服务提供者抓取网络快照行为的认定问题。版中版公司委托代理人向百度公司分别寄送三次通知，但没有提供寄送通知的具体内容。其中邮单内件品名处填写的为"断开侵权文章网址链接通知"。百度公司认可收到了上述通知，但同时主张版中版公司寄送的通知中没有附上涉案的链接及网页快照内容。法院认为百度快照是百度搜索对于第三方网页的技术性备份。百度快照的更新频率，取决于第三方网页的权重值，一般访问量越小，更新越慢。据公证书显示，涉案文章在搜索结果页面排名非常靠后，这样的文章快照更新速度较慢。网页快照是针对网页的普遍行为，无差异性，不具有直接营利性，且网络用户并未形成直接从网页快照中获取原始网页内容的习惯。鉴于版中版公司未提交证据证明其在起诉前曾向百度公司发出过删除涉案网页快照的通知，而且从百度公司提交的公证书可见，收到诉状后百度公司已将涉案网页快照进行了删除。百度公司在主观上无过错，对于提供涉案网页快照部分，百度公司不构成侵权。[2]百度公司抗辩，原始网页已经删除涉案文章，而百度公司基于快照技术对互联网中原有信息的备份，并非提供链接的行为。百度公司抗辩该技术性备份不能删除、屏蔽，不能随着原始信息的删除而删除或屏蔽，从技术操作角度看，网页快照的更新并非网络服务运营公司能够操作，其更新频率取决于第三方网页的浏览点击比重。

（五）消费者对经营者服务或者商品的点评

样本裁判涉及消费者在网上对销售者、服务者的销售或服务进行点评是否侵害名誉权的问题。在上海央邦计算机科技有限公司与互诚信息技术（上海）有限公司、上海汉涛信息咨询有限公司名誉权纠纷中，一审法院认为大众点评网为商户设置点评功能的出发点在于使接收到产品及服务的消费者可以自由表达消费体验，一方面可以使商户及时接收到消费者反馈，促进提升自身产品及

---

[1]　上海市第二中级人民法院，（2016）沪02民终8673号"民事判决书".

[2]　北京市海淀区人民法院，（2016）京0108民初5326号、5328号、5329号、5327号"民事判决书".

服务质量,另一方面还可以为后续的消费者提供借鉴。作为市场经营者的央邦公司对消费者针对其服务本身的评价予以必要的容忍,不能简单地将"差评"和名誉权侵权画等号。作为发布网站,汉涛公司仅在明知或应当知道系争点评内容侵害央邦公司名誉权仍同意发布或不及时处置导致侵害后果扩大时,才应承担侵害名誉权的责任。① 二审法院维持原判,并认为普通网络用户对网站上商户信息的变化会有综合的判断,并通过其他渠道了解商户信息,大众点评网在数据库中对商户信息予以调整属于正常的管理行为,央邦公司没有证据证明其权益因此受到损害,故央邦公司诉称的侵权行为不成立。② 另一案件裁判法院认识一致。在北京胖大嫂家政服务连锁有限公司与上海汉涛信息咨询有限公司名誉纠纷的裁判中,法院认为注册用户在大众点评网上发表消费者评价的行为本身并未违反法律的禁止性规定。相关的评价主要是对服务的感受,因消费感受因人而异,仅从目前证据无法认定帖子有关言论本身为虚构事实的诽谤、诋毁。在涉案差评帖无法确定为侵权的情况下,咨询公司未应家政公司要求采取删帖措施,并不违反法律规定。③

四、责任性质认定

样本裁判涉及第三人侵权时,网络服务提供者不能提供第三人的身份信息时,网络服务提供者所承担责任的性质。北京伟达中医肿瘤医院与北京搜狐互联网信息服务有限公司名誉权纠纷案中,法院认为在被告不能提供登载涉案文章的网络用户的身份信息,导致原告不能向该网络用户主张权利,被告应当向原告承担补充责任。④ 该判决的裁判实体法依据是《侵权责任法》第 36 条。根据该条规定,第三人侵权时,网络服务提供者的责任应该连带责任。补充责任是指在不能确定实际加害人或者加害人不能够承担全部责任的情况下,由补充责任人在一定范围内对受害人直接承担赔偿责任的责任形态。⑤ 补充责任是侵权责任的特殊形态,需要有相关法律的直接规定。《侵权责任法》中,补充责任条款规定有第 34 条劳务派遣单位责任,第 37 条存在其他加害人时违反安全保

---

① 上海市徐汇区人民法院,(2016)沪 0104 民初 31999 号"民事判决书".
② 上海市第一中级人民法院,(2017)沪 01 民终 9888 号"民事判决书".
③ 北京市朝阳区人民法院,(2015)朝民初字第 09278 号"民事判决书". 北京市第三中级人民法院,(2016)京 03 民终 849 号"民事判决书".
④ 北京市朝阳区人民法院,(2016)京 0105 民初 33107 号"民事判决书".
⑤ 王利明. 侵权责任法研究:上卷 [M]. 北京:中国人民大学出版社,2010:46.

障义务的责任，第40条幼儿园、学校或者其他教育机构未尽到管理职责时的责任。由于补充责任没有一般条款，其承担应该属于上述条款中的一种情况。北京伟达中医肿瘤医院与北京搜狐互联网信息服务有限公司名誉权纠纷案案中既然适用《侵权责任法》第36条规定，就应该属于连带责任。

第六节　网络服务提供者侵权责任承担之分析

网络服务提供者侵权责任的样本裁判中，财产权受侵害时，网络服务提供者侵权责任的承担，与其他财产权侵害时加害人的责任承担相比，没有其典型的特征。但是，对于侵害人格权时，网络服务提供者侵权责任的承担，有着其特点。因此在本章对网络服务提供者侵害人格权时责任承担进行专门分析。

一、网络服务提供者侵害人格权之自己责任

网络服务提供者侵害人格权之自己侵权责任样本裁判中，由于其受侵害的权利主要为肖像权、名誉权和隐私权，法院判决承担的侵权责任类型大致相同，包括赔礼道歉、赔偿经济损失、支付精神抚慰金（精神损害赔偿）、赔偿维权费用等。但是具体责任承担方式、数额、考量因素等各有差异。以下具体分析。

（一）赔礼道歉

样本裁判中侵害人格权的自己责任，网络服务提供者是否应对其侵害他人人格权行为承担赔礼道歉的诉请，绝大多数持肯定态度。除一个例外，样本裁判基本都支持了原告关于赔礼道歉的请求。该例外案件为王雅捷与北京贵美汇医院肖像权纠纷。在该案判决中，法院认为被告的侵权情节较为轻微，且及时删除侵权文章、配图并关闭网站，无须再通过全国发行的报纸向原告赔礼道歉，因此驳回了原告的赔礼道歉请求。

关于赔礼道歉责任承担的方式、内容和形式，样本裁判中法院会综合考虑网络服务提供者侵权行为及其影响范围，如法院根据被告使用原告照片的形式和范围予以决定。样本裁判中对于赔礼道歉责任承担具体内容，有代表性并符合法律精神的判决有北京冯立哲医疗美容门诊部（普通合伙）与林心如肖像权、名誉权案。该案判决书写到，在判决生效后七日内，在网址为某某的网站首页中登载致歉声明，向林心如赔礼道歉。该赔礼道歉的刊登期间为十天，致歉内容须经法院审核。如果责任人逾期不执行上述赔礼道歉的，则由法院来执行。

具体为选择在全国范围内公开发行的报纸，在报纸上刊登该判决的主要内容。其刊登的费用由北京冯立哲医疗美容门诊部（普通合伙）负担。该裁判不仅判决赔礼道歉，而且明确了赔礼道歉的时间、地点、登载期间、道歉内容，此外还包括被告未履行该道歉责任的处理方式。

《民法通则》《民法总则》和《侵权责任法》都规定了赔礼道歉这种民事责任承担方式。赔礼道歉与消除影响、恢复名誉都属于"人身性质的民事责任方式"，只适用于救济人身损害。① 其中赔礼道歉不以公开形式为要件，依法律判决之要求，侵权人可以公开进行，也可以向被侵权人不公开进行。这是赔礼道歉与消除影响、恢复名誉的重要区别。② 样本裁判中受害人通常请求赔礼道歉，而消除影响和恢复名誉的比较少。体现了实践中，民众对于人格权受损害时，习惯以赔礼道歉来代替或者达到消除影响、恢复名誉的目的。

（二）赔偿经济损失

人格权受侵害时，经济损失的确是个见仁见智的问题。在赔偿经济损失责任承担上，样本裁判体现了法院自由裁量的特点。从样本裁判内容来看，有一个问题值得讨论，即是否能够比照合法有效的代言合同所约定报酬来确定受害人的经济损失。在北京冯立哲医疗美容门诊部与林心如肖像权、名誉权纠纷中，原告提出参照代言合同确定经济损失。法院则认为加害人的使用方式不足以让公众误以为林心如系北京冯立哲医疗美容门诊部相关项目的代言人，因此不能完全比照代言合同中约定的代言费来确定原告因侵权行为所遭受经济损失。法官进一步阐述到，考虑到原告作为演员具有一定的社会知名度，其肖像具有一定商业价值，被告擅自使用林心如照片势必会对林心如造成一定损失，故加害人使用照片情况及林心如的知名度等对该项请求酌情予以判处。

比照类似样本裁判发现，该类案件中法院酌定的考量因素往往包括网络服务提供者使用照片的侵权行为是否会让人误认为受害人是代言人、加害人使用照片实际情况、被告可能获利的情况等。如戴皎倩与北京阳光飞华公司人格权纠纷中，法院认为原告系知名演员，其肖像较之常人更具经济价值，但被告使用的是原告网络公开的照片，网页上并未注明原告系其代言人。法院确定损害赔偿时，考虑的因素包括被告的主观恶意程度、被告获利情况、原告肖像经济

---

① 张新宝. 中华人民共和国民法总则释义［M］. 北京：中国人民大学出版社，2017：390－391.

② 张新宝. 侵权责任法［M］. 北京：中国人民大学出版社，2010：134.

价值，以及对被告使用原告照片的时间等，最终酌定被告赔偿原告的经济损失5000 元。在王雅捷与北京贵美汇医院肖像权纠纷案，原告只提出侵害肖像权。法院认为原告系演艺行业从业人员，但被告使用的原告网络公开的照片，网页上并未注明原告系其代言人，使用的方式也并不足以让公众误认为原告系被告医疗美容项目代言人，且原告并未就其肖像经济价值进行举证，裁判法院综合考虑被告使用原告照片的时间、被告的主观恶意程度、可能的获利等因素，酌定被告赔偿原告经济损失 10000 元。[①]

对于样本裁判中原告提出的赔偿维权费用的诉讼请求，所有案件都予以支持，区别在于所支持数额的多少。维权费用的实质应该是属于因侵权行为导致的经济损失，也就是损害赔偿的范围，但样本裁判中都作为独立请求单独列明。如北京冯立哲医疗美容门诊部（普通合伙）与林心如肖像权、名誉权纠纷案，法院认为，关于维权成本，因侵权行为发生在互联网中，林心如采取必要措施进行证据保全亦属合理与必要，且其提交了发票予以佐证，故法院认定维权成本为 1000 元。

人格利益包含三个层次，分别为作为肉体存在之物质性实体、精神性利益和财产利益。与之相适应，可以将人格权益区分为内含物质性实体存在、精神性利益及不可交易型财产利益之人格利益，内含物质性实体存在、精神利益及可交易型财产利益之人格权益等五类。内含物质性实体存在、精神利益及可交易型财产利益之人格权益具有财产利益，且财产利益是可主动交易的，包括肖像权、姓名权等。未经同意使用他人姓名用于广告宣传时，损失是确定的，就是授权使用费。[②] 我以为在侵害肖像权、姓名权时，参照合理的授权使用费标准来确定经济损失是值得肯定的。侵害人格权导致的财产损害赔偿，争议的是道德层面的问题。比较法上，德国学者认为人格的市场化在道德上可能颇有争议，但并不违法。财产属性的人格权保护范围不得过于宽泛。并非所有利用可交易的人格利益获得利润的情形都对应着财产损失。如果权利人不同意这种侵权行为，也就是拒绝特别许可时，也不排斥财产损失。因为侵权同时造成财产价值的"缩水"[③]。当然，在未经允许使用他人肖像作为广告的加害行为，还可构成不当得利请求权。但是从样本裁判来看，法院习惯采用赔偿财产损失的方

---

① 北京市朝阳区人民法院，（2014）朝民初字第 37749 号"民事判决书".

② 徐银波. 侵权损害赔偿论［M］. 北京：中国法制出版社，2014：383 – 384.

③ 格哈德. 瓦格纳. 损害赔偿法的未来——商业化、惩罚性赔偿、集体损害［M］. 王程芳，译. 北京：中国法制出版社，2012：67 – 69.

式来救济。

（三）精神损害赔偿

对于人格权受侵害是否存在精神损害问题，大多数样本裁判都予以支持，仅有个别例外。否认有精神损害的样本裁判为戴皎倩与北京阳光飞华科技发展有限公司人格权纠纷案①，余潇潇与广州宏安贸易有限公司、浙江淘宝网络有限公司肖像权纠纷案。裁判法院认为宏安公司作为在天猫网上经营的商户，未经原告同意，在自己经营的网店上以营利为目的擅自使用原告的照片，构成侵权，理应承担相应的责任。原告关于要求被告在其经营的网店上发表声明赔礼道歉的诉讼请求，法院支持。关于原告主张的肖像权使用费两万元的请求，法院酌情支持了 10000 元；关于原告主张精神损失费问题，因涉案的侵权行为已停止，且未造成严重后果，不予支持。②

绝大多数样本裁判持肯定态度，代表性案件如南京嘉泽投资管理有限公司凤凰岛医疗美容诊所与被上诉人苗圃肖像权、名誉权纠纷。这类案件中法院通常判决赔礼道歉、赔偿经济损失、精神损害赔偿。

关于精神损害赔偿的另一个重要问题是精神抚慰金数额的考虑因素。有代表性的，如北京冯立哲医疗美容门诊部与林心如肖像权、名誉权纠纷案。该案中关于精神损害抚慰金的确定，法院根据加害人过错程度、文章的内容及造成的影响等酌情确定具体数额；判决被告于判决生效后七日内，赔偿林心如经济损失 60000 元、精神损害抚慰金 20000 元、维权成本 1000 元。董璇与王国庆、沈阳和平百嘉丽医疗美容医院有限公司肖像权纠纷案，原告请求法院判决百嘉丽公司向董璇赔偿精神损失费 20000 元，一审法院酌情确定百嘉丽公司赔偿精神损害抚慰金 3000 元，二审法院维持原判。③ 该案是网络服务提供者直接侵权的行为，经济损失及精神损害赔偿根据被告沈阳和平百嘉丽医疗美容医院有限公司的过错程度、该公司侵害他人行为的具体情节、原告董璇的知名度、被告行为给原告董璇造成精神损害的后果和影响以及原告为了维护自身权益所支出的费用等因素确定。

对于精神损害赔偿，学者认为应该贯彻充分补偿的原则。学理上确定精神损害赔偿金的标准，有受害人标准和加害人标准。受害人标准要考虑受害人的

---

① 北京市通州区人民法院，（2015）通民初字第 09170 号"民事判决书".

② 浙江省杭州市余杭区人民法院，（2014）杭余民初字第 308 号"民事判决书".

③ 沈阳市和平区人民法院，（2015）沈和民一初字第 00985 号"民事判决书". 沈阳市中级人民法院，（2015）沈中民一终字第 01377 号"民事判决书".

身份、职业、知名度和社会地位、性别、年龄、受害人家庭经济状况。加害人标准考虑加害人过错程度、侵权情节、加害人态度等。① 从样本裁判来看，对于精神损害赔偿，一般都是法官自由裁量，数额都不高。从其说明的理由来看，有受害人标准，如考虑损害后果、文章内容造成的影响等；也有加害人标准因素，如过错程度、侵权行为具体情节等。至于学理上所言的充分补偿原则，样本裁判中基本都没有讨论该问题。因此，我们需要认识到抚慰金的量定是实务上最为困难的问题，应以实践理性，从系统的侵害人格法益类型案例比较，建立具有功能性及类型化的量定标准，兼顾个案正义及平等保护原则。②

样本裁判中对于维权费用数额的确定，一方面取决于证明支出维权费用的证据，另一方面，也是绝大多数案件中法院的做法，就是酌定维权费用数额。在马苏与杭州同欣整形美容医院有限公司肖像权、名誉权案中，原告请求包括断开相关侵权链接、向马苏赔礼道歉和赔偿其经济损失人民币壹拾余万元及精神损害赔偿陆万元、支付原告为维护自身权益支出的合理开支人民币捌仟元整叁仟元整。法院判决酌情支持经济损失二万元、精神损失费二千元，而于维权成本开支，结合原告公证合理开支，本院酌情支持一千三百元。

二、网络服务提供者作为间接加害人侵害人格权之责任

除了自己责任外，依据《侵权责任法》第 36 条第二款和第三款，网络服务提供者应该承担相应责任。本节旨在考察样本裁判中网络服务提供者违反"通知条款"和"知道条款"，侵权责任的具体承担中的问题。

（一）样本裁判中提出责任主体问题

网络服务提供者侵权责任中，讨论的侵权责任主体当然是网络服务提供者。然而，在样本裁判中也提出存在特殊关系的情况下主体确定问题，具体包括两个方面。

1. 提供网络空间出租主体的责任承担

作为网络空间出租主体的网络服务提供者如何承担侵权责任，是样本裁判中提出的一个重要问题。提出该问题的案件为王秀霞与北京集智医药技术开发公司肖像权纠纷。该案裁判法院认为侵权视频所在的网站系由泰祥高远注册主

---

① 郭卫华，常鹏翱，殷勇，等. 中国精神损害赔偿制度研究 [M]. 武汉：武汉大学出版，2003：339 - 340.
② 王泽鉴. 损害赔偿 [M]. 北京：北京大学出版社，2017：270.

办，为用户提供空间供用户阅读他人上载信息的网络中介服务提供者，故主张泰祥高远系网络用户，而非网络服务提供者，无事实依据。尽管泰祥高远提交了其与陈龙签订的《域名租用协议》，欲证明原告对涉案网站进行公证时该网站由陈龙管理，但根据相关法规规定，仍不能免除泰祥高远对于第三人应承担的网站经营者的义务和责任。[①]

法院的这种看法，即认为网络服务提供者将域名租给他人使用，并不改变其应承担责任的构成。在被侵权人以书面形式或者公示方式向其发出通知后，其有义务删除相关侵权内容。网络服务提供者将域名出租，与其他租赁合同不同。比如机动车出租给他人，依据《侵权责任法》第49条，在机动车造成他人损害的时候，应该由机动车使用人承担相应的侵权责任。如果机动车所有人对损害之发生有过错的，则应承担相应赔偿责任。而由于网络自身特征，网络服务提供者对出租空间可以控制，其处于可以防止损害发生和扩大的地位，并且具有相关的能力。样本裁判中法院认定将域名出租给他人使用的主体仍是网络服务提供者的做法是符合法理的，因其仍存在对侵权行为的控制能力，且他人并不一定能得知出租的事实，在维护权益的事后无法通知具体承租人。因此受害人在权益受侵害时，通知提供网络服务的主体时，其责任构成和承担应依据网络服务提供者的相关侵权规则判断。

2. 网络链接提供者是否是网络服务提供者

样本裁判中还涉及对网络链接服务提供者是否是网络服务网提供者的判断问题。在余潇潇与宏安贸易有限公司、淘宝网络有限公司肖像权纠纷中涉及该问题。该样本裁判法院认为仅仅提供商品及商户链接的公司不承担侵权责任。法院根据双方提交的证据材料及查明的事实，确认被告宏安公司系在天猫网注册成立的商户，与天猫公司签订相关服务协议，淘宝网仅提供商品及商户的链接，而非提供宏安公司进行网上交易的平台。在庭审过程中，法院向原告说明后，原告坚持以淘宝公司作为被告。法院认定原告请求淘宝公司承担连带赔偿责任，为主体不适格，不支持该项诉讼请求。法院认为宏安公司作为在天猫网上经营的商户，在未经原告同意的情况下，在自己经营的网店上以营利为目的擅自使用原告的照片，构成侵权，理应承担相应的责任。[②] 该案值得商榷之处在于，网络服务提供者并不仅仅限于网络交易平台。淘宝网本身是网络服务提

---

① 北京市朝阳区人民法院，（2014）朝民初字第06391号"民事判决书".
② 浙江省杭州市余杭区人民法院，（2014）杭余民初字第308号"民事判决书".

供者应该是毫无疑义的，在因其提供的链接侵权，接到被侵权人通知或者其知道链接侵权时，适用《侵权责任法》第36条的条件，并不需要证明其是网络交易平台。因此并不能因为其仅仅提供商品及商户链接就认为其不应承担连带侵权责任。

在网络服务提供者侵害人格权的样本裁判中，大部分原告都起诉网络服务提供者，起诉了直接加害人的案件比较少。如罗志祥与淘宝网络有限公司、孟州市西格尔饮用水厂肖像权纠纷。法院认为直接加害人承担侵权责任，但网络服务提供者无须承担责任。西格尔厂以营利为目的在涉案产品包装上使用罗志祥的肖像，侵害了罗志祥的肖像权，应承担停止侵权、赔礼道歉、赔偿损失的民事责任。淘宝公司并未与西格尔厂共同实施侵犯罗志祥肖像权的行为。淘宝网所发布涉及该案件的商品信息，并没有明显违法，不构成侵权行为。淘宝公司在接到起诉状后也进一步检查和确认了该涉诉信息已经不存在。因此，作为网络服务提供者的淘宝公司没有明知或者应知网络用户侵权行为之存在而未采取措施情形的，其行为不构成侵权，无须承担责任。①

（二）赔礼道歉

在网络服务提供者作为间接加害人侵害人格权的样本裁判，同直接责任一样，同为对人格权的侵害，赔礼道歉是诉讼请求中常见的侵权责任承担方式之一。对于涉及36条第二款和第三款中样本裁判中关于赔礼道歉的一般规则，这里不做累述判决。这里仅讨论样本裁判中涉及的几个具体的问题。

1. 赔礼道歉的范围

关于赔礼道歉的范围问题，样本裁判认识不一。有裁判认为对赔礼道歉，不应做范围要求，书面道歉即可，如南京嘉泽投资管理有限公司凤凰岛医疗美容诊所与苗圃肖像权、名誉权纠纷案。该案中苗圃要求凤凰岛医疗美容诊所在全国公开发行的报纸上向自己公开赔礼道歉。而法院认为，就赔礼道歉这种民事责任方式而言，其重在将致歉的意思向对方表达，法律对该承担方式并未做范围上的要求，书面道歉即可。

绝大多数样本裁判与苗圃案持不同态度。在张振锁与重庆第贰地网络科技有限公司、重庆今王广告有限公司肖像权纠纷案中，法院认为道歉的范围应当与侵权行为造成的影响范围相当，以能够在侵权范围内消除影响为限。② 浙江

---

① 浙江省杭州市余杭区人民法院，（2014）杭余民初字第2894号"民事判决书".
② 重庆市江北区人民法院，（2014）江法民初字第03604号"民事判决书".

建人专修学院与温州柒零叁网络传媒有限公司案中，法院判决柒零叁公司应公开赔礼道歉，并在相同范围内刊登道歉声明。①

该类裁判中，孟瑶与东莞市玛丽亚妇产医院有限公司肖像权纠纷，关于赔礼道歉的方式比较科学和符合法律精神。法院判决书中对赔礼道歉的内容阐述得非常全面而细致，包括被告加害的网站上发布向原告道歉的声明。该道歉声明的内容，要求送交裁判法院审核。而被告逾期不执行符合要求的道歉时，法院将选择在全国性发行报纸上刊登该份判决的主要内容。由被告支付该刊登费用。② 董璇与王国庆、沈阳和平百嘉丽医疗美容医院有限公司肖像权纠纷案中，法院判决百嘉丽公司董璇需要公开赔礼道歉并刊登在全国公开发行报纸。而且，明确在该致歉声明中，需要写明该份法院判决书的案号以及该侵权行为的具体情节。最后，还对致歉声明的版面最小面积做了限制。

该类裁判关于赔礼道歉的规定都比较具体而有操作性。如林大元与台州创星数码港有限公司网络侵权责任纠纷案中，法院判决被告于判决生效后五日内在"玉环e网论坛"首页显要位置公开声明向原告林大元赔礼道歉，声明的时间不少于30天，道歉的内容应经该院审核。③

从以上裁判样本可以得出结论，即以侵权行为的影响范围和消除影响的范围来确定赔礼道歉的范围，这在样本裁判中基本取得了认同的，也符合法律的规定及责任承担的目的。在裁判中，法院对于赔礼道歉的判决，可操作性很强，大都能达到消除影响的目的。

2. 承担赔礼道歉责任的构成要件

网络服务提供者侵权责任的构成要件一般来说是四要件，即侵权行为、损害后果、过错和因果关系。但是对于不同侵权责任形式的承担是否要求不同的构成要件，则案件中一般都没有讨论。样本裁判通常不会区分承担赔礼道歉的责任与承担损害赔偿的责任的构成要件，但在该问题上有样本裁判凸显了这种对责任构成不加区分的缺陷。在王旭珺与北京新浪互联信息服务有限公司、北京微梦创科网络技术有限公司名誉权纠纷案中，法院确定被告接到通知后没有及时履行义务的侵权行为，认为没有及时履行法定义务，就应该构成侵权行为。

---

① 浙江省杭州市下城区人民法院，（2012）杭下民初字第2120号"民事判决书". 浙江杭州市中级人民法院，浙杭民终字第1505号"民事判决书".
② 北京市朝阳区人民法院，（2015）朝民初字第18426号"民事判决书".
③ 浙江省台州市中级人民法院，（2014）浙台民终字第462号"民事判决书". 浙江省台州市玉环县人民法院，（2014）台玉民初字第438号"民事判决书".

而判决中却说"虽履行法定义务，但不符合法律规定的时间要求"，该判断是错误的。36 条第二款和第三款与第一款不同，涉及"扩大损失"的概念。其判决中认为原告不能证明损害的扩大，所以不应判决其承担赔礼道歉的责任，实质上将损害赔偿的构成要件和赔礼道歉的要件同一化。证明了被告有侵权行为时，判决赔礼道歉的责任构成不应该与判决损害的构成一致。证据无法证明扩大的损害，仅仅是不符合承担损害赔偿责任的构成要件，不应作为否认承担赔礼道歉责任之理由。理论和实践中应该考虑承担赔礼道歉的侵权责任的构成要件问题，其要求原告证明的损害应该不同于赔偿责任承担的可赔偿性损害。

（三）精神损害赔偿

1. 对精神损害赔偿功能的理解问题

对于精神损害赔偿的功能理解，在审判实践中往往没有具体的论述。但有些案件中，当事人将其作为预防损害的功能。如有样本裁判中，原告用最质朴的方式提出该问题。在吴春燕与宁海县国脉网络信息有限公司网络侵权责任纠纷中，一审裁判仅判决被告删除和赔礼道歉，而原告的上诉请求包括支持其精神损害赔偿和维权费用。其理由是认为仅要求其删除文章及网上赔礼道歉，对加害人来说无关痛痒。让加害人真正体会到切肤之痛的只有经济赔偿，只有判决其承担精神赔偿和经济赔偿，才会让其知道侵权是要付出代价的。对于该请求，二审法院则予以驳回。① 样本裁判中该问题的提出，说明理论上对精神损害赔偿功能定位的重要性。缺乏其指导，实践中将出现混乱和分歧。

2. 样本裁判中关于精神损害赔偿数额认定的特征

第一，法院判决数额与当事人请求间差异巨大。对样本案件中涉及精神损害赔偿数额进行分析，很容易发现在精神损害赔偿数额上原告请求与法院的判决之间差距巨大。如龚蔚蔚等名誉权纠纷一案，原告上诉请求法院支持其一审损害赔偿的请求，包括赔偿精神损失二十万元、律师费伍仟元等。其认为一审法院在未查实天盈公司因该视频所获利情形下，酌定其承担二万元精神抚慰金缺乏依据。二审法院认为，就天盈公司是否因该视频获利以及获利的具体数额，并非法院需查明的事实，而是属于龚蔚蔚的举证责任范围之列。在龚蔚蔚无法对此举证情形下，原审法院根据本案实际情况，酌情确定天盈公司承担的精神

---

① 浙江省杭州市中级人民法院，（2014）浙杭民终字第 731 号"民事判决书". 浙江省杭州市江干区人民法院，（2013）杭江民初字第 1613 号"民事判决书".

损害赔偿数额等判决，并不违法，驳回上诉请求。① 在姜宏与杭州十九楼网络传媒有限公司一般人格权纠纷，请求被告赔偿原告精神损害抚慰金二十万元，法院判决责任成立，但精神损害抚慰金二万元，也为酌定。从这些案件看，原告请求数额和法院判决中支持数额之间差异巨大。

第二，精神损害赔偿数额总体非常低。对裁判样本中判决支持精神损害赔偿数额的依据分析发现，除了极少数案件中法院完全支持了原告诉讼请求，或者虽未完全支持，但是酌定的精神损害赔偿数额比较高之外，绝大多数的酌定数额都非常低，通常不超过一万元，大多数在五千元以下。

完全支持原告诉请数额的有李某与北京微梦创科网络技术有限公司网络侵权责任纠纷案，该案中法院对原告诉请精神损害抚慰金十四万多元予以支持②，这是裁判中对精神损害赔偿数额最多的案件。齐某雷与北京微梦创科网络技术有限公司网络侵权责任纠纷中，法院判决被告赔偿原告精神损害抚慰金七万元。③ 张某梅与北京微梦创科网络技术有限公司网络侵权责任纠纷案中，法院判决被告赔偿原告律师费支出三万元、精神损害抚慰金十二万元。④

以上列出的是所有的判决中支持精神损害数额较多的样本裁判，其余裁判中，责任成立时，法院判决加害人承担精神损害赔偿数额一般是一万元以下，大多数酌定五千元以下，典型的案例如北京智德典康电子商务有限公司与珠海小马哥汽车服务有限公司网络侵权责任纠纷案，判决赔礼道歉，赔偿名誉损失。由于赔偿没有已定标准，酌定两千元。董璇与王国庆、沈阳和平百嘉丽医疗美容医院有限公司肖像权纠纷案中请求精神损害二万元，酌定三千元。

3. 影响法院确定精神损害赔偿数额因素

对哪些因素会影响精神损害赔偿的数额问题，有些样本裁判中没有加以说明，直接予以酌定，也有些案件会在裁判中对影响因素进行列举。这里对其列举的影响法院确定精神损害赔偿数额的因素进行分析。在李某与北京微梦创科网络技术有限公司网络侵权责任纠纷中，判决书明确了根据侵权行为的侵权程度、持续时间、损害后果、被侵权人的社会地位、声望等因素确定赔偿数额，结合该案实际，网络侵权言论借助互联网络媒体具有不受地域空间及时间限制

---

① 上海市第一中级人民法院，（2014）沪一中民一（民）终字第 1932 号"民事判决书".
上海市浦东新区人民法院，（2013）浦民一（民）初字第 41457 号"民事判决书".
② 江西省莲花县人民法院，（2012）莲民一初字第 115 号"民事判决书".
③ 江西省莲花县人民法院，（2012）莲民一初字第 118 号"民事判决书".
④ 江西省莲花县人民法院，（2012）莲民一初字第 117 号"民事判决书".

的特点，扩散速度快、传播范围广、对当事人造成的影响较传统名誉侵权方式更为严重。① 在姜宏与杭州十九楼网络传媒有限公司一般人格权纠纷中，法院认为赔偿数额应当考虑到网络信息的特点及侵权信息情节和侵权结果等进行综合判断分析。因涉案侵权信息系发表在信息交流平台上，系某些网民自行上传的信息，此类信息在社会普遍评价中属于可信度较低的信息，不具有权威性，不易造成熟悉原告的近亲属、邻居、朋友、同事等第三人的轻信，故不会对原告造成重大影响。②

在徐海与山景科创网络技术有限公司姓名权纠纷中，关于徐海主张的精神损失费五万元的诉讼请求，综合徐海被骚扰的程度以及受到的精神压力，考虑到山景公司的过错程度，五万元精神损失费的要求过高，依法调整为一万伍仟元。

根据样本裁判中法院对精神损害数额的酌定依据来看，其影响因素并无统一的标准，有很大的随意性。最高人民法院的司法解释中有相关的判断标准规定。该司法解释为《关于确定民事侵权精神损害赔偿责任若干问题的解释》，在其第10条中确定了精神损害抚慰金五种标准综合判断：从主观方面看是侵权人过错程度，客观方面包括侵权行为的具体细节、侵权行为所造成的后果。其他方面需考虑侵权人的获利情况、侵权行为人承担责任的经济能力以及受理案件的法院所在地区的生活水平等。这些因素酌定范围非常广泛，且灵活性大。此外，受侵害的权利与精神损害的关系问题，在样本裁判中也有涉及。如有样本裁判认为没有侵害肖像权中的经济利益，就没有精神损害。提出该问题的为张振锁与重庆第贰地网络科技有限公司、重庆今王广告有限公司肖像权纠纷案。对于张振锁请求的精神损害抚慰金，法院认为，该案加害人所涉侵犯肖像权的行为主要针对被害人肖像所体现的财产利益，受害人的个人形象没有因此被歪曲或受到其他不良影响，受害人亦不会因此遭受心理或精神上的痛苦，故受害人要求第贰地公司赔偿精神损害抚慰金的诉讼请求，依法不予支持。③

（四）财产损害赔偿

1. 损害赔偿数额

裁判中财产损害所涵括之项目，所涉及的财产损害的表述方式有很多，包

---

① 江西省莲花县人民法院，（2012）莲民一初字第115号"民事判决书".

② 浙江省杭州市西湖区人民法院，（2012）杭西民初字第401号"民事判决书".

③ 重庆市江北区人民法院，（2014）江法民初字第03604号"民事判决书". 重庆市第一中级人民法院，（2015）渝一中法民终字第05038号"民事判决书".

括经济损失、公证费用支出、律师费用、维权费等。从裁判中对损失所列项目来看，这些类型大多在判决中进行独立列举，不直接列入财产损害大类来统计。

第一，损害赔偿数额偏低。对样本裁判中费用类型的支持情况看，其中"必要的公证费用"大都予以支持，而"律师费用""维权费用"等支持情况则有很大差异。总体来说，确定支持的损害数额非常低。如在吴春燕与泗洪风情网络科技有限公司网络侵权责任纠纷中，对律师费用的支出没有全额支持。法院认为，根据直接侵权行为人与原告名誉权纠纷的判决书内容，认为法院在审理名誉权纠纷一案中已驳回了原告要求刘某赔偿较高的经济损失、精神损害抚慰金的诉请。对此，原告在已收到民事判决书的前提下，对本案合理损失的范围应有一定的预估。但原告方仍在主张过多的损失，并根据该损失的数额支付律师费，该部分的诉讼风险应由原告自负。法院根据该案系关联案件等实际情况，酌情确定律师费数额为二千五百元。而原告主张的其他经济损失，包括公证费用、精神损害抚慰金、维权费等十万元，律师代理费八千元，法院仅仅支持了六千五百元。其他如因为帖子扩散，他人取消合作等损害等，都因其未能对损失是否存在及损失的具体范围、金额充分举证证明，法院不予支持。① 该院审理的另一相关案件中，根据被告侵权行为的方式、侵权行为造成的后果以及受诉法院所在地的平均生活水平，法院酌情支持精神损害赔偿一千元、支持了公证费，而律师代理费也是酌定二千五百元。② 该案中当事人提供的证据证明，其实际支付的律师费用是三万二千元。也就是说，案件在判决中是胜诉，但在经济上原告支付的费用远远高于能够得到的赔偿。在苗圃对凤凰岛医疗美容诊所的侵权行为主张了包括维权成本开支在内的多项损失，综合考虑凤凰岛医疗美容诊所过错程度、侵权页面情况、苗圃的知名度、苗圃受损及凤凰岛医疗美容诊所可能的获益情况等因素，酌定由凤凰岛医疗美容诊所赔偿苗圃各项经济损失二万元。

第二，涉及外籍受侵害人时数额计算与国内当事人差异明显。样本裁判中，财产损失通常偏低，但是涉及外籍受侵害人时，与同类国内当事人比其数额差距很大。在上海第九城市信息技术有限公司、第九城市计算机技术咨询（上海）有限公司、新浪公司与马拉多纳等姓名权、肖像权纠纷中，一审法院酌定损害赔偿数额的影响因素是已支付费用、肖像使用时间、游戏产品的规模、受众群

---

① 浙江省杭州市下城区人民法院，（2015）杭下民初字第00220号"民事判决书".
② 浙江省杭州市下城区人民法院，（2015）杭下民初字第00225号"民事判决书".

体大小等情形，并适当考虑对于两被告因疏于审查而贸然使用马拉多纳肖像体现一定的惩罚性，法院判决两被告于判决生效后十日内赔偿马拉多纳经济损失人民币三百万元。被告上诉，认为涉案游戏规模小、受众群众数量低，上诉人对于使用马拉多纳肖像没有任何主观故意，因此，一审判决判令三百万元的天价赔偿，完全背离了其查明的事实和法律规定。法院认为，两公司虽然已将协议中约定的代言费二十五万美元全部支付给了陆伟平，但并未证明实际支付给马拉多纳。二审法院认为法院综合考虑侵权人的过错程度，侵权行为的场合、行为方式等具体情节，侵权行为造成的后果，被侵权人的所受侵害和所失利益，以实现承担民事责任的预防功能、复原功能及惩罚功能为目的，判令两被告赔偿马拉多纳经济损失人民币三百万元，理由充分，应予支持。相对于其他的在同时期国内的知名人士的损害赔偿的酌定，该案对财产损害数额的确定差异巨大。该案还判处惩罚性损害赔偿。我国《侵权责任法》仅在第47条规定惩罚性损害赔偿。该案也不符合《消费者权益保护法》和《食品安全法》中关于惩罚性损害赔偿的条件。因此该案对惩罚性损害赔偿的裁判显然已经偏离了损害赔偿的一般填补损害功能，不符合惩罚性损害赔偿的具体法律依据要求。

2. 影响赔偿数额因素

分析损害赔偿请求及其支持该请求的影响因素，主要有以下几个方面。

第一，法院根据网页点击量来确定影响和损害。样本裁判同类案件中，法院对财产损害赔偿数额的确定，将网络点击量作为确定网络侵权行为的影响范围的因素。如林心如案中，原告不服原审判决，向法院提起上诉及其上诉理由为一审判决尺度明显不一，所判的侵权赔偿数额与另案相比明显过低。在一审法院审理的林心如诉无锡春天医院有限公司（以下简称春天医院）、热线公司肖像权纠纷一案中，一审法院判决春天医院、热线公司赔偿其经济损失八万二千多元、精神损害抚慰金二万余元。两个案件发生在同一时段，均由同一法院和法官审理，在查明事实基本一致，仅承担责任的被告不一致的情形下，却做出差距十分明显的判决，无法令人信服。相似的两案均以有偿使用其肖像的费用标准，即《林心如与广州市巧美化妆品有限公司代言广告合约》作为判决参考，该合约写明上诉人作为形象代言人，两年时间的形象代言费用为三百万元。在侵权事实已确定的前提下，法院应参照该合同的有偿使用标准大幅提高侵权人的侵权成本，使其不致再犯。但二审法院不支持上诉请求，认为本案侵权人所使用的林心如的照片数量、侵权行为所持续的时间以及网页的点击总量上均远远低于（2013）崇民初字第1201号一案，故一审法院在本案中酌定林心如的经济损失为四千七百多元、精神损害抚慰金一千一百多元并无不当。①

第二，对财产损害举证的困难。在起诉网络服务提供者承担财产损害赔偿责任中，影响责任成立和责任范围的一个重要因素是对财产损害举证的困难。该问题在很多案件中都有非常明显的表现。如高维红与北京众鸣世纪科技有限公司名誉权纠纷。该案原告的诉讼请求包括停止侵害、赔礼道歉、赔偿原告经济损失十万元、精神损失十万元、提供侵权文章的作者的注册信息等。法院仅仅支持赔礼道歉，赔偿经济损失三千元、精神损害抚慰金二千元。② 该类案件普遍面临的困境是诉讼中原告对经济损失的证明。法院认为，其提交其与客户往来短信照片打印件两张，欲证明其在侵权行为发生之前的工作多到做不完，并不能证明原告称其月收入为五万余元。

在财产损害举证方面，样本裁判中还有一个问题就是难以证明损害扩大。在王旭珺与新浪互联信息服务有限公司、微梦创科网络技术有限公司名誉权纠纷中，法院认为，两被告在收到通知1个月后仍未能主动履行法定义务，明显违反关于"及时"的规定要求。法院认定侵权行为成立，但原告未能举证其遭受的损害因两被告延迟履行法定义务而扩大，所以对原告损害赔偿的诉请未予支持。③ 样本裁判中，该问题表现突出的还有邢玉玲与新浪网技术（中国）有限公司、新浪互联信息服务有限公司名誉权纠纷④。该案争点之一是在接到通知后未及时采取必要措施的网络服务提供者，是否构成侵权行为，是否需要与该网络用户对损害扩大部分承担连带责任。法院认为新浪互联公司在收到原告投诉后未及时采取相应措施，直至原告起诉后，才采取删除帖子等措施，应当承担侵权责任。在原告投诉后和被告删帖这一时间段内，新浪互联公司怠于履行事后管理的义务，致使原告的损害后果扩大，新浪互联公司作为网络服务提供者应当承担停止侵害、赔礼道歉的民事责任。针对原告关于责令被告删除网上辱骂原告的帖子、请求被告在原告扩大损失的范围内赔礼道歉，为原告恢复名誉、请求赔偿精神损失抚慰金人民币二十万元等诉讼请求，法院认为诉讼过程中，新浪互联公司已将帖子删除，因此原告要求被告删除网上辱骂原告的帖子的诉求已实际履行完毕，无须判决。法院没有支持原告关于在扩大损失范围内赔礼道歉、恢复名誉的诉讼请求。其理由是原告未能证明扩大损失范围。对

---

① 江苏省无锡市中级人民法院，（2014）锡民终字第0532号"民事判决书".
② 北京市朝阳区人民法院，（2015）朝民初字第29123号"民事判决书".
③ 上海市静安区人民法院，（2012）静民一（民）初字第3133号"民事判决书".
④ 安徽省亳州市谯城区人民法院，（2015）谯民一初字第01244号"民事判决书".

于原告要求赔偿精神损害抚慰金的请求则因原告未举证其遭受的损害是因被告迟延履行法定义务而扩大，故也未予支持。在确认责任成立的前提下，该案几项未得以支持的诉求都是源于对扩大损害证明的困难。这反映了在实践中，原告对于扩大损失的范围明确有困难，故法院对关于扩大损失判断困难。此种困难的存在不利于权利的保护。

第三，加害人获益对损害赔偿数额影响。样本裁判中，有法院将加害人获益情况作为确定损害赔偿数额的因素之一，如马悦与南京朗赛卫浴有限公司、优邮网络科技有限公司、通路快建网络服务外包有限公司肖像权纠纷。该案法院认为优邮公司在销售其代理的产品时未经原告同意使用其肖像，其行为侵害了肖像权，应当承担赔偿责任。通路快建公司作为网站的运营商从事广告发布，未履行对发布图片来源进行审查义务，侵害了马悦的肖像权。朗赛公司应当对其代理商的推广、宣传工作进行监督，虽朗赛公司尽到该义务，但客观上能够使南京朗赛公司获益。因此朗赛公司理应对被告优邮公司的侵权行为承担连带责任。据此，法院判决被告优邮网络科技有限公司赔偿原告财产损失六千元、精神损失费二千元。通路快建网络服务外包有限公司和南京朗赛卫浴有限公司承担连带责任。①

第四，代理协议作为经济损害赔偿参考因素。样本裁判中提出了代理协议是否能为经济损失参考因素问题。在张振锁与第贰地网络科技有限公司、今王广告有限公司肖像权纠纷案中，法院认为原告提供的《张亮"泰尼派"品牌广告代理协议》无法作为判定因本次侵权造成的实际损失数额或第贰地公司使用涉案肖像所产生的经济利益的依据。因为协议对其肖像的使用方式、使用范围等约定与该案不同，该院根据张振锁的知名度，加害人对其照片使用数量、使用方式、使用范围和使用时间，黔江房产网的影响力，再综合第贰地公司的过错程度及当前的市场因素酌情确定，判决赔偿数额。②

除了以上因素外，样本裁判中影响损害赔偿的因素还有很多，如采取措施对赔偿份额的影响。有案件被告做出了隐名处理，未能完全有效地制止侵权行为，但是亦在一定程度上减少了该侵权行为的影响范围，从而做出了酌定损害赔偿数额的判决。③

---

① 江苏省南京市雨花台区人民法院，（2013）雨铁民初字第 209 号"民事判决书".
② 重庆市江北区人民法院，（2014）江法民初字第 03604 号"民事判决书".重庆市第一中级人民法院，（2015）渝一中法民终字第 05038 号"民事判决书".
③ 浙江省杭州市下城区人民法院，（2015）杭下民初字第 00541 号"民事判决书".

（五）责任承担中的其他问题

1. 关于公布直接加害人信息

样本裁判中很多案件中当事人将"公布直接加害人信息"作为一项独立的诉讼请求，法院裁判则采取不同态度。一类裁判支持当事人公布直接加害人信息的诉求，另一类则相反。还有一类样本裁判对于公布直接加害人信息的确定是正确的，即将其作为网络服务提供者的义务，在违反该义务时侵权行为成立。有样本裁判将"公布直接加害人信息"作为责任承担方式。《侵权责任法》第36条中涉及的是必要措施，其中列举了三种措施是断开链接、删除、屏蔽，并没有具体涉及公开被诉人信息的规定。然而样本裁判中仍有多个案件涉及网络服务提供者是否应该公开直接加害人信息问题。在陈某某与百度公司、南京首屏科技有限公司隐私权纠纷中，法院认为，原告要求被告首屏公司告知其获知原告姓名和电话号码的来源，被告首屏公司已经当庭告知，且原告此请求并非法定的承担侵权责任的方式，法院未予审理。①

第一类裁判支持公布加害人信息，如张定玲诉深圳二木科技有限公司侵权责任纠纷。该案法院判决被告提供直接加害人的具体信息。法院认为被告作为网络服务提供者，能够在技术上确定侵权信息发布人的注册信息，故对原告要求被告提供匿名发帖人的注册手机号等信息应予以支持。

与支持的案件相比，持否定态度的判决较多，第二类判决认为被告无须公布加害人信息。在杨春芳与绍兴易新网络技术服务有限公司网络侵权责任纠纷中，法院判决被告于本判决生效之日起30日内向原告提供网名为"机动绍兴人""神话与神奇"等用户的注册信息，包括姓名（名称）、联系方式、网络地址等②。在王威与中国电信股份有限公司连云港分公司网络侵权责任纠纷中，对原告请求网络服务提供者的信息披露义务的诉请，法官的回答是我国现行法律、法规尚无明确规定。公民信息受法律保护，但是如果请求人能够提供证据证明两种情况时法院确定网络服务提供者方负有信息披露义务，即原告举证证明了侵权事实存在或者证明得到网络用户的同意。③

样本裁判中有法院认为应该进行利益衡量来判断是否应该公开直接加害人信息具体认定，以衡量侵权的可能性和网络用户隐私等权益的保护。在田兵与

① 南京市秦淮区人民法院，（2013）秦民初字第3994号"民事判决书".
② 浙江省绍兴市越城区人民法院，（2015）绍越民初字第59号"民事判决书".
③ 江苏省连云港市新浦区人民法院，（2014）新民初字第0941号"民事判决书". 江苏省连云港市中级人民法院，（2015）连民终字第01624号"民事判决书".

广州网易计算机系统有限公司、郭兴根网络侵权纠纷①中，裁判文书中有相关论证。该案中原告诉讼请求包括判令广州网易公司提供网络用户的姓名、联系方式、网络地址等信息。法院认为是否应责令广州网易公司提供网络用户"ok161718"的用户信息，应当遵循价值平衡的原则，即应平衡保护田兵的权利与网络用户隐私以及网络服务提供者的合法权益。根据证据材料及原告的陈述能够认定，涉案博文不构成侵犯原告名誉权的可能性非常大，缺乏责令网易公司提供该网络用户个人信息的必要性，故对该项诉讼请求不予支持。该判决实质是说明，在网络服务提供者已经采取了相关措施后，而涉诉的直接加害人的行为并不构成侵权时，无须公布其相关信息。

第三类裁判将不能提供直接加害人信息作为构成侵权的要件之一。在季乃刚、林亚诉搜狐互联网信息服务有限公司名誉权纠纷案中，原告认为被告故意隐瞒"手机微情感"所有人的信息。被告确认其运营微博中用蓝色加"V"标记意味着经过实名认证。两原告申请法院向被告调取"手机微情感"微博所有人的信息，法院予以准许。但被告在回函中并未能提供该微博所有人可以联系的真实信息。其理由是根据相关法律法规的规定，微博实名认证于2012年3月16日开始实施，该微博早于该制度注册。原告认为，《北京市微博客发展管理若干条例》于2011年12月16日公布实施，该条例规定网络运营服务提供商必须对微博进行实名认证，对于已经存在的微博用户，网络运营服务提供商应于3个月内规范，故被告在回函中称其无法提供"手机微情感"所有人的信息于理不合。被告表示"手机微情感"在其处注册时的认证只需要提供邮箱和手机号码。实名认证的相关法规生效后，通过"手机微情感"注册时所留的信息无法联系上该微博的所有人。被告已冻结了该微博，禁止该微博继续更新。该样本裁判中，法院认定两原告对此并未提交充分证据证明，如两原告认为被告存在未按照相关规定规范微博用户等情形，原告对此可通过向相关管理部门投诉等其他法律途径解决。②

将提供直接加害人信息作为认定网络服务提供者承担侵权责任的还包括在覃雨岭与河池日报社网络侵权责任纠纷。该案原告起诉网络服务提供者，而裁判法院认为网络用户利用信息网络侵害人身权益。而由于网络服务提供者是以

① 山东省东营市河口区人民法院，(2015)河民初字第44号"民事判决书".山东省东营市中级人民法院，(2015)东民一终字第283号"民事判决书".
② 广东省深圳市南山区人民法院，(2013)深南法蛇民初字第407号"民事判决书".

涉嫌侵权的信息是网络用户发布的作为抗辩事由。在法院根据责令网络服务提供者提供能够帮助确定涉及侵权行为的网络用户具体信息时，该网络服务提供者无正当理由拒绝提供。因此该法院依据《民事诉讼法》第114条采取处罚等措施。依据原告请求及法院责令，被告一直不能提供网络用户名"百年修得共枕眠"的姓名（名称）、联系方式、网络地址等信息，故其应对网络用户名"百年修得共枕眠"的侵权行为承担相应民事责任。①

公布直接加害人信息，不属于《民法总则》《侵权责任法》规定的民事责任承担形式中的任何一种。我们认为直接加害人侵害他人权益时，公布直接加害人信息应该是网络服务提供者的义务，这属于一种不真正义务。在不能履行该项义务时，网络服务提供者承担不利后果。

2. 停止侵害、恢复名誉、消除影响等责任承担

样本裁判中关于原告停止侵害、恢复名誉、消除影响等诉请，基本都得到支持，但也有例外。如在李罡鸿、王关陵与海南天涯社区网络科技股份有限公司人格权纠纷案中，法院认为被告的行为侵犯了原告的名誉权，造成原告精神上的痛苦，致其社会评价降低，依法应当赔偿原告精神损害抚慰金，根据被告的侵权行为程度及影响范围，酌情认定由被告赔偿原告精神损害抚慰金1500元。被告理应还向原告李罡鸿赔礼道歉，但考虑到该网贴的点击及回复量，亦无必要，同时被告已隐藏网贴，因法院已判决被告支付原告李罡鸿精神损害抚慰金，故对原告李罡鸿要求被告停止侵害、赔礼道歉、消除影响、恢复名誉的请求不予支持。②

责任承担问题上，样本裁判还涉及责任竞合的处理。如在姜宏与杭州十九楼网络传媒有限公司一般人格权纠纷案中，法院认为，帖子提及原告的姓名、使用了原告的照片，客观上既侵害原告的名誉权又侵害原告的姓名权和肖像权，在竞合的情况下，原告希望恢复其名誉，则就只能就名誉权受侵害而提起诉讼。③

---

① 广西壮族自治区河池市中级人民法院，（2015）河市民一终字第505号"民事判决书".
广西壮族自治区环江毛南族自治县人民法院，（2015）环民初字第1351号"民事判决书".
② 湖南省株洲市荷塘区人民法院，（2014）株荷法民一初字第1363号"民事判决书".
③ 浙江省杭州市西湖区人民法院，（2012）杭西民初字第401号"民事判决书".

第四章

网络服务提供者侵害财产权时规则实施分析[①]

第一节　网络服务提供者侵害财产权规则实施概况

接着上一章网络服务提供者侵害人身权益的案件进行分析之后，本章专门分析财产权受侵害时网络服务提供者责任承担的样本裁判之具体情况。

一、总体案件数量发展趋势

通过在中国裁判文书网上 2011 年到 2017 年案件的收集，网络服务提供者侵害财产权的样本裁判的数量及分布情况如下表[②]：

表 4－1

年份（年）	案件总数（件）	各种具体类型				
		商标权（件）	著作权（件）	专利权（件）	虚拟财产（件）[③]	其他财产权（件）
2017	1092	55	938	60	8	31

---

① 本章主要是分析收集到的样本裁判，但也包括了一些有典型意义的非样本分析。对非样本裁判分析都做了特别说明。

② 本章关于网络服务提供者侵害财产权的案件收集情况如下：依据受侵害的权利类型，侵害商标权的案件搜索统计日期为 2018 年 2 月 22 日。第一轮输入"网络服务提供者"，统计出除虚拟财产以外的财产案件纠纷的数据；第二轮输入"虚拟财产"与"侵权行为"，统计出虚拟财产侵权纠纷案件的数据。裁判文书的来源均为中国裁判文书网。在有一审和二审判决时间为不同年份时，以一审判决时间为准来统计。本章在表格中所统计的"其他财产"，是泛指除了表格中所列明的专利权、商标权、著作权和虚拟财产之外的财产受侵害的情形。

③ 其中曹静诉上海盛大网络发展有限公司网络侵权责任纠纷，其案号是（2013）九法民初字第 09906 号，但判决日期为 2014 年 10 月 10 日，统计中计入 2014 年案件。

续表

年份（年）	案件总数（件）	各种具体类型				
		商标权（件）	著作权（件）	专利权（件）	虚拟财产（件）	其他财产权（件）
2016	1156	66	1005	55	2	28
2015	446	62	337	20	13	14
2014	557	41	486	17	5	8
2013	156	29	124	3	0	0
2012	26	5	20	1	0	0
2011	36	6	29	1	0	0

从统计的样本裁判数据来看，案件数量没有明确统一的增减趋势。涉及网络服务提供者侵害财产权的案件的 7 年间，有 3 个相邻年份案件减少，其他的都是逐年增加。减少的年份包括 2011—2012 年间及 2014—2015 年度。其中从 2011 年到 2012 年间案件总数减少了 10 件，占比 27.8%，主要减少的类型为 9件著作权受侵害案件；2014 年到 2015 年间，案件总数减少 121 件，占比 19.9%，其中著作权受侵害案件减少了 149 件；2016 到 2017 年度减少 64 件，占比 5%。2012 年到 2014 年间案件呈快速几何级上升趋势。其中 2012 年到 2014 年，两年间增加了 531 件，2014 年总案件数为 2012 年总数的 25.42 倍。而总体来看，2017 年案件数是 2011 年案件总数的 30.33 倍。

如果剔除著作权受侵害案件，可以看到从 2011 年到 2017 年间，呈增长趋势。由于著作权受侵害的法律规则适用问题并不属于本课题的研究内容，因此，后面的数据不包括著作权受侵害时网络服务提供者承担侵权责任的案件。

二、案件类型特点

从裁判文书网上搜集的案例情况来看，我国 2010 年至 2013 年有关网络服务提供者的财产侵权案件全部集中在知识产权领域，其中以著作财产权最为集中。无虚拟财产与其他一般财产的侵权案件类型。2014 年开始出现虚拟财产与其他一般财产类型的案件，其中 2014 年为 5 件，2015 年为 13 件，2016 年为 2 件，2017 年为 8 件。样本裁判中，虚拟财产受侵害的案件相对知识产权领域仍显稀少。从数据发展可以看出，虚拟财产的保护是网络领域的一个新型问题，在理论争议尘器日上的同时，也反映到了法律实践领域。虽然横向角度比传统的网络侵害知识产权的案件要少很多，但从纵向角度则有增加，值得重视和进行细致研究，以期发现问题、总结经验，通过完善理论来解决实践问题。

在其他类型的财产案件中，涉及具体权利类型可分为三种：一类为第三人因产品质量等问题被诉侵权，网络服务提供者是否需承担连带责任的案件；第二类为网络服务者未经同意开通相关业务，是否直接侵害消费者财产权的案件；第三类为涉及管辖权的案件，也即《淘宝协议》中的协议管辖是否属于格式合同，是否是有效的案件。

下表是其他财产案件数量分析①。

表 4 - 2 单位：个

	2014 年	2015 年	2016 年	2017	总计
连带责任类型案件	5	12	1	31	49
直接侵权类型案件	1	1	0	0	2
管辖权争议类型案件	2	1	0	0	3
总计	8	14	1	31	54

第二节　网络服务提供者侵害商标权时规则具体实施分析

本课题无意研究传统的网络侵害著作权的案件，而由于在知识产权受侵害的案件中，新近频发的涉及网络服务提供者侵权责任的类型主要为侵害商标权案件，即在网络销售服务平台出售假冒他人商标的侵权行为。该类侵权行为在网络服务提供者责任承担中又有一些区别于传统侵害著作权的特点，因此本节中加以专门分析。

一、网络服务提供者侵害他人商标权的样本裁判概况

收集到的样本中，涉及他人商标权受网络服务提供者侵害的案件一共有 127 件，其中判定不构成侵权的有 123 件，判定侵权的为 4 件；进入二审的有 4 件，

---

① 本表包括了 2018 年 2 月 22 日前在中国裁判文书网上所能收集到的相关案件。由于仅仅涉及 2018 年的部分数据，并不能窥其全貌。因此样本分析到 2017 年。

启动再审的有 1 件。网络服务提供者侵害商标权的情况如下表①。

从三个表格可以看出，样本裁判中网络服务提供者侵害商标权的案件总体特征主要有以下几个方面。

第一，从表 4-3 可以看出，样本裁判从 2012 年到 2017 年呈快速增长趋势。涉及网络服务提供者侵害商标权的案件在 2011 年和 2012 年维持在比较低的位置，分别为 6 件和 5 件。从 2012 年到 2015 年，增长速度则比较快，2017 年案件为 2011 年案件的 9.1 倍。

表 4-3　　　　　　　　　　　　　　　　单位：个

年度	案件数	承担责任案件数	进入二审（再审）数量
2011 年	6	0	1
2012 年	5	0	0
2013 年	30	1	4
2014 年	41	3	3
2015 年	62	4	8
2016 年	66	1	16
2017 年	55	2	3
总数	265	11	35

第二，从表 4-4 可以看出，案件的被告非常集中。案件被告主要集中为浙江淘宝网络有限公司、杭州阿里巴巴广告有限公司，两者占比之和达到 80%以上。

表 4-4

被告	案件数/（占比）	最终承担责任案件数量
浙江淘宝网络有限公司	132/（50%）	0
杭州阿里巴巴广告有限公司	69/（26.1%）	0
浙江天猫网络有限公司	20/（7.6%）	0
北京百度网讯科技有限公司	4/（1.5%）	0

---

① 在案件计数时，同一案件的一审和二审，仅仅记为一个案件。一审和二审跨年度时，以一审年度为准。

被告	案件数/（占比）	最终承担责任案件数量
亚马孙卓越有限公司	2/（0.8%）	0
苹果公司	1/（0.4%）	0
其他	36/（13.6%）	11

第三，从表4-5可见，网络服务提供者侵权责任成立案件比例低。在这些案件中，责任成立的比例仅有11件，占比为4.1%。其中11件责任成立的案件被告没有1件是浙江淘宝网络有限公司、杭州阿里巴巴广告有限公司，也就是在这些案件中这一占比总数近84%以上的网络服务提供者败诉率为0。

表4-5

受理法院所在省份	案件数（件）	备注	承担责任案件数
浙江	191	其中杭州滨江区法院、余杭区法院和杭州中院共187件	1件（杭州滨江区法院）
广东	26		5件
北京	5		1件（海淀区法院）
上海	8		1
四川	9		0
其他省份	26		3

第四，从上表可见，案件受理法院集中程度非常高。从裁判法院的地域统计来看，有着非常鲜明的特色。其中有72%的案件是由浙江省内的法院做出裁判，尤其集中在杭州滨江区法院、余杭区法院和杭州中院，一共有样本裁判187件。

二、网络服务提供者侵害商标权样本裁判之案情特征

样本裁判中的该类案件，绝大多数案情大体一致。案情主要表现为：网络用户（产品销售者）通过网络服务提供者提供的平台（如淘宝网、阿里巴巴网）销售商品。商标权人认为该销售的商品侵害了合法商标专用权，诉请网络服务提供者承担侵权责任。案情中差异主要表现为，一类案件中商标权人起诉了产品卖方的同时起诉网络服务提供者，另一些案件商标权人则没有起诉产品销售者，仅仅起诉网络服务提供者。以下对这类样本裁判进行具体分析。

（一）网络服务提供者作为共同被告

网络服务提供者侵害商标权的样本裁判中，原告将直接加害人和网络服务提供者作为共同被告的很少。这类案件中，在直接加害人被判侵权时，法院往往以原告没有证明网络服务提供者侵权行为，驳回原告对网络服务提供者的诉讼请求。

典型的案例如法国卡斯特兄弟股份有限公司（以下简称卡斯特公司）与杭州阿里巴巴广告有限公司（以下简称阿里巴巴）侵害商标权纠纷案。卡斯特公司在起诉前未通知阿里巴巴网站上发布的信息涉嫌侵权。在接到起诉状后，阿里巴巴已通知在其销售平台销售该类产品的主舵者商贸公司删除上述信息。阿里巴巴是网络用户服务提供者，在其开办的网站上的具体招商信息内容由用户（销售者）提供发布。根据阿里巴巴与用户签订相关协议规定，销售者不能在该销售平台上发布违法信息。因此阿里巴巴已尽到合理的提醒注意义务。卡斯特公司对其主张的阿里巴巴销售涉案侵权产品的事实，应承担举证责任，现因其未有效举证，故对该诉请法院没有予以支持。①

（二）网络服务提供者作为单一被告情形

样本裁判中，原告只起诉网络服务提供者的代表性案件为深圳市莱特妮丝公司诉淘宝公司侵害其商标权纠纷。案中原告诉称自己为莱特妮丝注册商标合法使用权人，李冰冰等影星作为该公司品牌形象代言人。被告淘宝公司作为网络销售平台，为网络销售者提供销售莱特妮丝内衣产品的平台。其行为已经侵害了自己公司注册商标的专用权，因此诉请淘宝公司停止侵害其商标权的加害行为。淘宝公司工作人员接待了该公司代表后承诺在其提供权利证明文件后将及时处理。原告以邮件的方式提供了相关证明文件及涉嫌侵权的网络链接地址，淘宝公司以种种理由拒绝处理。原告向淘宝公司发出要求淘宝公司停止侵权行为的律师函后，淘宝公司回复原告，认为自身没有侵害其商标专用权的行为，因此没有采取通知中所要求采取的措施。原告则认为作为网络营运商，淘宝公司主观上是明知自己的行为可能构成侵权，仍然为一些隐秘的侵权人提供销售平台，其行为构成了共同侵权。请求法院判令淘宝公司：第一，停止在其平台设立销售莱特妮丝产品的所有网络商铺，关闭现有莱特妮丝字样的所有文字标识及产品标识；第二，赔偿莱特妮丝公司损失30万元；第三，关闭其平台上的一切关于莱特妮丝的李冰冰形象的商铺。

---

① 浙江省杭州市滨江区人民法院，（2011）杭滨知初字第22号"民事判决书"。

　　法院查明原告确向淘宝公司寄送律师函，莱特妮丝公司与淘宝公司通过电子邮件的方式多次沟通淘宝网上可能存在的侵权事宜。莱特妮丝公司向淘宝公司投诉会员名为"中国专门店"的卖家侵犯其商标专用权并要求披露卖家信息，并当场填写了知识产权侵权投诉通知函。当日，淘宝公司向该公司披露会员名为"中国专门店"的真实姓名为宋美珠，该公司也确认淘宝公司已删除其指明的侵权链接。法院认为莱特妮丝公司生产销售的产品并不是禁售、限售商品，根据"商标权权利用尽原则"，莱特妮丝公司并无权禁止他人在网络上销售其生产的产品，即使其与经销商有禁止网络销售的约定。该约定也仅约束其与经销商，对其他销售主体没有约束力，故莱特妮丝公司以其销售政策不允许网络销售为由当然认定淘宝网上销售的莱特妮丝产品均是侵权产品，缺乏事实与法律依据。原告关于淘宝公司为销售莱特妮丝产品提供销售平台的行为构成帮助侵权的指控不能成立。主张淘宝公司关闭销售相关产品的网络店铺，以及所有该品牌字样的文字标识和产品标识的诉请，法院没有支持。莱特妮丝公司主张李冰冰的形象系其"莱特妮丝"商标权的延伸，故淘宝网上使用李冰冰形象的行为亦构成商标侵权问题。法院认为法律规定注册商标的专用权以核准注册的商标和核定使用的商品为限，并未将产品代言人的形象纳入商标权的保护范畴，同时法律并未规定使用产品代言人形象属于商标侵权行为。因此，莱特妮丝的上述主张缺乏法律依据，故不支持莱特妮丝公司要求关闭淘宝网上一切关于莱特妮丝李冰冰形象的诉请。判决引用了《商标法》第51条和《侵权责任法》第36条等实体法规定。①

　　（三）伴生涉及直接加害人的不正当竞争纠纷的样本裁判

　　在网络服务提供者侵害他人商标权的样本裁判中，往往还伴生有涉及不正当竞争争议情况。如广东罗浮宫国际家具博览中心有限公司与邱普根、香河北方家具城有限公司，河北安旭网络科技有限公司，北京时代广联科技发展有限公司侵害商标权及不正当竞争纠纷。典型又如如力福汀钢绳（上海）有限公司与上海西芝信息技术有限公司，陈刚侵害商标权、侵害经营秘密纠纷。该案原告认为网络服务提供者侵害经营秘密的不正当竞争纠纷和侵害注册商标专用权纠纷。一审法院认定，陈刚的商标使用行为属于侵害原告经营秘密的不正当竞争行为的重要组成部分，系侵害原告经营秘密的一种手段，应当将该行为纳入侵害经营秘密行为的范围之内一并加以处理。陈刚的行为严重违背职业道德，违反了相关劳动合同、忠诚协议的约定，也违反了反不正当竞争法等法律规定，主观过错十分严重，已经构成侵害原告的经营秘密。

（四）法律是否规定了网络服务提供者审查义务

如上一章关于侵害人身权的样本裁判一样，这类案件中也存在是否有事前和事后审查义务的讨论，如衣念公司诉徐敏和淘宝公司侵害其商标专用权纠纷。该案法院认定在淘宝网的店铺经营者销售侵犯注册商标专用权的商品，应当承担侵权责任，但淘宝作为网络服务提供者无须承担责任。法院认定淘宝公司不承担侵权责任的理由有五个。第一，淘宝公司不是买卖合同当事人，且只为交易提供免费平台。淘宝网仅为用户物色交易对象，为用户提供获取各类商品信息和贸易信息的服务地点。淘宝网并非以买家或者卖家的身份参与到网络购物中的买卖合同，不是买卖合同的当事人。而实践中，用户对淘宝的模式非常熟悉，都应该知道淘宝网并不是淘宝卖家，也不会将该网络上具体卖家的销售商品或者提供服务的行为看作是淘宝公司自己的行为。原告衣念公司对这种情况是承认的，其认定是淘宝卖家实施了直接侵害其商标专用权的行为。第二，淘宝公司履行了依据协议和法律规范要求的义务。该案中，淘宝网取得了网络销售者的真实信息，按照相关规则对网络销售者销售行为进行规范。依据规则，用户在淘宝网上进行实名认证后才能进行交易。在该网络销售平台出售的销售者需要填写其真实信息，如姓名、名称、证件号码、联系电话以及其交易的联系地址。而《淘宝服务协议》和《商品发布管理规则》中，有关于限制销售、禁止销售商品的规定。依据规定，禁止买卖国家禁止销售、限制销售物品，不能交易对他人知识产权或者其他合法权益造成侵害的物品。第三，在收到衣念公司的投诉后淘宝公司及时删除相关链接，对销售者进行扣分处罚并给予回复，履行了事后审查注意义务。第四，衣念公司通知未提供充分证据证明侵权链接所指向的商品侵犯其注册商标专用权。在徐敏销售相关商品未被认定为侵权之前，徐敏在店铺中使用涉案商标的行为并不必然构成侵权，淘宝公司对徐敏的店铺中存在的侵权行为并不明知或应知，没有过错。第五，淘宝公司无法提供衣念公司徐敏户籍资料的行为无过错，不构成侵权。淘宝公司第一次接到衣念公司的侵权通知函后，在回复中即提供了徐敏注册身份信息，至于未向其提供徐敏的身份证或户籍资料，因其限于当时的技术手段，徐敏注册时并未要求其上传身份证或户籍资料。基于以上事实，对承担侵权责任、关闭店铺的主张，法院未予支持。因为其认为淘宝公司已尽合理义务，衣念公司关于淘宝公司提供销售平台和帮助徐敏销售侵权商品，没有及时关闭该店铺的行为构成侵权之主张不能成立。①

三、经过二审和再审样本裁判案件涉及争点分析

如前所述，在网络服务提供者侵害商标权的案件中，二审和再审案件共 28 件，占 2011 年到 2017 年侵害商标权案件 264 件案件总和的 10.6%。这类案件中，其对理论和裁判有重要启示的是其涉及的争议内容，因此对这些案件的争点进行分析。

（一）未能确定网络服务提供者构成侵权时是否应删除信息

有案件关于网络服务提供者是否承担责任的前提是在没有确定网络服务提供者构成侵权的情况下，是否可以判决网络服务提供者承担删除等责任。该案为美心食品有限公司与淘宝网络有限公司、新美心食品工业有限公司和舟山新美心食品有限公司侵害商标权及不正当竞争纠纷。二审法院对网络服务提供者责任承担进行改判。

该案基本案情为，美心公司认为浙江新美心公司、舟山新美心公司在相同或类似的商品上突出使用与美心公司注册商标近似的企业字号，易使相关公众产生误认，侵害美心公司的注册商标权。淘宝公司作为网络服务提供者，未尽到合理审查义务，侵害了美心公司的注册商标权。其请求包括判决淘宝作为网络服务提供者与其他被告共同赔偿经济损失（包括赔偿美心公司制止、调查侵权行为所支付的合理费用）共 500 万元人民币。法院查明淘宝网为淘宝网络有限公司开办的网站，属于专业 BBS 消费购物类业务经营者。《淘宝网服务协议》中，明确约定了用户注册条件、双方当事人（用户和淘宝公司）的权利和义务，约定了在用户有哪些行为时淘宝公司可以采取中断、终止服务。此外，其内容还包括了相关保护隐私权的规定以及产生纠纷后如何选择管辖等问题。淘宝发布的《禁止和限制发布商品信息规则》声明，用户如发布禁止和限制发布商品信息与淘宝网无关，应自行承担相关责任。淘宝网发现网络用户或者销售者存在违反这些规则的行为时，可以采取删除、警告和冻结账号、终止账户服务的措施。

该案件争议焦点之一为淘宝网公司是否尽到合理审查义务及是否应当承担共同侵权责任。一审法院认为淘宝网公司在案中仅为提供网络交易平台服务的网络经营者，不是通过网络销售被诉侵权商品的商品经营者。淘宝公司既不

---

① 杭州市余杭区人民法院，（2011）杭余知初字第 317 号"民事判决书".

是产品的生产者，也不是侵权商品销售者，其不存在共同销售行为和生产行为。在美心公司没有确切证据情况下，淘宝网公司无法认定被诉侵权商品构成侵权，淘宝网公司不存在直接侵权或者帮助侵权的行为，故美心公司主张淘宝网公司未尽合理审查义务构成共同侵权没有法律依据。浙江新美心公司、舟山新美心公司被判定构成侵权后，淘宝网公司有义务删除淘宝网上与侵权内容相关的信息。一审判决淘宝网公司应于判决生效七日内删除其经营的淘宝网站上相关侵权信息。法院以不构成共同和帮助侵权来做出判决，原告诉讼请求中并未引用《侵权责任法》第 36 条，法院也没有适用该条款。①

　　淘宝网公司上诉，认为原判在没有认定淘宝网卖家销售新美心卡、券的行为构成侵权的前提下，就认定淘宝网应该删除相关信息，属于认定事实不清。原审法院判决淘宝网络有限公司删除淘宝网站上与被上诉人侵权内容相关的包含"新美心"字样的信息中没有具体明确应该删除的范围，属于认定事实不清。其请求撤销原判中相关内容。二审法院认为，一审判决对淘宝网络有限公司的主体地位认定正确。其仅为当事人提供交易平台，不是销售者和生产者。原判认定符合本案的客观事实，但是第六项判决淘宝网公司承担一定的法律责任，缺乏法律依据，应予纠正。② 综合来看，该案原判认定不侵权，却判决删除相关信息的做法，是自相矛盾，二审法院改判是正确的。值得注意是，争点中总结了"网络服务提供者是否有事先审查义务"，没有明确分析其是否履行义务；肯定淘宝网作为网络服务提供者的身份，并无法否定其是帮助侵权。另外，既然是网络服务提供者，为何在判决中不适用《侵权责任法》36 条确定的权利义务，在判决中也没有交代。

　　（二）对网络服务提供者是否存在过错的判断

　　在力福汀钢绳有限公司与西芝信息技术有限公司、陈刚侵害商标权和经营秘密案中，争点和法院裁判着重说明的是关于网络服务提供者是否存在过错、其是否有过错的判断问题。该案西芝公司系网络服务提供者，提供网络发布平台。原告诉请西芝公司承担共同侵权责任。一审法院认为承担侵权责任的应该是直接加害人。被告西芝公司仅提供网络服务，不需要承担侵权责任。其判决理由为，根据我国《侵权责任法》网络服务提供者承担共同侵权责任的条件是，其主观构成应为"知道"，也就是说其知道网络用户有利用其提供的网络服务实

---

①　浙江省宁波市中级人民法院，（2011）浙甬知初字第 72 号"民事判决书".
②　浙江省高级人民法院，（2011）浙知终字第 230 号"民事判决书".

施侵害他人合法权益的行为，从客观上则看网络服务提供者没有采取必要措施。

该案一审法院认为考量因素应包括"是否履行了合理注意义务""是否知道侵权行为但仍为侵权行为人提供网络服务"。法院驳回原告诉请具体理由包括：首先是预见能力。通常情况下，西芝公司作为网络服务提供者，不能预见网络用户侵权行为，并且没有能力来避免该侵权行为的发生。因此被告不需要对陈刚的侵权行为承担共同侵权责任。由于西芝公司所经营的世界工厂网的特点，该网站有很大的经营规模，在网络平台的商品信息众多。如果要求西芝公司全面审查网站中所有信息的真实性和合法性，其应该履行的义务远远超过了其网络技术、认知能力，会不合理地大幅增加网站的管理成本。其次是网络服务提供者预防和避免义务的履行情况。法院认为世界工厂网已履行预防、避免侵权行为的合理注意义务，具体从该网设置"联系客服""联系我们""法律声明"等栏目，让网络用户等有救济渠道可以证明其已制定了一定的防范规则。再次，原告不能证明其在 2013 年 3 月 14 日之前向网络服务提供者发送过删除涉案信息通知，无法认定西芝公司在该日期之前已经知道直接加害人可能存在侵权行为。此外网络服务提供者在接到原告通知后及时删除了涉案信息，已较好履行了网络服务提供者的合理注意义务。因此，一审法院认定西芝公司为陈刚提供网络服务，未直接实施侵害原告经营秘密的行为，不构成直接侵权；对于陈刚实施的侵权行为，西芝公司没有过错，不构成共同侵权。二审法院维持原判，认为一审判决对事实认定清楚，适用法律法规正确，所采用的审判程序符合法律规定。该案判决援引的法律为《侵权责任法》第 15 条第 1 款第 1 项和第 6 项，第 36 条。[①] 该样本裁判法院以预见能力和避免能力，合理注意义务来判断过错。通知和"已经知道"联系在一起，实质是否没有明晰"通知条款"和"知道条款"的区别。

冠华金属制品有限公司与年丰商行、阿里巴巴广告有限公司商标权属、侵权纠纷案也涉及网络服务提供者过错的判断问题。该一审法院根据《侵权责任法》36 条，认为阿里巴巴不构成"知道"，只有在其接到通知没有采取相应措施才承担责任。因阿里巴巴公司作为网络服务提供者，其网站并不参与具体的交易，只为交易当事人提供一个商品信息的发布平台，而年丰商行是网络用户，一审法院已判定年丰商行在本案中没有侵犯冠华公司的商标权，因此冠华公司

[①]　上海市浦东新区人民法院，（2013）浦民三（知）初字第 629 号"民事判决书". 上海市第一中级人民法院，（2014）沪一中民五（知）终字第 18 号"民事判决书".

关于阿里巴巴公司侵害其商标权的主张缺乏法律依据，一审法院不予采纳。法院援引《侵权责任法》第36条驳回冠华公司的诉讼请求。二审法院认为一审法院认定事实清楚，证据充分，适用法律正确，维持原判。①

（三）对网络服务提供者还是广告发布者的判断

案件争点中，涉及对网络服务提供者还是广告发布者的判断问题。具体分歧就是注意义务来源为《侵权责任法》还是《广告法》。该争点实质上也是网络服务提供者是根据《侵权责任法》第36条履行注意义务还是该根据其他的法律规范。

1. 是否存在在网站发布广告的行为

在罗浮宫国际家具博览中心有限公司与安旭网络科技有限公司、时代广联科技发展有限公司等侵害商标权及不正当竞争纠纷中，争议焦点包括被告是网络服务提供者还是广告发布者。如果单纯是网络服务提供者，其义务来源是《侵权责任法》第36条；如果是广告发布者，则应该根据《广告法》来履行相关义务。该案是经历程序最为复杂的一个案件，历经一审、二审和再审。案件首先由廊坊市中级人民法院于2014年9月做出（2013）廊民三初字第88号民事判决。罗浮宫公司、邱普根不服，提起上诉。二审法院做出（2014）冀民三终字第113号民事判决。邱普根不服，向最高人民法院申请再审。最高人民法院做出（2015）民申字第723号民事裁定，指令河北省高级人民法院再审。

一审法院判决被告邱普根的行为侵犯了原告的注册商标专用权，北方家具城不应承担相应的侵权责任。根据《侵权责任法》第36条第3款规定，需证明北方家具城作为网络服务提供者，知道其他网络用户利用其提供的网络服务，侵害了原告民事权益，而没有采取必要措施的时候，北方家具城才与该网络用户承担连带责任。法院认定原告不能证实被告时代广联公司及安旭公司知道被告邱普根利用其网络侵害原告商标专用权，且原告在庭审中明确认可被告时代广联公司及安旭公司已经将相关的侵权信息删除，故被告时代广联公司及安旭公司不应承担侵权责任。二审法院维持一审判决。②

最高人民法院认为该案一审和二审判决认定事实不清，适用法律错误，裁定再审。理由是安旭公司受邱普根委托发布广告，并与其签订了《网站广告合

---

① 杭州市滨江区人民法院，（2013）杭滨知初字第758号"民事判决书". 浙江杭州市中级人民法院，（2014）浙杭知终字第52号"民事判决书".

② 河北省廊坊市中级人民法院，（2013）廊民三初字第88号"民事判决书". 河北省高级人民法院，（2014）冀民三终字第113号"民事判决书".

同》。安旭公司不属于《侵权责任法》第 36 条规定的网络服务提供者，而是网络广告的发布者。一审法院认定安旭公司、时代广联公司不承担侵权责任，二审法院予以维持，系认定事实不清、适用法律错误，应予纠正。邱普根的该项申请再审理由成立，法院予以支持。①

该案再审法院与最高人民法院在再审民事裁定书中关于两公司是否网络服务提供者看法不一。再审法院认为，安旭公司和时代广联公司作为香河家具城官网的实际经营管理人和网站备案登记的主办单位，与香河家具城罗浮宫经典家具销售处签订了网站广告合同而发布了网络广告。虽然安旭公司和时代广联公司未依据法律、行政法规查验有关证明文件，核实广告内容，但罗浮宫公司不能提交相关证据证实安旭公司和时代广联公司知道网络用户利用该网络侵害其民事权益，而且罗浮宫公司认可安旭公司和时代广联公司已采取必要措施，将相关的侵权信息删除。安旭公司和时代广联公司不符合应承担侵权责任的法定情形，原判安旭公司、时代广联公司不承担侵权责任并无不当。②

该案再审法院关于安旭公司是网络服务提供者还是网络广告发布者的问题认定错误，支持最高院再审裁定书的认定。安旭公司、时代广联公司，作为香河家具城官网的实际经营管理人和网站备案登记的主办单位，提供发布网络广告的服务。依据《侵权责任法》第 36 条，该案不应该适用第 2 款和第 3 款，而应该适用第 1 款。从事广告经营的发布者，应该依据《广告法》有关规定产生相关审查义务，而不是根据"通知——删除"或者是按照"知道条款"确定义务。安旭公司、时代广联公司是广告的发布者，其发布的广告侵害他人权益的行为，应该承担的是自己责任。再审法院在说明中以"知道"来确定网络广告服务提供者侵权责任的法律适用是错误的，因为自己责任应该是一般过错责任。

2. 样本裁判涉及网络竞价排名服务是否为广告行为

重庆金夫人实业有限公司与北京百度网讯科技有限公司、南京米兰尊荣婚纱摄影有限公司侵害商标权纠纷中涉及网服务提供者提供网络竞价排名服务行为性质争议。一审法院认为百度公司的用户金夫人公司享有驰名商标权利，米兰公司使用"金夫人"关键词参与网络竞价排名推广的行为构成侵权；百度公司的竞价排名服务事实上属于一种广告发布行为，搜索引擎服务商实质上就是

① 中华人民共和国最高人民法院，（2015）民申字第 723 号"民事裁定书".
② 河北省高级人民法院，（2016）冀民再 9 号"民事判决书".

广告发布者，百度公司在展示竞价排名结果时没有尽到谨慎注意义务。① 二审法院则认为百度公司提供百度竞价排名推广服务以及向推广用户提供关键词推荐工具的行为系向用户提供一种网络技术服务，本身不涉及对其推荐的或推广用户设置的关键词进行商标性的使用。②

解决竞价排名问题，学者从知识产权法和反不正当竞争法方面主张扩充我国《商标法》第 59 条的商标正当使用制度，并借助《反不正当竞争法》第 9 条的虚假宣传规定，来规制关键词广告使用他人标识的行为③。这里则主要从《侵权责任法》和《广告法》角度来看。关于主体的认定，应该根据《中华人民共和国广告法》来确定。如果符合广告法中对于广告经营者的规定，则应该履行相关的义务。如否，则是一般的网络服务提供者。根据该法第 2 条规定，广告经营者是指受委托提供广告设计、制作、代理服务的法人、其他经济组织或者个人。广告主、广告经营者、广告发布者从事广告活动，应当遵守法律、行政法规，遵循公平、诚实的原则。对于竞价排名是否为广告，则看其是否符合广告的规定。根据《中华人民共和国广告法》，广告是指商品经营者或者服务提供者承担费用，通过一定媒介和形式直接或者间接地介绍自己所推销的商品或者所提供服务的商业广告。搜索引擎竞价排名，首先竞价就是收取了一定的费用。竞价排名模式下，搜索结果排名顺序取决于企业为购买关键词支付的费用。学者主张对关键词排名侵权上，给搜索引擎服务提供者科以较重的主动审查义务④。比较法上，美国联邦贸易委员会将搜索付费排序行为确定为广告发布行为⑤。学者也认为从实际效果上看，竞价排名具有将产品或服务广而告之的客观作用，因此，不应否认其商业广告之属性⑥。网络搜索竞价行为虽然不是直接推销商品或者服务，但是通过改变搜索的自然结果而间接地推销了商品和服务。《互联网信息搜索服务管理规定》中明确了提供付费搜索信息服务的网络服务提供者，应该依照法律规定来查验客户是否具备相关资质，应该明确相

---

① 南京市玄武区人民法院，(2016) 苏 0102 民初 120 号"民事判决书".
② 南京市中级人民法院，(2016) 苏 01 民终 8584 号"民事判决书".
③ 张韬略，张倩瑶. 后台型竞价排名的商标侵权及不正当竞争认定 [J]. 同济大学学报 (社会科学版)，2017 (6)：114-124.
④ 胡洪. 法律视角下的竞价排名业务 [J]. 网络法律评论，2010 (2)：119-126.
⑤ US Federal Trade Commission Letter to search engines and PPC Suppliers 转引自胡洪. 法律视角下的竞价排名业务 [J]. 网络法律评论，2010 (2)：119-126.
⑥ 张建文，廖磊. 竞价排名服务商审查义务研究 [J]. 甘肃政法学院学报，2016 (5)：83-91.

关付费搜索信息页面所占的比例。哪些是自然搜索结果、哪些是付费搜索信息，应当以醒目的方式在服务网页中加以区分，并且将显著标识逐条加注在付费搜索信息结果上。此外，竞价排名行为容易欺骗和误导消费者，使购买商品或者接受服务的消费者的合法权益受到损害。总的来看，我们主张搜索引擎网络服务提供者收取费用，并且改变了自然搜索结果，其实质上就是广告行为，应该受到相关法律的规范。

四、承担责任与不承担责任案件特点及原因分析

（一）特点

1. 担责主体特点

样本裁判中，法院判决不承担责任的主体绝大多数是国内知名的网络销售平台，如淘宝、阿里巴巴等。网络用户熟悉这些平台的交易模式，知道其为网络销售平台的提供者。而判决承担责任的主体恰恰相反，都是在全国范围内影响相对较小的主体，名不见经传。对于该类主体，普通的消费者并不知道其经营模式。因此，这类案件中被告虽然以自己是网络服务提供者，而不是直接销售者来抗辩，但法院认为其没能证明自己不是网络服务提供者，而不予支持。

判决网络服务提供者承担侵权责任案件，大都将网络服务提供者承担销售者责任。在哥伦比亚运动服装公司与禾啺电子商务有限公司侵害商标权纠纷中，法院判决被告承担侵权责任，其理由就是将网络服务提供者作为销售者承担责任。具体有几方面。第一，被告不能证明存在其他销售者。案件中被告提供一份与其他销售主体灵移联公司《合合买信息服务合作协议》的复印件，但真实性无法核实，且该合作协议中不包括原告主张权利的品牌。第二，被告在其经营的"合合买"网的醒目位置标注"100% 正品""100% 品牌授权"的字样，其对该网站销售的商品，包括入驻商家所销售的商品进行的知识产权审查和注意义务应不低于其进行推销时所做出的上述承诺。第三，"合合买"网并未就涉案商品的销售者信息给予消费者较为明显的提示，货款也直接支付给被告账号，对于消费者而言，被告即是侵权商品的销售者。①

完美（中国）有限公司与团友网络科技有限公司侵害商标权纠纷争议焦点之一为网络服务提供者行为主体地位问题，即被控侵权产品是否为被告销售问题。裁判中认定团友网络科技是销售者。判决依据为涉案《公证书》，法院认为

---

① 杭州市滨江区人民法院，（2014）杭滨知初字第 749 号"民事判决书".

该书证上载明的事实可证明被控侵权产品确从被告经营的网站购买。关于法律适用问题，法院认为《侵权责任法》第36条第2款调整的对象是"网络服务提供者"，该案中上诉人是被控侵权产品的销售者，并非仅仅是网络服务提供者，故其不能免除相应的侵权责任。①

网龙计算机网络信息技术有限公司与奇客创想信息技术有限公司侵害商标权纠纷中，也是被告不能证明有第三加害人。该案中原告认为其依法享有魔域第9、41、42类商标专用权。被告未经原告许可，在其网站上发布了18款以"魔域"命名的网页游戏，借助魔域的极高知名度，擅自使用原告享有独占性权利的商标，对用户产生严重误导，使广大网友误认为被告网站上的魔域网页游戏是原告提供，应该承担停止侵害和赔偿损失的法律责任。被告奇客创想公司辩称涉案游戏系网友上传、该公司仅提供存储空间服务。法院没有支持该抗辩，其理由有：首先，法院参照适用《信息网络传播权保护条例》的相关规定确定被告的身份为存储空间服务提供者，并依据该规则认定其责任。据该条例，网络服务提供者如欲免除赔偿责任，必须同时采取以下措施，包括明确标示是由其服务对象所提供该信息存储空间、需要公开网络服务提供者相关具体信息，包括其网络地址、名称和联系人。"7K7K小游戏"网站并未明确标示其系信息存储空间，公众在其网站上看不到信息存储空间的外观标识，无从知晓奇客创想公司的网络服务提供者性质，难以根据《信息网络传播权保护条例》行使通知权利。因此，奇客创想公司未按照《信息网络传播权保护条例》的规定公开标示身份，不能免除赔偿责任。其次，公证书可以证明，在选取点击18款游戏中的部分图标，打开的页面有游戏介绍、"开始游戏"标识，没有上传者身份、上传时间等上传痕迹。在庭审中被告奇客创想公司也承认从网站外观上看不出涉案游戏为他人上传。从举证责任分配角度，被告应提交游戏为他人上传的证据，未能以充足证据加以证明的，法院不采信。因此，法院判决奇客创想公司在其经营的网站上提供18款带有"魔域"字样的游戏服务，侵害了原告网龙公司的商标专用权，应当依据法律承担停止侵权、赔偿损失等侵权法律责任。②

七匹狼实业股份有限公司与网供电子商务有限公司侵害商标权案中，法院认定，根据原告公证购买的过程显示，被控侵权商品系以被告所经营的网站名

① 广州市白云区人民法院，(2013) 穗云法知民初字第585号"民事判决书". 广东省广州市中级人民法院，(2014) 穗中法知终字第321号"民事判决书".
② 北京市海淀区人民法院，(2014) 海民初字第9371号"民事判决书".

义对外销售，购买过程中未显示有其他销售主体的存在，货款亦是由被告所收取，因此被告系被控侵权商品的销售者。被告辩称其仅系网络服务提供者，无证据证实，不予采信。被告在其网站页面中使用"七匹狼"等字样介绍、宣传其所销售的商品，属于实施销售行为的一部分。因此判决作为销售者承担相应的侵权责任。①

2. 付款方式特点

总体来看，样本裁判中法院判决不承担责任的案件与承担责任案件，其购买者付款方式上有明显差异。法院判决不承担责任的案件中，交易采用的支付付款方式大都是为支付宝方式等第三方支付平台。支付宝交易方式为一系列服务的组合，该系列服务包括了支付宝作为支付中介、货款即时到账服务以及货到支付货款的服务。通过该平台支付，需要买卖双方使用支付宝（中国）网络技术有限公司提供的特定"支付宝"软件交易系统，该交易包括一些固定的附随服务，如支付宝作为交易货款代收代付中介等。这些交易中，直接收款人不是网络服务提供者，而是利用网络交易平台的货物销售者。交易过程中，交易双方都明确支付到"支付宝"，在消费者确认收货后，或者到一定的期限没有表示，再由支付宝支付给卖家。样本裁判中，法院判决网络服务提供者需承担责任的案件中，付款的方式往往是直接付款到网站的账号。法院认定这种支付方式让消费者认为网络销售平台（被告）是直接销售者。完美（中国）有限公司与团友网络科技有限公司侵害商标权纠纷中担责原因之一也为付款方式。该案涉及的货款为直接支付到被告账号。被告主张其仅是网络空间服务商，且涉案《公证书》中显示被控侵权产品的出卖方应是"玉颜坊""赵亮亮"。法院认为被告作为网站开办者，未提交任何证据证明其所主张的涉案产品真正的销售者"玉颜坊""赵亮亮"的合法存在。消费者显著标注了"团友网"的网站上购买产品并将款项支付到上诉人的账号情形，对于普通消费者而言，该买卖关系中对外的出卖方是上诉人。

（二）原因分析

对于网络服务提供者承担责任和不承担责任案件来看，裁判不同的原因是主体地位不同，其依据的法律不一样，从而使其义务的确定、适用的法律规范不同。

法院判决被告不承担责任的案件中，其适用的法律条文为《侵权责任法》

---

① 广东省深圳市福田区人民法院，（2015）深福法知民初字第35号"民事判决书".

第 36 条。根据该条规定，法院确定被告为网络交易平台的提供者，直接侵权人利用该销售平台出售侵害他人商标权的商品。但该交易平台提供者与利用该平台销售商品（或提供服务）的直接加害人事先有协议或规则，其中包含了销售者不得利用该销售平台销售侵害他人权益的商品要求的条款。网络服务提供者在接到被侵权人的投诉后，能够及时删除相关链接。案件中受害人不能提供证据证明网络服务提供者知道销售者的侵权行为。据此法院判决该类案件中的网络服务提供者不承担侵权责任。这是绝大多数不承担责任的样本裁判具体情形，裁判的写法基本一致，如根据"通知条款"规定，某某公司确认淘宝公司经第三方举报后已对涉案商品给予下架处理，因此，淘宝公司不存在明知或应知侵权行为存在而未及时采取措施的情形，不构成帮助侵权。① 或者是没有证据能证明符合"知道条款的规定"，如某某公司并未举证证明淘宝公司存在明知或应知侵权行为存在而未及时采取措施的情形，盈思公司亦确认涉案店铺已经关闭，盈思公司要求淘宝公司共同承担责任的主张，缺乏事实和法律依据。②

　　样本裁判中法院判决承担责任案件，则是因为法院对被告主体类型的认定原因。其认为案件被告并非网络服务提供者，而是侵权产品的直接销售者，所以不能适用"通知条款"和"知道条款"。承担责任案件不同之处：第一，有些案件中，在销售的网络上标明"100% 正品""100% 品牌授权"的字样。如哥伦比亚运动服装公司与杭州禾唛电子商务有限公司侵害商标权纠纷。第二，有案件参照《信息网络传播权条例》确定当事人的义务，从"网站外观"判断其是否信息存储服务提供者。如福建网龙计算机网络信息技术有限公司与北京奇客创想信息技术有限公司侵害商标权纠纷。然而该案在法律适用上存在问题。《信息网络传播权保护条例》是对著作权进行保护，根据《著作权法》制定的行政法规，其不能当然、直接适用于侵害商标权的保护。该案件完全可以直接引用《侵权责任法》第 36 条规定，也就是说在没有证据证明有其他加害人的侵权行为存在时，应该由网络服务提供者自己承担相应的侵权责任。

---

① 杭州市余杭区人民法院，（2015）杭余知初字第 1112 号"民事判决书".
② 杭州市余杭区人民法院，（2015）杭余知初字第 1151 号"民事判决书".

第三节　虚拟财产受侵害时网络服务提供者侵权责任规则实施分析

一、网络服务提供者侵害虚拟财产时规则实施概况

为研究在虚拟财产受侵害时，网络服务提供者侵权责任规则的实施情况，我们在中国裁判文书网输入"虚拟财产"与"侵权行为"，统计出虚拟财产侵权纠纷案件的数据。名为虚拟财产受侵害的案件在近几年才有出现，在中国法院裁判文书网上没有找到 2011 年到 2013 年间的这类案件。有 5 份 2014 年判决涉及虚拟财产受侵害时网络服务提供者责任争议问题，2015 年则有 13 件这类案件，具体内容见下表。

表4－6　网络服务提供者侵害虚拟财产样本裁判汇总表①　（单位：件）

	2014	2015	2016	2017	总计
管辖权争议	4	11	1	6	22
实体权益侵害	1	2	1	0	4
总计	5	13	2	6	26

从统计的样本裁判之案件类型分析，在涉及网络服务提供者侵害虚拟财产侵权诉讼中，主要涉及两类案件：其一，为管辖权争议；其二，为游戏公司冻结虚拟财产是否构成侵权的争议。其中以管辖权争议案件为多。

考察统计的样本裁判中上诉及其改判和维持情况发现，上诉案件为 25 件，占比为 96.1%，这在所有类型的案件中上诉率最高。

二、网络服务提供者侵害虚拟财产案件管辖权异议分析

样本裁判中涉及网络服务提供者侵害虚拟财产案件，占绝大多数的为管辖权异议纠纷。2014 年到 2017 年共 22 件，占该类案件 28 件中的 84.6%。其中较多为系列关联案件。如一方当事人为广州网易计算机系统有限公司的案件 14件，包括了厦门市思明区人民法院一审和厦门市中级人民法院二审的系列类似

---

① 搜索统计日期为 2018 年 2 月 22 日。

案件 11 件。

　　厦门市思明区人民法院一审和厦门市中级人民法院二审的系列类似案件的案情和裁决基本一致，因此就以代表性的原告何碧恋与被告广州网易计算机系统有限公司财产损害赔偿纠纷一案来分析。该案中被告在提交答辩状期间提出管辖权异议，认为原、被告之间针对该案所涉游戏的《服务条款》第 15 条的规定，网络游戏用户和网易公司双方都达成一致，在出现纠纷时，案件应该由广州市天河区人民法院管辖。现原告就被告对其游戏账户采取相关措施存在异议，明显属于双方在履行合同过程中出现的纠纷，应适用上述约定由广州市天河区人民法院管辖。

　　法院认为，虽原、被告之间存在网络服务合同关系，但该案原告诉请不属于约定的范围，而系以被告侵害其合法财产权益为由提起的诉讼，属侵权纠纷。由此不适用协议约定的管辖条款。依据法律规定，侵权行为地或被告住所地人民法院均可管辖。原告选择侵权结果发生地，也就是案件中当事人游戏时使用计算机终端所在地人民法院管辖，符合法律规定，被告的管辖权异议不成立，裁定驳回管辖权异议。① 二审法院维持原判理由是案件属网络虚拟财产侵权纠纷，依法应由侵权行为地或者被告住所地人民法院管辖。鉴于被上诉人是通过其计算机终端感知和确认其在涉案游戏中的虚拟财产被侵害，故被上诉人进行涉案游戏所使用的计算机终端所在地可以认定为侵权结果发生地，且被上诉人举证证明其进行涉案游戏所使用的计算机终端在其住所地厦门市思明区，属原审法院辖区范围，故原审法院对案件享有管辖权。案件不属于侵害信息网络传播权的民事纠纷，不适用最高人民法院《关于审理侵害信息网络传播权民事纠纷案件适用法律若干问题的规定》。②

　　类似的其他案件包括何建家与网易计算机系统有限公司财产损害赔偿纠纷、何碧恋与网易计算机系统有限公司财产损害赔偿纠纷案③、何建阳与网易计算机系统有限公司财产损害赔偿纠纷④等。这些案件从案情、受理法院和裁判结果都基本一致，属于系列关联案。

---

① 厦门市思明区人民法院，（2014）思民初字第 386 号"民事裁定书".
② 厦门市中级人民法院，（2014）厦民终字第 977 号"民事裁定书".
③ 厦门市思明区人民法院，（2014）思民初字第 354 号"民事裁定书". 厦门市中级人民法院，（2014）厦民终字第 978 号"民事裁定书".
④ 厦门市中级人民法院，（2014）厦民终字第 975 号"民事裁定书".（2015）厦民终字第 4574 号—4580 号"民事裁定书".

其他案件有要玩娱乐网络技术有限公司、聚力传媒技术有限公司与吴军、镇江微端网络科技有限公司财产损害赔偿纠纷案。该案二审法院认为上诉人通过其服务器查封了被上诉人吴军的游戏账号，从而使吴军丧失对网络虚拟财产的控制。被上诉人吴军对这些网络虚拟财产的感知和控制是通过其使用的电脑终端进行。网络游戏服务器和用户电脑通过网络连成整体，被上诉人吴军发现游戏账号被封号时，计算机终端所在地可以视为侵权结果发生地，故吴军选择向侵权结果发生地的吉州区人民法院起诉，符合《民事诉讼法》第35条，吉州区人民法院依法对该案享有管辖权。[①]

总的来看，样本裁判中涉及虚拟财产侵权的案件，法院在管辖权争议解决的判断上，均认定计算机终端所在地（也即被侵权人住所地）、游戏玩家住所地、被侵权人住所地等法院都有管辖权，然而论证过程有区别。一些法院认为此类案件为信息网络侵权纠纷，并依据最高人民法院的司法解释，即《关于适用<中华人民共和国民事诉讼法>的解释》第25条做出裁定。一些法院则支持对最高人民法院司法解释的适用，认为此类案件为网络虚拟财产之侵权纠纷，应适用《关于审理侵害信息网络传播权民事纠纷案件适用法律若干问题的规定》，还有些法院认为不能适用该规定，直接依《中华人民共和国民事诉讼法》第28条、《最高人民法院关于适用<中华人民共和国民事诉讼法>的解释》第24条规定裁定侵权行为地（计算机终端所在地）法院享有管辖权。

三、虚拟财产受侵害时网络服务提供者侵权责任样本裁判分析

样本裁判中，涉及网络服务提供者侵害虚拟财产管辖权的案件多，但是同期收集到的侵害实体权利的案件少。这种不成比例的状态，有可能是相关案件做出程序性裁定后，对相应的虚拟财产权利侵害的民事判决书没有上网。这也可能与理论和实践中，对于网络虚拟财产的性质争议有关系。较少的案件让我们可以在这里对涉及实体权利的案件争点加以总结，对裁判进行评析。

（一）案件涉及虚拟财产样态

1. 游戏装备

四个样本裁判中，有三个都与网络游戏有关。首先是曹静与盛大网络发展有限公司网络侵权纠纷。原告曹静为被告经营《热血传奇》在线网络游戏玩家。原告通过注册游戏账号在被告所有及经营管理的拍卖交易平台上通过竞拍，以

---

① 吉州区人民法院，（2014）吉民一初字第9号"民事裁定书".

游戏货币购买游戏装备并以游戏货币支付手续费。原告再次登录时发现购买的三件游戏装备消失，遂联系被告客服并立即报案。之后原告发现是被告以删除形式没收了自己账户内这些游戏装备，理由是装备为另一玩家被盗物品。原告认为购买装备平台是被告在其经营的网络游戏中嵌入平台，对该网络游戏的所有游戏者公开使用。装备系通过合法途径取得，并向被告支付交易的手续费，向游戏装备卖方支付了相应的价款。根据《物权法》第106条关于善意取得制度的规定，原告作为善意第三人，应该取得争议的三件游戏装备所有权。被告删除、没收上述物品并拒绝返还物品或等值价款行为侵害原告的合法财产权益。被告盛大公司举证是按照公安机关要求冻结和返还游戏装备，不承担侵权责任。法院认为原告虽属善意取得游戏装备，但被告根据公安机关行政命令对装备进行扣划，该行为有合法依据，不构成侵权行为。至于对被告在游戏中提供交易平台，并对交易收取手续费的情况下对交易的安全性及销售物品的合法性是否有监管义务的问题，属原、被告用户协议调整的范畴，原告可依据用户协议约定主张其权利。法院驳回原告请求被告承担侵权责任之诉请。①

第二个样本裁判为张萌诉金山数字娱乐科技有限公司、翟勇（第三人金华比奇公司）网络侵权责任纠纷案。金山公司系《新剑侠世界》游戏运营商。张萌以9999元从金华比奇公司（网络游戏服务网）处购买《新剑侠世界》游戏账号。付款后中国网络游戏服务网客服将绑定手机修改成张萌的手机，张萌修改绑定邮箱、二级密码和登录密码。次日该账号被金山公司冻结。张萌遂到法院起诉，请求判令金山公司立即停止侵权行为，解除账号的冻结措施，在网站赔礼道歉和承担其他损失。法院查明，系他人冒用网站客服名义盗取并在第三人经营的网络交易平台将账号卖给原告。原告支付款项给案外人成秉全。金山公司根据翟勇报案后公安机关通知冻结账号，侦查至裁判时尚未终结。法院认为不能判断张萌是否为合法取得此游戏账号，金山公司为避免损失扩大，将账号冻结有合法依据，因此不支持原告诉讼请求。② 二审法院维持一审判决的同时，进一步分析了网络游戏运营企业义务，认为其为"合理的注意义务"。根据文化部《网络游戏管理暂行办法》第20条，提供网络游戏虚拟货币交易的网络服务提供者负有要求注册用户在注册时使用有效身份证件义务。在绑定用于交易的银行账户时，需要求该账户名和该网络用户进行注册的姓名等信息一致。该案

---

① 重庆市九龙坡区人民法院，（2013）九法民初字第09906号"民事判决书".
② 庐阳区人民法院，（2014）庐民一初字第02874号"民事判决书".

诉争游戏账号注册的身份信息与翟勇的身份信息相一致，在当事人发现异常并提出异议后，金山公司为避免损失扩大冻结了该账号行为，符合文化部《网络游戏服务格式化协议必备条款》的有关规定，尽到了网络游戏运营企业的合理注意义务，并未违反法律规定。①

　　第三件样本裁判为徐培程诉网易计算机系统有限公司财产损害赔偿纠纷案。原告为网易公司《梦幻西游2》注册用户，在被告运营的藏宝阁交易平台通过其他账号和角色以寄售方式向其他玩家出售原告获得的游戏财产。网易公司隔离了原告10个账号，并在藏宝阁交易平台扣收原告交易款。双方的争议焦点为被告网易公司对原告上述账号的处罚行为是否具有正当性。法院认为原告与被告之间存在《网易通行证服务条款》《梦幻西游服务条款》和《玩家守则》等网络服务合同。这些合同虽为格式合同，但合法有效。原告存在违反合同的不正当牟利行为，被告依据合同约定对其采取措施符合法律规定。因此，被告网易公司对原告账号的处罚行为并未构成侵权，原告请求解除游戏角色隔离的诉讼请求缺乏依据。法院驳回了原告的诉求。②

　　2. 车辆购置税

　　有样本裁判将车辆购置税认定为虚拟财产。在宋爱茹与邹士国、王瑞、中国平安财产保险股份有限公司北京分公司、中华联合财产保险股份有限公司北京分公司交通事故责任纠纷案中，法院认为买卖二手车如果不提供车辆购置税票，那么车辆将无法上路行驶，只有重新缴纳购置税才可以过户和上路行驶，由此证明购置税是属于车辆价值的一部分，不过是属于虚拟财产，应属于车损的一部分③。虚拟财产通常是指狭义的数字化、非物化的财产形式。虚拟财产常常表现为网络游戏空间存在的财物，包括游戏账号的等级，游戏货币、游戏人物拥有的各种装备等，这些虚拟财产在一定条件下可以转换成现实中的财产。裁判中虚拟财产实质上应该是"网络虚拟财产"的简称。法学界对于其定义有不同的表达。有学者认为应将广义的网络虚拟财产界定为，在网络环境下，模拟现实事实，并以数字化形式存在的、既相对独立又具有排他性的信息资源；与之相对应的狭义的网络虚拟财产则是指因模拟现实环境中有形的物质财富而

---

① 合肥市中级人民法院，(2015) 合民一终字第 02740 号"民事判决书".

② 浙江省永嘉县人民法院，(2015) 温永民初字第 229 号"民事判决书".

③ 北京市通州区人民法院，(2016) 京 0112 民初 10613 号"民事判决书". (2016) 京 03 民终 7819 号"民事判决书".

产生的虚拟物①。有学者认为网络虚拟财产是虚拟的网络本身以及存在于网络上的具有财产性的电磁记录，是现实世界中人类劳动和财富的数字化形态，且其在价值上能够用现有的度量衡来衡量②。也有学者认为可将网络虚拟财产界定为网络服务提供者向权利人提供的具有专属性质的服务行为③。由这些定义可见，虚拟财产限定在网络环境之中。而上案中车辆购置税的损失，不属于虚拟财产的范畴。购置税是以货币的形式而支付的，法院在处理该类损失时完全不需要归于虚拟财产损害的范畴就可以解决。

（二）裁判评析

涉及虚拟财产受侵害案件中，法院在实体权益侵害判断上，均认为网络服务提供者不构成侵权，主要理由为：网络服务提供者是为配合公安部门刑事调查，没有过错；被告依据网络服务合同约定实施的操作，有正当理由。然而，这些案件提出很多值得商榷的问题。

在曹静与盛大网络发展有限公司网络侵权纠纷案中，原告的诉讼策略是以《物权法》的善意取得制度论证自己的合法所有权，但法院以被告对这些装备采取措施有合法依据来驳回原告诉请。法院认为"被告在游戏中提供交易平台，并对交易收取手续费的情况下对交易的安全性及销售物品的合法性是否有监管义务的问题，属原、被告用户协议调整的范畴，原告可依据用户协议的约定主张其权利"的判断是不准确的。被告和原告之间，存在购买协议，可以依据协议来履行相关权利和义务。网络运营商与用户之间协议是一类新兴的合同，其法律规制关系着对作为新型消费者的用户之权益的合理保护。就性质而言，用户协议属于无名合同中的混合合同，其条款规定应具有"明示"性。除以增进用户利益为目的，运营商不得单方、任意变更协议条款。④ 但合同关系与侵权关系属于不同的民事法律关系，对于责任的竞合，可以由当事人选择救济方式。根据我国《合同法》第122条规定，在同一行为造成他人人身权益和财产权益受到侵害的情况下，构成侵权请求权和违约请求权之竞合，此时受侵害的主体有权依据法律的规定选择请求加害人承担违约责任或者侵权责任。该案中原告

---

① 林旭霞. 虚拟财产权性质论 [J]. 中国法学，2009（1）：88 - 98.

② 杨立新，王中合. 论网络虚拟财产的物权属性及其基本规则 [J]. 国家检察官学院学报，2004（4）：3 - 9.

③ 陈甦，谢鸿飞，朱广新，等. 民法总则评注 [M]. 北京：法律出版社，2017：885.

④ 林旭霞. 论网络运营商与用户之间协议的法律规制 [J]. 法律科学，2012（5）：138 - 145.

已经选择了用侵权责任条款解决，法院根据合同法解决的处理，在法律适用上是不恰当的。被告除了经营游戏外，还是网络服务提供者，其提供网络销售平台服务，即为交易当事人的虚拟财产交易提供网络服务。依据《侵权责任法》第 36 条的规定，法院就网络平台服务提供者是否对其销售盗窃得来的财物尽了相应的义务进行分析和处理。

在张萌诉金山数字娱乐科技有限公司、翟勇侵害网络虚拟财产纠纷案中，由于金华比奇网络技术有限公司的身份是第三人，根据当事人的诉求，法院将网络游戏交易平台的注意义务、责任作为争点，无法对第三人的行为进行认定。案中如需考虑金华比奇公司的责任，有几个值得讨论的问题。第一，其对网络客服名义被盗用是否有责任；第二，其对在自己经营的网络游戏服务网网络交易平台上出售的账号是否有审查义务，如果有的话，审查义务内容是什么及其是否履行了这些义务。从该案确认的案情来看，根据法院引用的文化部《网络游戏管理暂行办法》第 20 条第 3 项规定，网络游戏虚拟货币交易服务企业应该要求用户注册时使用有效身份证件并要求其交易所并绑定使用的账号信息与注册信息一致。案中金华比奇公司从卖家提供的信息来判断确认卖家是翟勇，其提供了翟勇的身份证扫描件，但是其提供的账号却不是翟勇的户名，而是其他人。所以，金华比奇公司在诉讼中所称其已经按照法律法规的相关要求尽到了合理审查和及时告知的义务，按照买卖双方的要求，对张萌提供了合理完善的服务的理由并不一定成立。遗憾的是由于该案当事人诉讼请求问题，我们不能对法院关于为他人出售网络虚拟财产的网络服务平台的相关义务确定进行全面了解，但该案为我们提供了有益的样本。

第四节　其他类型财产权受侵害样本裁判分析

一、案件概况

除了本章前面几节涉及的财产权之外，我们将其他类型财产案件放到本节来分析，发现在一些问题上有显著特征。在收集到的样本裁判中，有 3 个年度没有该类案件。这 3 个年度分别为 2011 年、2012 年和 2013 年。因此下表中的数据从 2014 年开始。

表 4 - 7 涉及特殊主体数量分析（截至 2018 年 2 月 22 日） （单位：件）

	2014	2015	2016	2017	总计
涉及天猫、淘宝公司	6	10	15	29	60
涉及其他主体	2	4	13	2	21
总计	8	14	28	31	81

样本裁判为除虚拟财产受侵害之外的其他财产权受侵害的案件。这些案件案由主要有三类。

第一类案件是侵权责任纠纷。一共有 35 份样本裁判，占比为 43.2%。这类裁判具体案由包括产品责任（质量）纠纷（15 件）和侵权责任纠纷（20 件）。其中侵权责任纠纷案由中，有一部分具体写为网络侵权责任纠纷。该类纠纷通常为网络服务提供者对他人在其销售平台上销售侵害消费者权益商品的行为是否承担侵权责任。

第二类案件为合同纠纷。该类样本裁判有 42 份，占比 51.9%。具体样本裁判案由包括买卖合同纠纷 40 件，电信服务合同纠纷 2 件。这类案件的案由虽然是合同纠纷，但是或涉及网络服务提供者的义务，或案件中有引用《侵权责任法》条款来分析或裁判，因此我们都将其作为研究对象。

第三类样本裁判案由为"财产损害赔偿纠纷"，有 1 份样本裁判。其实质应该是侵权责任纠纷。因财产损害赔偿包括了违约的损害赔偿、侵权损害赔偿等，因此该案由更为笼统。

第四类为前两类案件的管辖权问题。这类案件为 3 件，占比为 3.7%。

从其他财产权受侵害的案件上诉及其改判和维持的情况看，在 81 份样本裁判中，上诉的案件有 24 件，上诉率为 29.6%。这类案件改判率比较高，其中有 13 个案件二审法院改判，改判率为 16%。可见这类案件，法院在行为定性和适用法律中分歧比较大。

二、涉及产品质量之网络服务提供者侵权责任样本分析

该类案件通常为消费者通过网络购物平台（网络服务提供者）与销售者达成一致，购买产品后，消费者因产品质量和产品责任等问题，诉请网络服务提供者承担侵权责任。对这类裁判分析发现，值得关注的有下面一些问题。

（一）同一法院对类似案件判决之稳定性问题

在对样本裁判梳理过程中，发现判决稳定性值得关注。这里所指的稳定性是对于案情基本一致的两个不同案件，同一个法院的裁判结果是否一致。具体案件如下。

1. 姚爱武与浙江天猫网络有限公司、宝生园公司产品质量纠纷

基本案情是姚爱武（以下都统称原告）通过天猫网络销售平台，从宝生园公司处购买"宝生园牌"蜂蜜。该商品广告和标识中有违反《食品安全法》第54 条规定的虚假、夸大和涉及疾病预防、治疗功能内容。商品上使用了违反《有机产品认证管理办法》第 31 条规定的标注"有机产品"和"有机转换产品"等内容。原告诉请宝生园公司和天猫公司承担责任，请求包括：请求宝生园公司返还购物款 106 元；宝生园公司、天猫公司赔偿 106 元；宝生园公司、天猫公司支付误工费 2000 元、交通费 2000 元、律师费 5000 元和天猫公司向其书面赔礼道歉。

案件经过几级法院的一审、二审和再审，其主要争点为"天猫公司是否应与商家承担连带责任"。一审和二审对该问题做出不同判决。一审法院据《消费者权益保护法》第 19 条和第 49 条，判决销售商家承担责任，驳回要求天猫公司书面赔礼道歉等请求。法院认为据《民法通则》第 120 条规定，赔礼道歉的侵权责任承担方式仅在公民的姓名权、肖像权、名誉权、荣誉权受到侵害时适用，但判决天猫不承担赔偿责任原因法院没有加以说明①。

原告、被告都提起上诉。原告上诉理由中包括一审法院对天猫公司的侵权行为未予审查认定。二审法院认为，虽然天猫公司提供的是一个交易平台，售出的并非自己的货物，但该公司从交易过程中获取了利益。天猫公司与宝生园公司相结合形成了其电商经营模式，由此认定天猫公司与宝生园公司为共同经营人。据国家工商行政管理总局《网络商品交易及有关服务行为管理暂行办法》第 17 条规定，网络商品经营者、网络服务经营者在发布的交易信息中不得做出虚假宣传和虚假表示，其负有发布真实、准确的商品和服务交易信息义务。法院将该条款作为国家工商总局对网络商品经营者义务的规定，认为这是管理部门对网络商品经营者之网络经营行为的规范。天猫公司作为网络商品经营者通过网络共同经营获取利益，对违反国家法律的行为亦应承担相应责任。鉴于该案权利人仅主张天猫公司对赔偿部分承担部分责任，法院判决天猫公司与销售者共同承担向原告赔偿 106 元责任。② 天猫公司对判决提出再审申请。再审法院

---

① 广州市越秀区人民法院，（2013）穗越法民一初字第 1199 号"民事判决书".
② 广东省广州市中级人民法院，（2013）穗中法民一终字第 6018 号"民事判决书".

维持一审判决。

该案分歧主要为两个：一为天猫是否与商家是共同经营者，另一分歧为天猫的具体义务内容。消费者上诉理由有：第一，当事人法律地位。认为天猫公司属于"网络服务经营者"、宝生园公司是属于"网络商品经营者"。第二，根据《网络商品交易及有关服务行为管理暂行办法》① 第 17 条规定，网络商品经营者、网络服务经营者有发布真实商品和服务交易信息义务。第 23 条规定，提供网络交易平台服务的经营者应当建立检查监控制度，对经营者发布的商品或者服务发布信息进行监控，发现违法行为有及时采取措施制止和向所在地工商行政管理部门报告义务。在必要时应采取停止服务措施。天猫公司未履行自己的法定职责，明知涉案产品广告内容不符合国家的法律法规，放任发布虚假广告，至一审开庭审理都未消除违法行为。第三，天猫公司属未履行义务并主观上为明知故意，需要承担连带责任。根据《侵权责任法》第 6 条、第 36 条，结合《网络商品交易及有关服务行为管理暂行办法》第 23 条可以认定，天猫公司属于共同侵权，需要承担连带责任。案中宝生园公司通过天猫公司的服务平台发布虚假广告误导消费者，天猫公司未向当地工商部门报告，也未采取措施制止，扩大了对消费者的损害，宝生园公司、天猫公司应当平均承担赔偿责任。第四，天猫公司侵害了姚爱武的知情权、财产权，同时欺诈行为是对消费者人格尊严的歧视，姚爱武请求其承担赔礼道歉的民事责任合法有据，更能体现对弱势消费者的合法权益保护。

天猫也申请再审。其主张天猫公司和宝生园公司不构成共同经营。二者应是网络交易平台提供者和用户之间的网络服务合同关系，由天猫公司关联公司收取基于提供网络服务产生的服务费用，并非共同经营所得。宝生园公司和姚爱武之间成立买卖合同法律关系，天猫公司并非买卖合同的当事人。

天猫公司认为其不应承担连带赔偿责任，因为自己已经履行了监管义务。天猫公司根据《侵权责任法》第 36 条、《消费者权益保护法》第 44 条、2013 年最高人民法院《关于审理食品药品纠纷案件适用法律若干问题的规定》第 9

---

① 《网络商品交易及有关服务行为管理暂行办法》第 17 条规定："网络商品经营者和网络服务经营者发布的商品和服务交易信息应当真实准确，不得做虚假宣传和虚假表示。"第 23 条规定："提供网络交易平台服务的经营者应当对通过网络交易平台提供商品或者服务的经营者，及其发布的商品和服务信息建立检查监控制度，发现有违反工商行政管理法律、法规、规章的行为的，应当向所在地工商行政管理部门报告，并及时采取措施制止，必要时可以停止对其提供网络交易平台服务。"

条等法律与司法解释和北京市高级人民法院《关于审理电子商务侵害知识产权纠纷案件若干问题的解答》第 4 条等规定，认为网络交易平台提供者的法律义务包括：对网络用户身份的审查义务，一般性的事前、事中监控义务，事后补救及协助审查义务。天猫公司已经通过常规管理制度尽到了事中监控义务。姚爱武并未将争议事实告知天猫即已起诉，天猫公司不存在经通知未及时采取必要措施的情形。天猫公司无法审查每项商品真实性，也无法逐页审查广告信息。

再审法院以天猫公司是提供网络交易平台服务的经营者，其实质是提供第三方交易平台，促成当事人之间的网络商品交易。天猫公司和其网站内商家的关系并不"共同出资、共担风险"，不符合法律规定的共同经营的特点。在姚爱武通过天猫网站购买商品时，交易信息中清晰提示了卖方是宝生园食品旗舰店。因此天猫公司并不是该买卖合同的当事人。依据《侵权责任法》第 36 条、《消费者权益保护法》第 44 条，撤销二审判决，维持一审判决。宝生园公司以向天猫公司指定的关联公司支付技术服务费和实时技术服务费为对价，接受天猫公司服务，可反映天猫公司提供的是有偿服务。但服务的有偿性并不等于天猫公司和宝生园公司构成共同经营。姚爱武通过天猫网站购买商品的信息中，明确显示了卖方身份为宝生园食品旗舰店。法院认定天猫公司仅作为网络服务提供者，不是买卖合同当事人。从案件提交的证据来看，天猫公司与利用其平台销售产品的网络用户之间，并不是共同经营关系。网络服务销售平台和销售产品的网络用户并不是共同出资、共担风险。因此，二审认定天猫公司和宝生园公司构成共同经营不当，法院加以纠正。

法院认为天猫公司作为网络服务平台应遵守相关法律、法规的规定，履行其法定义务。并就认定天猫公司事前审查义务的程度和条件加以分析。法院认为天猫公司法律地位是网络交易平台，对虚假宣传的广告信息，既没有参与制作、编辑，也没有在网站上特别加以推荐。天猫公司是依据网络服务提供者的一般操作规则，对在其网站上发布商品信息的商品经营者发布的信息加以技术性数据处理。对宝生园公司发布虚假的广告信息行为，天猫公司作为网络交易平台，没有相应的预见能力，如果要求网络服务提供者对此类信息承担事前审查义务，就会要求网络交易平台对上网的所有商品信息都加以筛查。这种做法和网络交易平台快捷的优势相悖，并会造成其运营成本的不当增加。因此，天猫公司未直接参与或实施侵权行为时，应限制其对商品经营者的侵权行为承担连带责任的条件。

再审法院根据《侵权责任法》第 36 条、《消费者权益保护法》第 44 条作为裁判依据。首先，作为网络交易平台提供者的天猫公司应该依法提供准确的网络经营者信息以保障消费者合法权益，利于其及时、有效地维护合法利益。其次，天猫公司在接到通知后，依法应采取必要措施制止侵权行为。案中天猫公司提供了宝生园公司的厂家信息，姚爱武依法应得的赔偿可以得到保障。在起诉前，姚爱武没有提出其虚假宣传的主张，没有就违法广告问题通知天猫公司，没有能提供有效证据来证明天猫公司知道宝生园公司利用其网络服务来实施虚假宣传。法院因此驳回姚爱武要求天猫公司承担连带责任的诉讼请求。①

2. 姚爱武与浙江天猫网络有限公司、广州玛士百网络科技有限公司产品责任纠纷

该案与姚爱武与浙江天猫网络有限公司、宝生园公司产品质量纠纷当事人关系和案情基本一致。差异在于产品种类的销售者。玛士百公司在天猫公司设立网站开设"维尔安玛士百专卖店"，用于商品销售。原告通过该网店购得商品，认为商品外包装上使用"中国有机认证""原料通过中国、欧盟、美国、日本产品认证"等标识违反相关法律法规规定，遂起诉两被告。并请求天猫公司赔礼道歉及承担连带赔偿责任。一审法院根据《消费者权益保护法》第 35 条、第 49 条和《民法通则》第 113 条第 2 款判决驳回赔礼道歉请求，由玛士百公司、天猫公司各赔偿 43 元，合计 86 元给原告②。二审法院认为天猫公司是网络交易平台，未参与制作案件所涉及虚假宣传的广告信息，也没有对其编辑或者是给予推荐。天猫公司不是具体提供商品服务的主体，不能预见玛士百公司发布的虚假广告信息。原告未能证明天猫公司有直接实施侵权行为。因此，天猫公司不符合对商品经营者的侵权行为承担连带责任的条件。根据《侵权责任法》第 36 条、《消费者权益保护法》第 44 条规定判决天猫上诉理由成立，撤销一审法院对天猫公司承担责任部分判决。③

以上两个案件两审法院相同，结果都是网络服务提供者天猫公司不承担责任。有意思的是，两个案件中，相同的一审法院和二审法院，所做出的判决却相反。最后同一结果的原因为第一个案件再审法院做出了维持一审法院的判决。从时间上分析，第一个案件在前，其一审是 2013 年，二审和再审是 2014 年。第二个案件判决时间在后。越秀区法院在第一个案件的一审中判决网络服务提供

① 广东省高级人民法院，(2014) 粤高法民一提字第 52 号"民事判决书".
② 广州市越秀区人民法院，(2014) 穗越法民一初字第 67 号"民事判决书".
③ 广州市中级人民法院，(2014) 穗中法民一终字第 3732 号"民事判决书".

者不承担责任。第二个案件则相反，判决网络服务提供者承担责任。从这一现象，可以得出的结论是，同一法院，对同一类型案件，并没有统一的经验、反思和总结。该一审判决最终被再审法院维持的结果，似乎也没有影响到同类案件的再次判决。而法院裁判的稳定性，是司法公正和树立司法权威的重要因素。

（二）网络服务提供者不承担责任案件分析

前两个案件虽然存在同一法院判决同类案件的判决不一致，但是经过再审，两案最终生效判决同一。样本裁判结论为网络服务提供者不承担责任的案件，考察其案情类似，为同一结果，这里一起分析。

第 1 份样本裁判为同一原告姚爱武，起诉广州市兰轩生物科技有限公司、广东真丽斯化妆品有限公司、浙江天猫网络有限公司产品质量纠纷案，案情与前两个基本相同。该案由广州白云区法院和广州中院做出一致判决，网络服务提供者天猫网络有限公司不承担侵权责任。其理由是天猫公司没有参与虚假宣传广告信息的制作，也没有对其进行编辑或者是在网站上给予虚假广告特殊的推荐。天猫公司也没有直接提供涉案商品或者是服务。因此天猫公司并非商品经营者，而仅仅是网络销售平台的提供者。天猫公司在本案中的行为并不符合与商品经营者承担连带责任的条件。根据《侵权责任法》第 36 条和《消费者权益保护法》第 44 条做出判决。①

第 2 份样本裁判为郭秋扬与万特家居有限公司、罗慧、阿里巴巴集团和淘宝网案。该样本裁判涉及消费者通过网络交易平台购买到劣质产品，请求网络平台服务提供者承担返还货款连带责任。该案原告于 2012 年与佛山市来万特家居有限公司、罗慧签订了沙发买卖合同一份，但收到的沙发与约定质量严重不符，质量低劣。被告系使用他人产品检验报告欺骗消费者。原告认为被告的行为侵害其公平交易权，而阿里巴巴集团、淘宝网为被告提供虚假宣传的平台和销售伪劣产品的渠道。原告诉请两被告与罗慧共同承担还款责任。法院判决直接销售者行为构成欺诈，按照沙发价格双倍返还。对由被告淘宝网承担连带责任诉求，法院认为没有证据证明在原告购买涉案沙发时被告淘宝网明知或者应知被告罗慧利用其平台侵害消费者的合法权益，因而不予支持。因原告起诉的"阿里巴巴集团"主体不存在，对其诉求不予支持。②

---

① 广州市白云区人民法院，（2013）穗云法花民一初字第 239 号"民事判决书"．（2014）穗中法民一终字第 5319 号"民事判决书"．

② 山东省青岛市南区人民法院，（2013）南商初字第 20137 号"民事判决书"．

二审法院根据《侵权责任法》第36条，认为淘宝网络有限公司在交易双方进行直接交易时并不能知道出售产品之形态与质量，也不可能存在鉴定商品的资格和判定交易是否具有合理性和合法性。信息平台提供者不能因某一交易中产生纠纷而认为销售者罗慧所有产品和交易都为虚假的，更不可能以个案出现交易纠纷即采取36条之措施。案中淘宝已经及时与卖家进行联系，将销售者的解决方案和意见告知卖家，并明确告知配合处理的方式和途径及后果。因淘宝网络有限公司业已在知道双方发生争议后采取了适当的必要措施，对该纠纷进行了适当介入，其方式和程度适宜。由此判决不支持上诉人要求承担连带责任请求。①

第3份为张敏诉永康市璐珺贸易有限公司、浙江天猫网络有限公司产品责任纠纷。原告通过天猫网，在永康市璐珺贸易有限公司处购买到不合格染发产品，导致过敏，遂起诉两被告。法院依据《侵权责任法》第36条第2款和第3款认定，天猫公司不是以买家或卖家的身份参与交易行为，其仅作为网络交易平台提供者，为网络用户物色交易对象、达成交易、获取各类信息提供地点。天猫网用户不会将天猫卖家的宣传、销售行为视为天猫公司的行为。张敏亦认可出售涉案产品是淘宝卖家璐珺公司。天猫公司对璐珺公司出售不符合安全标准的涉案产品并无明知和应知的情形，故天猫公司对璐珺公司的侵权行为无须承担民事责任。②

（三）其他法律规范对网络服务提供者最终责任承担影响之分析

其他类型的财产侵权案件中，主要争议点为网络服务提供者是否需承担连带责任及《淘宝协议》约定的协议管辖是否为格式条款。而在法律适用问题上，《食品安全法》《产品质量法》《消费者权益保护法》等法律规范的有关条款对网络服务提供者责任承担的判断起着重要作用，最常成为样本裁判的依据。典型的相关样本裁判如下。

影响到网络服务提供者侵权责任承担的其他法律规范包括《食品安全法》《消费者权益保护法》和《产品质量法》。这些法律规范影响到该类案件中受害人提出的损害赔偿数额及其诉请网络服务提供者承担责任的性质。

这些法律规范影响受害人提出的损害赔偿请求之性质。根据这些规范，在提出一般损害赔偿外，受害人还提出惩罚性损害赔偿。首先来看陈志法诉绿之

---

① 青岛市中级人民法院，（2014）青民五终字第1924号"民事判决书".
② 杭州市余杭区人民法院，（2014）杭余民初字第3467号"民事判决书".

尚农业科技有限公司、天猫网络有限公司产品责任纠纷。原告请求网络服务提供者承担连带责任。该案原告在绿之尚公司田园农耕旗舰店处购买竹炭花生。根据《卫计委办公厅关于竹炭能否作为食品原料或添加剂问题的复函》（卫办监督函〔2008〕721 号）规定，竹炭花生是不允许生产销售的食品。陈志法认为绿之尚公司销售不安全食品已侵害其合法权益。其认为天猫公司未能提供绿之尚公司信息，作为网络服务提供者明知或应知该公司销售不符合食品安全的标准食品，应负连带责任。法院根据《食品安全法》第 96 条，认定涉案食品为不符合国家标准的不安全食品。消费者在损害赔偿请求外，还符合向生产者或者销售者请求其商品价款 10 倍惩罚性赔偿金的要求。法院判决绿之尚公司返回购物款及按价款 10 倍支付赔偿金。但法院对天猫公司承担连带责任的请求未予支持。其理由主要有：第一，天猫公司是网络交易平台的提供者，并不作为买家或卖家的身份参与买卖行为本身。天猫网用户不会将天猫卖家的宣传、销售行为视为天猫公司的行为。第二，原告未向天猫公司投诉过。天猫公司对绿之尚公司出售不符合食品安全标准的涉案产品并无明知和应知的情形。第三，原告已知晓涉案网店的真实姓名、地址及有效联系方式。陈志法在庭审中认可，其购买涉案产品后从未向天猫公司投诉过，涉案网店的真实姓名、地址及有效联系方式等信息系已通过杭州市工商局余杭分局取得。在这种情况下，天猫公司无须承担相应告知义务。法院根据《侵权责任法》第 36 条第 2 款、第 3 款规定，判决天猫公司无过错，无需对绿之尚公司侵权行为承担民事责任。[①] 从裁判结果来看，针对网络服务提供者的责任承担问题，《食品安全法》和《消费者权益保护法》的规定并没有使其责任承担的条件受到实质影响。法院仍然是根据《侵权责任法》第 36 条做出的判决。

在另一些裁判中，法院引用这些法律规范来确定网络服务提供者的义务，但是其最终责任的承担并没有受到影响，如姚爱武诉江苏普泽大药房连锁有限公司、浙江天猫网络有限公司和浙江天猫技术有限公司买卖合同纠纷案。该案与前面案件不同之处是其案由为合同纠纷。原告通过网络销售平台购买商品，发现产品存在质量问题，法院引用《食品安全法》和《产品质量法》，判决销售者承担 10 倍赔偿责任。法院除了根据《侵权责任法》第 36 条外，还据《消费者权益保护法》第 44 条规定，在裁判中阐述了产生的网络服务提供者义务。《消费者权益保护法》第 44 条规定："消费者通过网络交易平台购买商品或者接

---

① 杭州市余杭区人民法院，（2014）杭余民初字第 2451 号"民事判决书"．

受服务，其合法权益受到损害的，可以向销售者或者服务者要求赔偿。网络交易平台提供者不能提供销售者或者服务者的真实名称、地址和有效联系方式的，消费者也可以向网络交易平台提供者要求赔偿；网络交易平台提供者做出更有利于消费者承诺的，应履行承诺。网络交易平台提供者赔偿后，有权向销售者或者服务者追偿。网络交易平台提供者明知或者应知销售者或者服务者利用其平台侵害消费者合法权益，未采取必要措施的，依法与该销售者或者服务者承担连带责任。"由该条产生的义务包括：第一，天猫公司应依法提供准确的商家信息，保障消费者有效、及时维权；第二，天猫公司接到通知后，应依法采取必要措施制止侵权行为。法院从两个方面否定了网络交易平台的事前审查义务。其一是网络交易平台无对侵权行为的预见能力，其二是网络交易特点。法院认为要求事前审查义务，需对商品信息逐一筛查，与网络交易平台以快速提供交易信息和交易渠道为优势的特点相悖，增加运营成本。因此，天猫公司不应承担连带责任。① 与此类似的是张庆安与赣花油脂有限公司（简称赣花油脂公司）、天猫网络有限公司（简称天猫公司）产品销售者责任纠纷案。该案法院总结争议焦点有三个：第一，原告购买的"野山茶油"是否为有机食品；第二，涉案卖家即赣花油脂公司广告宣传内容是否属虚假宣传，其销售产品是否存在欺诈行为；第三，天猫公司是否应承担连带赔偿责任。法院认为，天猫公司对商品经营者提供的信息进行技术性的数据处理是依据其一般操作规则。其没有参与制作、编辑虚假广告信息，也没有在网络服务平台给予虚假信息推荐。针对商户发布虚假信息的行为，天猫作为网络交易平台没有预见能力。要求网络销售平台承担事前审查义务，会导致其运营成本增加，并与网络交易的快速性相悖。法院根据《侵权责任法》第36条、《消费者权益保护法》第44条确定天猫公司义务有：第一，依法提供商家的准确信息，保障消费者有效、及时维权。第二，接到消费者投诉后，依法采取必要措施制止侵权行为。案中天猫公司仅为买卖双方交易提供服务，其提供了真实、准确的商家信息。起诉前原告未通知天猫公司该发布虚假宣传、违法广告的行为，无证据表明天猫公司知道违法行为。无证据证明天猫公司有明知或应知涉案卖家利用天猫网侵害消费者合法权益的情形。无法律规定天猫公司对其网络销售负有审查义务。法院驳回原告提出的要求天猫公司承担连带责任的请求。②

---

① 广州市天河区人民法院，（2015）穗天法民二初字第968号"民事判决书".
② 宿松县人民法院，（2015）松民一初字第01293号"民事判决书".

另一案件中，法院根据《食品安全法》第20条第4款规定："食品安全标准应当包括对与食品安全、营养有关的标签、标识、说明的要求"，根据第66条规定："进口的预包装食品应当有中文标签、中文说明"，根据《最高人民法院关于审理食品药品纠纷案件适用法律若干问题的规定》第15条①，法院认定请求刘金娥按照其所购款项10倍赔偿的诉讼请求成立，但驳回了对淘宝公司承担连带赔偿责任的请求。其理由是淘宝公司仅为买家与卖家的交易提供服务，并未直接侵权；淘宝公司提供了销售者真实、准确的身份信息，原告的权利依法应得到保障。原告起诉前未通知淘宝公司，而淘宝公司在提起诉讼后，已将涉案产品做下架处理。②

总的来看，上述关于产品责任（质量）纠纷中，受害人提出的对生产者、销售者的诉求都得到支持，这主要在于《食品安全法》《消费者权益保护法》等法律规范的规定。消费者对于网络服务提供者的诉讼请求与其他类型案件不同，基本上都是请求网络服务提供者承担连带责任。从裁判结果分析，这些法律规范只影响到了销售者，没有影响到作为销售平台的网络服务提供者。对于淘宝等网络服务提供者，法院根据《侵权责任法》第36条规定判决其无须承担责任。

三、电信服务运营商作为网络服务提供者责任分析

随着电信业务和移动网络业务的结合，电信运营商同时也提供网络服务。样本裁判中出现相关纠纷，这里具体进行分析。涉及电信业务运营商责任的案件，案由可以分为合同纠纷和侵权纠纷两大类。

（一）侵权责任类案件分析

这类案件的案由为侵权责任。如朱某与宾某、中国移动通信集团湖南有限公司长沙分公司侵权责任纠纷。在长达几个月内，被告宾某经常用其电话呼叫原告朱某电话。朱某到移动公司妙高峰营业厅反映骚扰情况时，工作人员告知朱某，营业厅无权单方停止对宾某号码通信服务，建议朱某下载拦截软件或向公安机关报案，并说移动公司会协助处理。工作人员当场拨打了110报警电话，

---

① 《最高人民法院关于审理食品药品纠纷案件适用法律若干问题的规定》第15条规定："生产不符合安全标准的食品或销售明知是不符合安全标准的食品，消费者除要求赔偿损失外，向生产者、销售者主张支付价款十倍赔偿金或者依照法律规定的其他赔偿标准要求赔偿的，人民法院应予以支持。"

② 宿松县人民法院，（2015）松民一初字第00661号"民事判决书".

因公安机关未派人处理，朱某离开该营业厅。一审和二审都确认宾某行为构成侵权。该案提出一个问题，即电信服务运营商是否是《侵权责任法》36条规定的"网络服务提供者"，是否要对其手机用户的侵权行为承担连带责任。原告认为，移动公司应与该网络用户对损害扩大部分承担连带责任，因为移动公司在接到通知之后，没有及时采取相应的必要措施。一审法院认为36条立法背景是针对互联网新兴技术所带来的网络世界中存在的侵权问题，所指网络服务提供者是指互联网服务提供者。移动公司应当按照合同约定，为宾某提供电信服务，不能无故中止对电信用户的电信服务。在朱某前往移动公司营业厅投诉时，其已尽告知、协助义务①。二审法院认为在移动公司已经告知并采取措施予以协助的情况下，朱某要求移动公司承担连带责任依据不足，原审法院未予支持并无不当。② 从一二审法院对该案处理，可以看出，法院认为移动公司对合同当事人承担的履行合同义务，没有将其作为《侵权责任法》第36条中规定的网络服务提供者来处理。也就是说移动公司在接到他人侵权通知时，并没有产生相关的采取必要措施义务。

邓干生诉中国移动通信集团海南有限公司案的案由也是侵害财产权纠纷。原告起诉中国移动通信集团海南有限公司擅自开通增值业务侵害其财产权。该案一审法院没认定电信为网络服务提供者，直接以侵权责任法第6条、第15条和第19条判决被告不担责。一审原告再上诉。法院据《民法通则》《侵权责任法》第36条规定，认为网络用户和网络服务提供者都应对其利用网络侵害他人民事权益的行为承担自己责任。消费者权益保护法第44条在做出同样规定的同时，还进一步明确了责任的性质及其承担。即网络交易平台提供者主观上是明知或者应知时，客观上对销售者或者服务者利用其平台侵害消费者合法权益未采取必要措施。在这一情况下，应该依照法律规定和该销售或者服务对其给消费者带来的损害承担连带责任。而案中海南移动公司身为网络服务提供者，利用其自身优势，自行开通增值业务并收取费用，侵害了邓干生的合法权益，应承担侵权责任。二审法院改判，但未引用36条确定海南移动为网络服务提供者③。

---

① 长沙市岳麓区人民法院，（2013）岳民初字第04062号"民事判决书".
② 长沙市中级人民法院，（2014）长中民一终字第01606号"民事判决书".
③ 海口市中级人民法院，（2015）海中法民一终字第1758号"民事判决书".

（二）合同纠纷类案件分析

对于电信服务运营商的责任，也有案件案由是合同纠纷，但是案件涉及侵权责任问题或者涉及其他人的侵权行为（犯罪行为）。如张斌胜、黄学娥、平罗县大德玻璃纤维有限公司与中国移动通信集团宁夏有限公司、宁夏顺达通信有限公司电信合同纠纷案。该案原告张斌胜为大德公司经理、法定代表人，原告黄学娥与大德公司之间有业务往来关系。原告在被告移动公司入网办理了涉案手机号码，并一直使用。犯罪嫌疑人（案件未能侦破）通过伪造张斌胜身份证，在被告移动公司授权的被告顺达公司分支机构银川市兴庆区顺达南门指定专营店申请办理了涉案手机号码丢失补卡手续。随后其以非法获取的通话记录用户为发送对象，群发内容为"上午处理事情，急缺资金3万，速办我农行账户上，张斌胜（银行卡号）感谢"的诈骗短消息。大德公司工作人员何玉忠接到短信后，付款3万元到该卡号。黄学娥亦通过银行转账3万元。张斌胜从员工处得知诈骗短信后赶至移动公司金凤开发区营业厅办理补卡业务并向公安机关报案。几位原告认为两被告在该事件中存在过错，诉请法院判令其共同承担责任。一审法院认定该案为电信服务合同法律关系，被告移动公司与被告顺达公司成立委托关系。而黄学娥、大德公司非合同当事人，法院不支持其诉请。但在裁判中笔锋一转，本案所涉诈骗一事已被公安机关立案，具体侵权人应该是犯罪嫌疑人而非本案两被告，原告要求两被告承担民事赔偿责任的诉请证据不足。此外，据原告大德公司、黄学娥向法院出具的《股东会决议暨补偿证明书》等证据，证实该两原告的实际经济损失已经填补，也没有证据证实其有商誉损失。因此，一审法院判决两原告诉请不能成立。二审查明的事实与一审一致。二审法院认为争议焦点在于上诉人张斌胜是否基于与被上诉人移动公司之间的电信服务合同造成损失及该损失应由谁承担。与一审完全一致的是认定大德公司及黄学娥并未与移动公司成立电信服务合同法律关系、认定张斌胜并未因电信服务合同而直接遭受经济损失和被告无过错。此外，二审法院还认为，上诉人无证据证实被上诉人"明知"犯罪嫌疑人的侵权行为而为其提供网络服务及实施共同侵权行为造成上诉人的损失。二审法院确认上诉理由不能成立，维持原判。[①]

另一案件适用的也是合同法的相关规定。严地长与中国移动通信集团广东有限公司深圳分公司、招商银行股份有限公司深圳星河世纪支行等电信合同纠

---

① 银川市中级人民法院，（2015）银民终字第707号"民事判决书".

纷中，二审法院对电信服务运营商的责任判断上，认为在中移动深圳分公司已登记了其相关身份信息，案外人所持有的身份证与严地长身份证住址、签发机关、有效期等信息均不一致，在此情况下，鸿达通手机配件店未核对身份信息、未核实手机的实时状况，即为案外人办理了电话卡，客观上"帮助"案外人实现了盗转的条件。鸿达通手机配件店对此具有过错，并应当对严地长的损失承担赔偿责任。而中国移动深圳分公司未为其合作商提供身份识别的设备，也有过错并应共同承担责任①。但是对于中国移动深圳分公司及其合作单位承担责任的理由说明中，讨论的为过错责任。该判决适用的法律是《中华人民共和国合同法》第 107 条和第 121 条。

以上两个案件在对待电信公司没有核实办卡人身份证信息应否承担责任的态度不一。张斌胜、黄学娥、平罗县大德玻璃纤维有限公司与中国移动通信集团宁夏有限公司、宁夏顺达通信有限公司电信合同纠纷案中，法院认为在法律没有明文禁止性规定的情况下，移动公司授权对代办补卡业务的授权行为有效。该案所涉业务的具体操作中，犯罪嫌疑人打电话申请停机，10086 服务平台核实密码后停机。犯罪嫌疑人到代办点补卡，代办点按操作规程核实并复印了机主身份证件，虽然现已无法查明其复印件上手写的身份证号码是事发当时因复印不清的备注还是事后补备，但在补卡回执单上确已将机主的身份证号予以备注，可推定被告公司在补卡过程中系按照电信服务规范操作。而犯罪嫌疑人在进行上述停、复机业务时，能够通过密码验证，也可知原告张斌胜并未妥善管控自己的手机信息。法院认为被告移动公司在对外委托代办服务过程中和被告在提供服务过程中并不存在过错，据《民法通则》第 106 条判决驳回原告诉讼请求。② 而严地长与中国移动通信集团广东有限公司深圳分公司、招商银行股份有限公司深圳星河世纪支行等电信合纠纷中，法院认为移动公司存在过错，应承担部分责任。

从以上案件可见，电信服务提供者可以是网络服务提供者，但是是否适用《侵权责任法》第 36 条的规定，还需要确定加害人的行为是否利用电信服务提供者提供的网络所做出。网络侵权行为，是指民事主体利用互联网从事的侵害他人民事权益从而应承担侵权责任的行为。一切发生在互联网上的侵权行为都

---

① 深圳市福田区人民法院，(2016) 粤 0304 民初 13570 号"民事判决书". 深圳市中级人民法院，(2017) 粤 03 民终 318 号"民事判决书".
② 宁夏回族自治区银川市金凤区人民法院，(2014) 金民初字第 216 号"民事判决书".

可称之为网络侵权行为。① 上述案件中，加害人侵权行为不是通过互联网做出，而是单纯的电讯接入业务，如朱某与宾某、中国移动通信集团湖南有限公司长沙分公司侵权责任纠纷，因此不能适用《侵权责任法》第 36 条。邓干生诉中国移动通信集团海南有限公司案涉及的是电信增值业务，也不属于网络侵权。合同纠纷案由的几个案件，涉及合同当事人问题。因案由是合同纠纷，《侵权责任法》36 条当然没有适用。但是需要注意的问题是，如果作为移动互联网络的服务提供者，因使用该网络侵害他人权益，构成侵权责任的判断与其他的网络服务提供者应该是一致的。

四、网络支付平台责任分析

关于网络支付平台责任，有两份样本裁判。案件都由上海市徐汇区人民法院做出判决，案情相似，被告同一，都是宝付网络科技（上海）有限公司。

样本裁判涉及网络支付平台是否应对其合作商户诈骗他人财产行为承担侵权责任。俞光源诉宝付网络科技（上海）有限公司网络侵权责任纠纷中，被告为依法成立并取得互联网支付业务许可证的企业法人，2014 年与广州海袁沣贸易有限公司签订网络支付合作协议。协议约定由被告为该公司开通并提供网络电子支付服务，协议有效期至 2015 年 10 月 19 日。签约时广州海袁沣贸易有限公司向被告提供了公司营业执照、法定代表人身份证、组织机构代码证、税务登记证及银行基本账户开户许可证。

原告于 2014 年 11 月得知"广沣轻纺商品交易市场"，通过互联网搜索到其交易平台网站并联系。该平台称在被告处有账户，资金有保障。被告交易平台网站的"安全保障"页面对签约商户的安全管理体系进行描述②。原告通过个人网银向被告资金平台转账，与被告商户"广沣轻纺商品交易市场"进行名为纺织品现货、实为期货共 45 万的交易。在准备转回资金时，发现已无法通过被告资金平台转回。原告遂于 2014 年 12 月 4 日向被告电话投诉"广沣轻纺商品交

---

① 程啸. 侵权责任法教程 [M]. 北京：中国人民大学出版社，2011：148.

② 该描述的内容具体为："维护普通消费者利益，宝付对想要加入宝付的商户有严格签约标准：第一，所有商户签约时均须向宝付递交包括组织营业执照、组织机构代码等审核材料，由宝付的风险控制专家根据既定的标准流程对商户的资质信用进行审核验证；第二，对于不同行业的商户，宝付已规定了相应的最少注册年限、最低注册资本的准入标准。只有达到该标准的商户，有机会成为宝付的签约商户；第三，宝付风控部已成立了正式的商户资质复查小组，不定期对已签约商户的经营规模、资信水平进行抽样复核，如发现商户任何违规或涉嫌违规操作，立即取消签约资格。"

易市场"商户,在未得到被告实质性回复后于当日又以电子邮件方式向被告发送了《投诉信息表》,告知"该商户交易平台不能出资金,碰到诈骗"。被告未予回复。经原告多次交涉,被告才于2014年12月8日将该商户的银行账号关闭。

另一样本裁判为王永明与宝付网络科技有限公司网络侵权责任纠纷。本案与上一案件案情关联。被告在接到上一案件原告投诉后,关闭了广州海袁沣贸易有限公司的支付接口。2015年3月31日,原告向浙江省安吉县公安局报案其于2014年11月11日至12月1日在"广沣轻纺商品交易市场"被骗了130,500元。原告认为,被告作为第三方支付企业,有义务对其签约商户进行合理、谨慎地审查,其在网站相关承诺,对被告具有约束力。现因被告未履行对其商户的审核义务,存在严重疏忽,造成原告财产损失,被告应承担侵权赔偿责任。原告到法院起诉请求被告赔偿经济损失并承担诉讼费由。法院以和上一案件相同理由驳回了原告的诉请。①

两个案件中法院均认为,没有证据证明被告未履行复查的承诺。第一,关于被告的过错评析。法院认为被告在合理的时间内履行了审查义务,没有过错。其过错判断是以被告在接到原告投诉后四天即关闭了广州海袁沣贸易有限公司支付接口的行为是在合理的审查时限范围内来判断的。第二,原告(投资者)自身过错的认定。法院认定原告自身有过错,应承担风险。进行期货交易,个人客户必须书面委托合法的期货经纪公司在国家指定的期货商品交易所进行。本案即使原告主张的在"广沣轻纺商品交易市场"网站发生交易属实,但原告并未核实"广沣轻纺商品交易市场"网站的经营实体及是否具有期货经纪资质的情况,仅凭对于被告的信任即在该网站进行了开户、充值和支付交易(就信任其有期货交易资格),原告这些行为属于违法行为,自身存在明显过错,应自负相应交易风险。第三,网络服务提供者义务的确认。法院认为互联网技术本身具有双向性,在遭遇网络诈骗情况下,要求第三方支付平台对于交易内容合法、合规性进行实时审核过于苛刻。故本案中被告作为第三方支付平台并无违法行为及过错,与原告主张的经济损失之间亦无法律上的因果关系。同时就原告主张的在"广沣轻纺商品交易市场"交易的相关事实未充分举证情况下,其在本案中所主张的损害后果亦无法予以认定。②

对于网络支付平台责任的样本裁判分析,由于只有两个裁判样本,而且是

---

① 上海徐汇区人民法院,(2015)徐民一(民)初字第4274号"民事判决书".

② 上海徐汇区人民法院,(2015)徐民一(民)初字第4261号"民事判决书".

同一法院所做、有一定联系的裁判，因此无法看到法院的一般态度。从裁判来看，法院对于网络支付平台责任权利义务的判断与一般的网络服务提供者的权利义务判断并没有区别，都是按照通知和采取措施的规则来确定，并将网络支付作为中立的技术性工具来对待。值得注意的是，由于是直接的支付平台，资金在账户间转移非常快捷，而且未采取措施容易给当事人造成直接的资金损失。在实践中，接到受害人通知，网络服务提供者采取措施的时间是否及时问题上，应该根据该特点予以判定。

五、涉网络购物合同纠纷时网络服务提供者侵权责任分析

除了以上类型外，还有一些样本裁判，案情中涉及网络购物合同纠纷，同时也涉及网络服务提供者侵权责任问题。具体样本裁判特点分析如下。

（一）案由为合同纠纷

在财产权受侵害时网络服务提供者侵权责任案件中，有一类与产品责任纠纷案件非常相似，即为涉及网络购物合同纠纷中网络服务提供者侵权责任。该类案件在样本裁判中一共有 40 件。两类案件的相似首先体现在责任承担。如2015 年姚爱武诉广东粤微食用菌技术有限公司、浙江天猫网络有限公司和浙江天猫技术有限公司买卖合同纠纷案与姚爱武诉浙江天猫网络有限公司、广州玛士百网络科技有限公司产品责任纠纷案，其案由不同。前两个案件是消费者与网络销售者之间以产品质量纠纷定性，本类案件法院以合同纠纷定性。

（二）案件裁判依据包括《侵权责任法》的相关条款

这类案件中，法院判决理由基本一致，认为天猫公司属网络交易平台，对于涉案产品标签标示的内容、网络交易平台的广告宣传信息并无预见能力。天猫公司未直接参与或实施侵权行为时，应限制其对商品经营者的侵权行为连带责任的承担。样本裁判根据《侵权责任法》第 36 条做出天猫公司不承担责任的判决。① 也就是说，本类样本裁判，案由定义为买卖合同，但对于网络销售合同平台的服务提供者，其承担责任依据却是依据《侵权责任法》第 36 条规定，并以此确定其是否承担侵权责任。

王传文诉沁芳湘月礼品有限公司、天猫网络有限公司网络购物合同纠纷案中，对天猫公司为网络商品交易提供第三方交易平台责任判断，法院认为沁芳湘月公司以向天猫公司指定的关联公司支付技术服务费为对价，接受天猫公司

---

① 天河区人民法院，（2015）穗天法民二初字第 967 号"民事判决书".

服。天猫公司与原告未产生买卖合同关系。作为网络平台服务提供者，天猫公司已履行审慎和监管义务。因此法院驳回原告要求被告天猫网络有限公司承担连带责任之请求①。该案判决对另一问题没有说明理由，即没有解释为何驳回原告要求天猫提供被告杭州沁芳湘月礼品有限公司相关信息的诉讼请求。该案被告沁芳湘月公司经传唤无正当理由拒不到庭参加诉讼，法院做出缺席判决，但驳回原告请求天猫公司向其提供被告杭州沁芳湘月礼品有限公司相关信息的诉讼请求。因为根据法律规定，对于直接加害人的信息，网络服务提供者有提供的义务。法院判决直接责任人承担责任，却驳回提供相关信息的义务，这样势必会影响判决的执行。在该被告缺席审判的时候，其信息是否正确更存在疑问。如果这些信息不正确，天猫公司又不能提供销售者的信息，那么其就没有履行自己作为网络服务提供者的义务，应该承担相应责任。

（三）部分案件涉及当事人是否为消费者问题

该类纠纷，常常是原告通过网络平台购买到食品和其他物品，由于购买的商品问题导致损害而依据合同提出损害赔偿请求。由于《消费者权益保护法》存在惩罚性损害赔偿的特殊规定，因此案件就涉及原告是否消费者的讨论。如王传文诉沁芳湘月礼品有限公司、天猫网络有限公司网络购物合同纠纷案。原告从沁芳湘月公司在天猫商城开设的"沁芳湘月食品旗舰店"购买998元商品，用"支付宝"支付。由于收到食品发霉变质，与两被告联系退货还款未果，遂向杭州市工商局高新区（滨江）分局投诉，得知沁芳湘月公司销售的菌菇类食品擅自使用其他公司生产许可证编号进行销售获利的行为违反《食品安全法》，该行为已经被工商局处罚。审理中法院将原告是否属于消费者作为争议焦点之一，与姚爱武诉不同被告的系列案相比，该案法院考虑更为周全。法院认为不能仅仅因为姚爱武起诉多个被告就判定其不是消费者，而是职业打假人。但若裁判需适用《消费者权益保护法》，则应对当事人是否为消费者加以判断。如果法院不考虑该因素，案件事实的认定和法律适用存在瑕疵。遗憾的是，判决书没有直接表述其对原告是否为消费者问题的观点和证据，依照《合同法》第7条、《消费者权益保护法》第4条、《食品安全法》第96条，判决被告杭州沁芳湘月礼品有限公司向原告返还购物款并支付10倍赔偿金。

（四）有部分案件将网络服务提供者作为唯一被告

样本裁判涉及的这类案件包括潘自强诉浙江淘宝网络有限公司买卖合同纠

①　仪征市人民法院，（2015）仪民初字第01055号"民事判决书".

纷、刘勇诉淘宝网络有限公司买卖合同纠纷。潘自强诉浙江淘宝网络有限公司买卖合同纠纷中，原告通过淘宝网站于黎美连的淘宝卖家处购买了汉生堂4980元产品。该商品外包装上载明生产企业为郑州正唐生物科技有限公司及其地址、产品批准文号。原告向河南省食品药品监督管理局申请，得到该局公开答复该产品上标明的地址未申请保健食品的生产许可，无公司相关注册审批信息。原告查询国家食品药品监督管理总局网站，该产品的批准文号属于汉生堂药业有限公司。郑州市食品药品监督管理局经开分局证明案中原告购买产品上所载明的为虚假生产企业地址，且该生产企业并没有合法的生产资质。该企业在2012年没有进行年检。此外，无法根据工商行政管理部门提供的信息联系上该企业的负责人及其他人员。原告起诉淘宝公司，认为其作为网络交易平台未能认真审核其平台上销售的产品是否具有相关许可和检验合格的证明文件，未能提供卖家的真实信息，应当承担赔偿责任，诉请淘宝公司承担退还购物款及10倍赔偿责任。法院查明涉案食品的卖家真名和其常用收货地址，卖家与买家均为该淘宝网站注册会员。淘宝网在会员注册及使用过程中的主要页面公示告知《淘宝服务协议》及《淘宝规则》。据淘宝规则，要成为淘宝网上发布商品的卖家需进行个人（商家）的实名认证，填写真实姓名、证件号码、交易联系地址及电话并提供有效证件，最后淘宝网进行信息审核。① 因此，对于淘宝上销售的物品或者提供的服务等信息之真实性、合法性及其有效性，需要淘宝用户自行谨慎地加以判断。由于自己判断错误导致的损失，应该由其自己承担损失的风险。法院查明原告在购买涉案产品后至起诉之前未曾向淘宝网告知涉案产品存在假冒伪劣情况，亦未向淘宝网站或淘宝公司申请维权或退款。淘宝公司在收到邮寄应诉材料后已向法院提交了卖家的基本信息及联系方式。法院认为淘宝公司不应就涉案交易对原告承担赔偿责任，其理由有：第一，淘宝公司与原告不存在买卖合同关系。淘宝公司作为网络交易服务平台提供者，未参与到买家和卖家之间对交易对象和交易物品的选择和决定，与淘宝网络卖家之间亦不存在共同经营、共担风险的商业关系。第二，淘宝网要求注册卖家通过实名认证、手机短信认证等方式审查其身份的真实性并为买家提供有售后退款、退货等维权方式，已尽到合理审查义务。淘宝网对交易平台上卖家发布的信息无预

---

① 《淘宝服务协议》的主要内容有：淘宝平台上的信息系用户自行发布，可能存在风险和瑕疵，淘宝平台仅作为交易地点，仅作为获取物品或服务信息，物色交易对象，就物品或服务的交易进行协商及开展交易的场所。但淘宝无法控制交易所涉及物品的质量、安全或合法性。

见性，也没有参与对该虚假宣传信息的制作、编辑给予推荐，仅依一般操作规则对商品经营者提供的信息进行技术性数据处理。卖家在淘宝网上涉诉信息无明显违法，原告未能证明淘宝公司明知或应知卖家涉案信息侵害消费者权益。若要求淘宝网对卖家信息逐一实质性审查有悖于网络交易的便捷性及多样性优势。第三，原告未通知淘宝相关侵权行为的存在。原告未向淘宝网申请维权，未告知淘宝公司该商品存在假冒伪劣的情况。淘宝公司在收到应诉材料后已删除涉案商品，向法院提交了卖家的详细资料，可以视为淘宝公司已履行了其在接到通知后采取了必要措施以及在纠纷产生时披露卖家有效身份信息的法定义务。法院据《消费者权益保护法》第 44 条和《侵权责任法》第 36 判决驳回原告诉讼请求①。

在刘勇诉淘宝网络有限公司买卖合同纠纷中，原告通过淘宝平台以万余元向世奥澜虹购得型号 55 寸索尼牌电视机。收到该电视机后，原告（该电视机为索尼公司出品的合格产品，产品本身无质量问题）认为经电视机尺寸仅为 41.64 寸，与卖家网页标称的 55 寸不符，遂以卖家世奥澜虹涉嫌虚假宣传、片面夸大电视机尺寸，而被告淘宝公司未尽到监管责任，向法院提起诉讼，请求判决被告淘宝公司予以退货还款并承担 3 倍赔偿责任。法院根据《侵权责任法》第 36 条、《消费者权益保护法》第 44 条确定被告淘宝公司属于网络交易平台，原告未能证明其对卖家广告信息参与制作、编辑或者给予推荐，认定其只是按照一般操作规则对商品经营者提供的信息进行技术性数据处理。原告未证明卖家世奥澜虹的虚假宣传行为，也就无法证明淘宝公司未尽到监管责任；没有证据表明淘宝公司知道卖家世奥澜虹公司利用其网络服务实施虚假宣传后并未采取必要措施。法院驳回原告诉讼请求。②

这类案件，以合同纠纷作为案由值得商榷。因为对当事人来说，该类案件中，如果不起诉网络交易平台上直接出售商品的卖家，其合同之诉的主张难以成立和获得救济。因为消费者直接的买卖关系是与平台上注册的卖家，而不是淘宝平台。因此直接以侵权责任纠纷作为案由更为妥当。

（五）部分案件涉及广告虚假宣传问题

样本裁判中当事人通过网络购物发生争议，案件涉及广告虚假宣传问题，包括许佳富与北京京东叁佰陆拾度电子商务有限公司、四川乐之进出口贸易有

---

① 庐阳区人民法院，（2014）庐民一初字第 02699 号"民事判决书".
② 铁岭市银州区人民法院，（2015）铁银民二初字第 00335 号"民事判决书".

限公司买卖合同纠纷案。该案一审和二审的裁判分歧是网络交易平台提供者，对销售者利用其平台发布虚假广告是否履行必要的义务。一审法院认为京东公司对乐之公司就普通食品进行违法宣传的行为应当知道，但京东公司没有提交证据证明其采取了必要措施，履行了必要监管义务。故京东公司应依法与乐之公司向原告承担连带赔偿责任①。二审法院认为网络交易平台对涉及虚假宣传的广告信息并未参与制作、编辑或者给予推荐，而是按照一般操作规则对商品经营者提供的信息进行技术性数据处理。乐之公司作为商品经营者发布虚假广告信息，网络交易平台对此并无预见能力。因此，在京东公司未直接参与或者实施侵权行为时，应限制其对商品经营者的侵权行为承担连带责任的条件②。与该案类似的涉及网络服务提供者对其他经营者发布虚假广告行为是否负责的案件还有刘洋与杭州阿里巴巴广告有限公司、广西桂之味电子商务有限公司买卖合同纠纷。该案二审也是以杭州阿里巴巴广告有限公司作为网络服务平台只是信息发布平台的服务提供商，对案涉无保健食品批号且添加了蛤蚧的酒类产品并没有参与制作、编辑或者给予推荐，也不参与买卖交易，因而改判网络服务提供者不承担责任。③

在连带责任问题上，法院基本支持网络服务提供者。依据《侵权责任法》第 36 条，认定其不承担连带责任。仅有 1 例案件，二审法院以网络服务提供者与商家为共同经营者为由，依据《网络商品交易及有关服务行为管理暂行办法》第 17 条，认定其应承担连带责任，然而再审法院仍然撤销二审法院判决。法院判决主要理由是天猫公司仅为提供网络交易平台服务的经营者，不是买卖合同当事人，不是商品经营者。天猫公司对商家的虚假信息并无预见能力，在魏志杰参与或实施侵权行为时，应限制其对商品经营者的侵权行为承担连带责任。

六、管辖权案件分析

样本裁判中，涉及管辖权纠纷共有 3 件。第一件为姚爱武与玛格丽特化妆品有限公司、天猫网络有限公司、天猫技术有限公司产品责任管辖权纠纷。法院根据姚爱武诉讼请求、事实与理由，确定其属于产品责任纠纷。因姚爱武没有提供证据证明案涉侵权行为地，法院认为应由被告住所地人民法院管辖。二

---

① 深圳市龙岗区人民法院，（2015）深龙法布民初字第 787 号"民事判决书"．
② 深圳市中级人民法院，（2016）粤 03 民终 1984 号"民事判决书"．
③ 河北省沧州市新华区人民法院，（2016）冀 0902 民初 808 号"民事判决书"．（2017）冀 09 民终 2534 号"民事判决书"．

审法院认为案涉商品销售者玛格丽特公司是该案原审被告之一，其住所地位于广东省广州市天河区，故一审法院有管辖权，判决驳回上诉①。

第二件为黄文刚与天猫网络有限公司、上杭亚达电子科技有限公司产品责任管辖权纠纷。一审法院认定因《淘宝服务协议》为格式条款而无效，认为货物到达地即为合同履行地的观点没有法律与事实依据。因此对该案有管辖权的是上诉人住所地杭州市余杭区、合同履行地广东省惠州市②。二审法院认为无法认定天猫公司已经采取了合理方式提请被上诉人注意，因协议管辖条款夹杂在大量其他资讯中使被上诉人难以引起注意。该协议管辖条款非常不合理地加重消费者在管辖方面的负担，其实施会产生对消费者非常不公平、不合理的后果。认定《淘宝服务协议》争议管辖条款是对被上诉人无效的格式条款。根据《合同法》第 39 条和第 40 条规定、《消费者权益保护法》第 24 条规定、《民事诉讼法》第 28 条规定，法院判决撤销原裁定，移送至另一被告（上杭亚达电子科技有限公司）所在地法院管辖。③

第三件为姚爱武与天猫网络有限公司、天猫技术有限公司和善元堂医药科技有限公司产品责任管辖权纠纷。该案从受理法院、案件情节和判决，都基本与第一件一致。④

以上三个案件只是从程序上确定管辖权，不是网络服务提供者侵权责任的实体问题。但是当事人花如此多的精力打管辖权官司，从另外一个侧面体现了对不同地区法院，尤其是网络服务提供者所在的法院裁判问题的担忧。而这类案件管辖权问题，法院也趋向对消费者的保护和程序正义之维护。因为这类案件涉及的网络服务提供者主要是天猫和淘宝，如果受理法院过度集中，这些网络服务提供者有可能利用其经营者优势地位和地域优势影响案件判决结果，不利于消费者权益保护。

---

① 广州市中级人民法院，（2015）穗中法立民终字第 32 号"民事裁定书".
② 广州市花都区人民法院，（2014）穗花法民二初字第 912 号"民事裁定书".
③ 广州市中级人民法院，（2014）穗中法立民终字第 3071 号"民事裁定书".
④ 广州市天河区人民法院，（2014）穗天法民一初字第 2184 号"民事裁定书". 广州市中级人民法院（2015）穗中法立民终字第 31 号"民事裁定书".

第五章

网络服务提供者侵权规则实施中表达
自由与人格冲突问题分析

第一节　表达自由和人格权保护冲突

一、表达自由和人格权保护冲突概述

立法和执法过程中，存在很多法律领域内的权利冲突。在《侵权责任法》第 36 条实施中，有学者认为相关规则，如"通知规则"有利于保护人们的表达自由、公众知情权及其监督权①。根据前面章节的规范分析，以及对网络服务提供者侵权规则的调研，我们可以发现规范的实施中，权利冲突是不可避免的。这需要我们进一步深入研究，比如其产生的人格权与财产权的冲突、人格权内部冲突等都需要重视。冲突当中非常重要且具有特殊性的是规则实施中人们表达自由的保护与人格权保护的冲突。

鉴于立法和理论上对表达自由的理解和称呼差异，首先笔者在这里明确表达自由的内涵。我国宪法第 35 条，将言论自由与出版、结社、游行等自由并列，使用的为言论自由概念。因此表达自由一词在立法中并没有明确规定。言论自由有广义和狭义的用法。从广义上使用"言论自由"，表达自由与言论自由互换使用也未尝不可②。1998 年我国签署的《公民权利和政治权利国际公约》

---

① 王利明. 论网络侵权中的通知规则 [J]. 北方法学，2014 (2)：34－44.
② 有很多语境下，表达自由和言论自由通用。参见张新宝. 隐私权的法律保护 [M]. 北京：群众出版社，1997：20. 候健. 表达自由的法理 [M]. 上海：三联书店，2008：3. 朱国斌. 论表达自由的界限（上）——从比较法、特别是普通法的视角切入 [J]. 政法论丛，2010 (6)：3－12.

第 19 条从广义上使用言论自由的概念。① 本文使用表达自由来代替广义言论自由，指的是法律规定、认可和保障的，由人们所享有使用各种媒介、方式来公开表述、传达对事物和社会等主张、意见、观点、看法及其情感等自由。该种自由不受任何他人和组织侵害、干涉、限制。根据学者使用表达自由包含的对象范畴不同，表达自由总体上分为微观层次、中观层次和宏观层次的②。本文从微观层次来使用表达自由，是由于 36 条所涉及的表达自由主要表现为言论自由、讲学自由、著作自由、出版自由和从事艺术及绘画等活动的自由之合称。

人格权是指以民事主体依法固有的人格利益为客体的，以维护和实现人格平等、人格尊严、人身自由为目标的权利。③ 通过《侵权责任法》确定加害人的民事责任，填补人格权受侵害者的损害，保护人格权。网络侵权行为中所侵害的权益主要为非物质形态的民事权利或者法益，如姓名权、肖像权、名誉权、隐私权等，这类具有抽象性的人格权益在网络活动中，如评论、网络报道的过程极易受到侵害。

由于权利冲突是合法性、正当性权利之间发生的冲突④，因此涉及规则实施中的不同权利人都是在合法范围内对权利保障的追求而产生的冲突。具体到网络侵权规则的实施中，表达自由和人格权的冲突表现为：网络用户在法律规定限度内，行使自身的表达自由，采取各种合法方式来维护自身表达自由；而人格权主体在发现他人没有经过自己的允许将自己的照片发到网络、捏造事实传播对自己的评论等行为，侵害自己权益时，有采取合法途径保障自身权益的权利。网络社会中，个人在追求自身权益和自由时，会与他人的权益与自由追求发生碰撞，形成对立和紧张关系。这就形成了法律逻辑上的权利冲突。法律逻辑上的权利冲突是权利冲突的潜在阶段，现实化的权利冲突是权利冲突的现实阶段⑤。

《侵权责任法》网络侵权规则实施中，会演化出表达自由与人格权的实际冲

---

① 第 19 条条文为："一、人人有保持意见不受干预之权利。二、人人有发表自由之权利；此种权利包括以语言、文字或出版物、艺术或自己选择之其他方式，不分国界，寻求、接受及传播各种消息及思想之自由。三、本条第二项所载权利之行使，附有特别责任及义务，故得予以某种限制，但此种限制以法律规定，且为下列各项所必要者为限：1. 尊重他人权利或名誉；2. 保障国家安全或公共秩序，或公共卫生或风化。"

② 杜承铭. 论表达自由 [J]. 中国法学，2001（3）：56 – 63.

③ 王利明. 人格权法研究 [M]. 北京：中国人民大学出版社，2005：14.

④ 刘作翔. 权利冲突的几个理论问题 [J]. 中国法学，2002（2）：56 – 71.

⑤ 王克金. 权利冲突的概念、原因及解决——一个法律实证主义的分析 [J]. 法律与社会发展，2004（2）：40 – 46.

突。《侵权责任法》第 36 条的规定，为网络侵权行为提供了规范的法律保障。其规定了网络服务提供者侵权责任之构成和责任承担、责任性质等，是网络侵权中受害人人格权保护的请求权依据。根据 36 条规定，可能侵害表达自由的情形有两类。第一类是网络服务提供者因错误通知，而对没有加害行为的网络用户采取措施。第二类则是网络服务提供者对情况判断不正确，从而错误地对网络用户采取措施。由于 36 条是从民事权益保护角度的立法，并没有直接对表达自由规范和调整。

在《侵权责任法》36 条的实施中，涉及围绕表达自由的保护和侵害产生的法律关系，也涉及对人格权的保护和侵害产生的法律关系。

表达自由属于基本权利，其具有个人对抗国家的"主观防御权"属性的同时，又具有国家公权力必须遵守的"客观价值秩序"属性。因此国家有义务尽一切可能为基本权利的实现创造条件、排除妨碍，这就是国家对基本权利的"保护义务"。① 由此基本权利的冲突内在地包含着加害人、国家和被害人的关系。基于以上分析，我们可以将表达自由受侵害时法律关系表述为：侵权行为人、受害人和国家。其中侵权行为人可以是认为自己人格权受侵害的人、干涉他人言论的人、错误采取删除等措施的网络服务提供者。受害人通常为被错误采取措施的网络用户和国家。网络侵权规则实施中，因人格权的保障和侵害产生的法律关系中也包括加害人、受害人和国家。其中加害人可以是网络用户、网络服务提供者，受害人是人格权主体和国家。国家需要采取措施来保护人格权不受侵害，从而限制加害人的行为。在这两类法律关系中，网络用户和人格权受侵害的主体在一种权利受侵害时是加害人，另一种情形下为受害人。但特殊的主体是网络服务提供者，因为其在两类关系中恒为加害人，属于国家需要限制之对象，但却没有相关的规定在该问题上对其进行保护。

二、样本裁判中表达自由和人格权保护冲突的具体表现②

（一）案件数量变化

从收集到的样本裁判中涉及讨论言论自由（表达自由）的案件数量来看，

---

① 张翔. 基本权利的双重属性 [J]. 法学研究，2005（3）：21 – 29.

② 研究对象为在中国法院裁判文书网的样本裁判的搜索统计 2011 年到 2017 年间，网络侵害人身权和财产权的案件，即本书第三章和第四章所研究案件中，涉及表达自由保护的案件。搜索日期为 2018 年 2 月 22 日。一审和二审跨年度的，以终审判决的时间为准。数量上，一个案件有一审和二审的，统计为一件。

有非常明显的时间特征。2011 年到 2017 年间的裁判，一共有 17 件。时间分别为：其中 2011 年和 2012 年没有，2013 年 1 件、2014 年 1 件、2015 年 4 件、2016 年 7 件、2017 年 4 件。

在《侵权责任法》实施后，两个年度内，法院样本裁判中关于侵害人身权的判断，并不考虑言论自由（表达自由）问题。但接下来的两个年度（2013、2014 年度）样本裁判可以体现出法院在判断是否构成侵权时（主要是对于名誉权的侵害）开始考虑言论自由和权利保护的平衡。尤其是 2014 年到 2016 年间，在处理案件过程中，法院考量言论自由问题的数量增加迅速。而 2017 年稍有减少。与前四个年度相比，后三个年度能明显看出法院裁判中对于言论自由和权利保护平衡的关注度稳定增加。

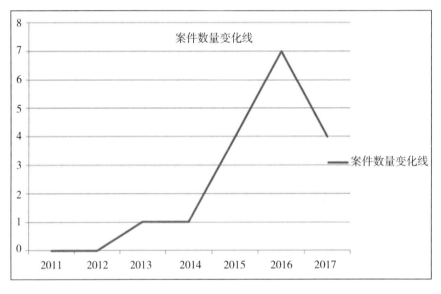

图 5 - 1

（二）保障表达自由（言论自由）是否抗辩事由

样本裁判中有多个案件涉及网络服务提供者能否以保障公民言论自由作为抗辩事由问题，法院处理方式存在分歧。有法院裁判没有正面回答该问题，但是论述中有相关言论自由的引用。在杨春芳与绍兴易新网络技术服务有限公司网络侵权责任纠纷中，争议焦点之一为绍兴易新网络技术服务公司能否以保障公民的言论自由作为抗辩事由。该案被告主张，因原告在帖子中进行实名举报，被告作为网站经营者应该根据该网站和网络用户签订的使用协议，依照法律和当事人之间的约定来对网站用户的言论自由权加以保障。法院判决中没有直接回答该问题，而是说"对于通知的要求，本院认为网络服务提供者既要维护被侵权人的利益，同时也要履行其与网络用户间的网络服务合同，为使其在网络用户追究其违约责任时，能够提供相应证据证明其是应被侵权人通知要求而采取措施，被侵权人的通知应当符合一定的要求"①。

有案件裁判在讨论网络服务提供者采取措施是否必要时，直接运用言论自由的保护理论和网络空间自由的理论，并进行论证。法院认为对必要措施的限度上，在法律没有明确规定时，应该考虑网络服务提供者与网络用户之间的服务合同关系、对被侵权人的保护，以及综合考虑网络用户的言论自由、对网络空间的自由使用等各种因素，一般应以能够防止侵权行为的继续和侵害后果的扩大并且不会给网络用户造成不成比例的损害为限度。② 该案法院的裁判虽然没有引用宪法，但很显然是运用了宪法中言论自由的理论和对其限制的比例原则。

（三）运用表达自由理论确定网络言论的尺度

1. 有样本裁判中法院认为言论自由与容忍义务相伴相随

在王威与中国电信股份有限公司连云港分公司网络侵权责任纠纷中，一审法院认为，网络言论发布于虚拟空间，个性化、随意性相对较强，主观色彩较为浓厚。相对应地对言论自由的尺度应适当从宽把握。王某在网络上发表自由言论，当然有义务接受网友合理的评价，即使相关评价并不客观，主观色彩较强，王某亦有容忍的义务。经原审法院综合审查网络截图的内容，虽然出现"混吃混喝""盗窃""厚颜无耻"等过激言辞，但王某未能证明上述言论对其造成不良影响以及其名誉受到损害，其所诉内容不足以构成侵权。二审法院认为网络自身的特点决定了其具有更高的参与性、更强的开放性。网络事实上已经构成了更具有言论自由的环境，人并非生活在网络中，也并非必须进入网络，而一旦进入网络这一更具言论自由的环境就应当承担更大的容忍义务，故上诉人仅依据本案的证据并不足以构成侵犯名誉权。③

网络空间言论自由的把握尺度问题还体现在黄山市屯溪区黎阳镇爱亲妈咪母婴生活馆与黄山市网络有限公司网络侵权纠纷案中。法院认为网络言论对言论自由的尺度应适当从宽把握。原因是其为虚拟空间，个性化、随意性相对较

---

① 浙江省绍兴市越城区人民法院，（2015）绍越民初字第 59 号"民事判决书".
② 江苏省徐州市中级人民法院，（2014）徐民终字第 3676 号"民事判决书".
③ 江苏省连云港市新浦区人民法院，（2014）新民初字第 0941 号"民事判决书". 江苏省连云港市中级人民法院，（2015）连民终字第 01624 号"民事判决书".

强，主观色彩较为浓厚。① 元增民诉爱奇新星（北京）信息科技有限公司名誉权纠纷案，法院在判决书中，对网络环境下是否侵害名誉权的判断中，强调"表达权利与名誉权保护的平衡"②。

容忍与言论自由的讨论还出现在沪港国际咨询集团有限公司诉北京华品博睿网络技术有限公司网络侵权纠纷案。法院认为涉案评价必然会具有一定的主观性，并不构成对用工单位名誉权的侵犯。该网站为开放的企业点评平台，只要评价并非主观恶意目的，用工单位应一定程度地容忍。接着又阐释，宪法赋予的言论自由，只要是没有虚构事实或侮辱他人的主观故意和造成他人社会评价降低的后果，难以据此认定网络用户的评论构成侵权③。言论自由在裁判中的运用功能类似的还有上海沪港金茂会计师事务所有限公司与被上诉人北京华品博睿网络技术有限公司网络侵权责任纠纷案④。

2. 有样本裁判提到言论自由与权益保障的平衡问题

在唐辉诉上海亿庶信息科技有限公司网络侵权责任纠纷裁判中，法院认为，唐辉开展其专利代理业务主要通过网络进行宣传，服务对象也主要是大量的应届毕业生，其当然有义务接受网友合理的质疑和评价。即使相关质疑或评价并不全面、客观，唐辉亦有义务容忍。现综合审查唐辉主张构成侵权的网文，虽然使用了"骗子""鸟人"等过激言辞，但主要是基于唐辉在招揽及从事专利代理业务中可能存在的不规范行为，而唐辉在向亿庶公司投诉时及在案件审理过程中均未提供证据证明相关指称完全不属实，因此亿庶公司在接到唐辉投诉后仅删除了涉及唐辉个人信息的帖子，符合公共利益，同时也维护了唐辉的个人权益，其行为并不违法。二审法院特别强调对网络言论自由的保障，认为在互联网上人人都有发表言论的自由。即使是负有容忍义务相关主体（如社会公众人物），也应根据充分的证据，客观地评价相关事实行为，要避免用情绪化的、非客观性的言论侵害他人的名誉。原审判决虽然驳回唐辉的诉讼请求，但亿庶公司作为网站的运营服务商，仍应对网络信息进行严格审查，对于涉及公民个人信息的帖子应及时删除，防止网络用户利用网络服务侵害他人合法权益。

---

① 安徽省黄山市屯溪区人民法院，（2017）皖 1002 民初 1707 号"民事判决书".
② 湖南省长沙市开福区人民法院，（2016）湘 0105 民初 2736 号"民事判决书".
③ 上海市徐汇区人民法院，（2016）沪 0104 民初 32017 号"民事判决书".
④ 上海市徐汇区人民法院，（2016）沪 0104 民初 32018 号"民事判决书". 上海市第一中级人民法院，（2017）沪 01 民终 10484 号"民事判决书".

二审维持原判,没有将严格审查作为定案的依据和确定侵权行为①。

3. 样本裁判体现特殊的网络空间表达自由

样本裁判所涉及的特殊网络空间包括微博、微信等社交媒体和空间。在符仲华与被告北京微梦创科网络技术有限公司名誉权纠纷中,法院对微博空间的言论自由进行讨论。该案判决分析了微博的表达方式特征,认为微博是互联网服务提供者提供给用户的自主网络空间。其区分"不公开"或者"公开"。"公开"属性的博客,因其内容能够被不特定的网络用户阅览、发表评论,在性质上已经成为自媒体。微博这种相对比较自由随性的表达方式,决定了不能对博主发言内容采用太严苛的标准,应尊重其个性表达方式。判决书接着明确言论自由的行使与名誉权保护的界限,认为应综合考量微博发布背景和内容、微博言论的特点、当事人主观上侵权的恶意、事实陈述与意见表达的区分、言论给当事人造成损害的程度等因素,合理确定微博领域行为人正当行使言论自由和侵犯他人名誉权之间的界限。②

有样本裁判涉及博客空间是否侵害名誉权问题。如李舒弟等与北京新浪互联信息服务有限公司名誉权纠纷案中,法院在认定具体语句是否构成侵犯他人名誉权时,综合考虑事件背景、行业特点、网络言论相对随意和率性的特点、言论的事实陈述与意见表达的区分、当事人主观上是否有侵权恶意、言论给当事人造成损害的程度等因素,合理确定博客类自媒体平台当事人正当行使言论自由与侵犯他人名誉权之间的界限。③ 法院认为在判断博文言论是否构成侵权时,言论所表达的真实意义不能单由某个词句加以确定,而应纵观全文。对接受公众评论的文章及其当事者进行适当评论时,评论者不应受到法律追责。评论属于主观意见,系价值判断的表达,是否适当,应做较为宽松的认定,纵使评论者措辞尖锐、带有感情色彩,只要不属恶意侮辱损害他人人格尊严,都应认为属于合理、适当范围。④

有样本裁判涉及微信公众号中言论自由尺度的讨论。法院认为自媒体发展系近年来新兴传媒方式,在把握言论是否侵权的尺度要适度宽松。在微信公众号上,推送消息、发布文章等均需微信认证主体操作实施,其有别于论坛等提

---

① 上海市第一中级人民法院,(2013)沪一中民一(民)终字第3105号"民事判决书".
上海市徐汇区人民法院,(2013)徐民一(民)初字第5639号"民事判决书".
② 南京市建邺区人民法院,(2017)苏0105民初668号"民事判决书".
③ 北京市海淀区人民法院,(2015)海民初字第34132号"民事判决书".
④ 北京市第一中级人民法院,(2016)京01民终5864号"民事判决书".

供互联网公告服务的网络服务提供者身份，具有自媒体的属性，有较大的传播影响范围。在微信公众号上发布、转载文章或消息，也与通过广播、电视、报刊等方式表达一样，遵守国家的法律法规，不得侵犯他人的合法权益①。元增民诉被告爱奇新星（北京）信息科技有限公司名誉权纠纷案中，法院说理部分阐述了网络作为新兴媒体，具有与传统媒体更加自由的发布空间。对于网络名誉侵权案件的处理，应当建立相关机制以尽力实现表达权利与名誉权保护的平衡。②

有些案件裁判文书提到言论自由，但是并没有相关具体论述或者影响具体侵权责任之构成，只是明确言论自由有其边界。如曾云与崔艾春、金星名誉权纠纷案，法院在裁判文书中写到公民享有网络言论自由，但在网络发表言论的同时应当遵守国家有关法律法规的规定，不得侵害他人的隐私、名誉等合法权益③。陈珍与北京微梦创科网络技术有限公司名誉权纠纷案中，法院表明公民有合法的言论自由，但不得利用互联网捏造、歪曲事实，散布谣言，妨害社会管理秩序以及从事其他侵犯国家、社会、集体利益和公民合法权益的行为④。

（四）消费者作为特殊主体的表达自由

样本裁判中，将消费者评价的言论自由与其他主体的言论自由区别对待，给消费者更大的评论自由空间。也就是说消费者对产品或者服务的评价自由的把握有别于其他主体的表达自由。有裁判认为，消费者有对产品质量或者服务质量有投诉的权利，即使投诉失实，但未恶意诋毁、诽谤，不足以构成侵权⑤。

上海央邦计算机科技有限公司与互诚信息技术（上海）有限公司、上海汉涛信息咨询有限公司名誉权纠纷中，法院对消费者在网络点评网站对经营者的行为是否侵害名誉权进行判断。法院认为大众点评网为商户设置点评功能，其出发点是消费者可以自由表达消费体验。消费体验因人而异，央邦公司作为市场经营者，应对消费者针对其服务本身的评价予以必要的容忍，不能简单地将"差评"和名誉权侵权画等号。⑥ 因此法院认定消费者的点评不构成侵害名誉权。

---

① 浙江省舟山市定海区人民法院，（2017）浙 0902 民初 443 号"民事判决书".

② 湖南省长沙市开福区人民法院，（2016）湘 0105 民初 2736 号"民事判决书".

③ 江西省南昌市青山湖区人民法院，（2016）赣 0111 民初 1762 号"民事判决书".

④ 南昌市东湖区人民法院，（2016）赣 0102 民初 3927 号"民事判决书".

⑤ 安徽省黄山市屯溪区人民法院，（2017）皖 1002 民初 1707 号"民事判决书".

⑥ 上海市徐汇区人民法院，（2016）沪 0104 民初 31999 号"民事判决书".

北京胖大嫂家政服务连锁有限公司与上海汉涛信息咨询有限公司名誉纠纷中，法院认为消费者有权对商家的产品、服务进行评价。注册用户在大众点评网上发表消费者评价的行为本身并未违反法律的禁止性规定。相关的评价主要是对服务的感受，因消费感受因人而异，不能因此认定为侵权。①

第二节　表达自由与人格权冲突类型及特点

一、表达自由与人格权冲突类型

理论上将权利冲突类型划分为 3 种，包括抽象式权利冲突、具体式权利冲突和抽象具体结合式权利冲突。抽象式权利冲突是用高度抽象之分类标准来对权利冲突关系进行研究。也有人将权利冲突划分为法律上的冲突和事实上的冲突，其中法律上的冲突再区分为原则之间的冲突、规则之间的冲突、原则与规则之间的冲突②。例如，我国《澳门民法典》第 327 条中，就是抽象式分类③。具体式权利冲突为列举权利冲突的各种类型，让人能直观地理解各种权利冲突关系。如认为权利冲突包括休息权和娱乐权冲突、生命权与隐私权冲突、夫妻间生育权的冲突等具体权利冲突④。抽象具体结合式权利冲突观，是围绕着权利的基本性质线索，归纳和总结权利冲突之类型，在此基础上结合具体层面分析，尽可能地涵盖现实生活中的各种权利冲突之类型。如采用帕森斯首倡的"结构——功能"研究方法对权利冲突进行分类。而结构性权利冲突包括两种类型，即宪法基本权利的冲突和宪法基本权利与私权利冲突。⑤

---

① 北京市朝阳区人民法院，（2015）朝民初字第 09278 号"民事判决书"。北京市第三中级人民法院，（2016）京 03 民终 849 号"民事判决书"。
② 王涌. 权利与冲突：类型及其解决方法［M］//中国政法大学民商法教研室. 民商法纵论——江平教授七十华诞祝贺文集. 北京：中国法制出版社，2000：119.
③ 《澳门民法典》327 条（权利之冲突）："一、在相同或同类权利上出现冲突时，各权利人应尽量妥协使有关权能在不对任一当事人造成较大损害之情况下同样产生效力。二、权利不相同或其所属类别不相同时，以在具体情况下应被视为较高之权利为优先。"中国政法大学澳门研究中心、澳门政府法律翻译办公室. 澳门民法典［M］. 北京：中国政法大学出版社，1999：84.
④ 刘作翔. 权利冲突：一个应该重视的法律现象［J］. 法学，2002（5）：58－71.
⑤ 张平华. 私法视野里的权利冲突导论［M］. 科学出版社，2008：78.

对解决本文问题有现实意义的是结构性冲突和非结构性冲突的分类。该种分类方法可以为分析和解决网络侵权表达自由与人格权的冲突提供有益的思路。所谓结构性冲突，指的是涉及公权力权利冲突。这种冲突所反映社会矛盾属于结构性矛盾，因此对于法制秩序的理解具有整体、基础意义。表达自由属于宪法权利和自由范畴，具有根本权利属性，但在民法中没有对其具体规定，也就是说其并不属于民事权益之范畴。马克思就曾指出："发表意见的自由是一切自由中最神圣的，因为它是一切的基础。"① 在西方法学理论和宪法学中，表达自由被看作公民最根本的权利或者第一权利，是其他自由权利的源泉，又是其他自由的条件②。我国宪法第35条、第41条的实质内容包含了表达自由。根据结构性冲突的分类标准，网络侵权规则实施中产生的表达自由和人格权冲突，属于该种冲突下的宪法基本权利与私权利的冲突类型。

而人身自由和人格尊严在宪法中有规定，也是作为基本权利做出的规定。民法中，将这种基本权利具体化，规定了姓名权、名誉权、肖像权等具体人格权；在司法实践中还发展了抽象人格权，其都属于民事权利的范畴。有学者声称人格权是一种宪法性权利③。各国宪法、有关人权的国际公约，如《世界人权宣言》《欧洲人权公约》中，都有尊重人权的原则，被学者归纳，称为这是一场人格权的宪法化趋势。然人格权的宪法化趋势，是宪法中出现的强调人格利益保护这一宪法原则和精神。由于作为根本法的宪法和作为普通法的民法间的上下位关系，将对人格权的保障渗透到整个民法的立法、司法和法律解释活动中。④ 对我国的立法进行系统分析，可以发现，在基本的民事法律规范中，无论是2017年刚通过的《民法总则》，还是《民法通则》和《侵权责任法》等基本法律中，都对具体人格权进行了规定。相关的司法解释，如最高人民法院在《关于贯彻<中华人民共和国民法通则>若干问题的意见（试行）》《精神损害赔偿司法解释》和《关于审理人身损害赔偿案件适用法律若干问题的解释》中，都有关于生命权、健康权、名誉权、肖像权等人格权的具体规定。尤其在《侵权责任法》保护范围条款中，非常详细地列举了人格权利，并包括了人格法益。

---

① 马克思，恩格斯. 马克思恩格斯全集：第11卷［M］. 人民出版社，1995：573.
② 张文显. 二十世纪西方法哲学思潮研究［M］. 北京：法律出版社，1996：555.
③ 尹田. 论人格权的本质——兼评我国民法草案关于人格权的规定［J］. 法学研究，2003（4）：3-14.
④ 薛军. 人格权的两种基本理论模式与中国的人格权立法［J］. 法商研究，2004（4）：63-75.

因此，人格权不再如表达自由一样仅为宪法性权利，通过民事法律规范的详细规定和确认，其还是属于一种重要的私权利范畴。在网络侵权法律规范的实施中，所涉及表达自由和人格权的冲突属于结构性冲突类型中的宪法性权利与私权利的冲突。对这类冲突的解决需要遵循相关冲突规则来探讨。

二、网络侵权规则实施中表达自由和人格权冲突之特点

（一）多种媒体功能的综合导致不能当然适用一般媒体冲突的规则

在功能上，互联网有着传统媒体不具有的功能分散化特征，其能增加公众广泛使用媒介之机会，能够综合广播、报刊、电话、邮件等媒体的功能，保障人们获得多元化的信息。但是互联网和其他传统媒体有着重要的区别，就是其没有稀缺性问题。由于稀缺性特征，人们通过广播、电视等表达自己的观点并不容易，而互联网相对要容易使用，且成本低廉。通过互联网，人们的表达内容、表达方式和途径具有更大的灵活性。电视、广播常为单向交流，而互联网双向交流更为便利。通过网络这一媒介，人们的观点交流和平常人们相互之间的对话差异很小。

鉴于这些不同特征，与其他传统媒体相比，使得对互联网调整的法律规范具有很多不同的特征之处。比较法上，以美国为例来说明这些法律规范的特殊性。为减少政府对电子通信的调整，鼓励迅速发展的新技术，《电子通讯法》（*Telecommunication Act of* 1996）由美国国会通过，制定的主要目的是相关团体认为，其中的《反不雅通讯法》编构对互联网上的表达自由严重吓阻，而在其生效后提起诉讼。原告最初包括了人权观察、美国公民自由联盟、电子信息隐私中心等20多个团体，其理由是认为相关阻碍表达自由的条款违反了美国宪法的规定。此后全美连载、全美记者协会、微软等20多个团体也就该问题提起诉讼。这两个案件被联邦地区法院合并审理。最终美国最高法院判决上述法律规定违反第一宪法修正案。[1] 判决的理由就是该规定是根据内容调整言论，规定的内容不清楚明晰，会导致对言论自由的吓阻。从表达自由的参照标准来看，美国最高法院认为对互联网媒体而言，不能参照对广播电视的适用标准。应据其表达手段之特点来给予表达自由提供不同保护。[2] 其强调之前的司法先例都不能提供适用互联网的第一修正案审查标准，这为互联网上的表达自由提供了

---

[1]　Reno v. American Civil Liberties Union, 521 U. S. 844 (1997).

[2]　Burstyn Inc. v. Wilson, 343 U. S. 502 – 503 (1952).

无限的机会和手段。该国的法学界基本共识为将政府对表达和传播之调整减少到最低限度，充分保障表达自由和信息传播。美国最高法院在 1978 年、1996 年和 1997 年针对在这三种媒介上淫秽或不雅材料的传播做了三个不同的裁定。①其实践则针对广播、有线电视和互联网上表达自由，采取对表达自由的不同限制标准。

针对互联网有别于其他传统媒体的不同特点，适用不同的标准来管理和保障表达自由，让法律对新媒体的调整保持灵活性，有着积极意义。能适用新兴媒体技术的发展，在灵活适应新的社会关系的同时，更大程度地保障人们的宪法性权利——表达自由②。

（二）表达自由在冲突权利中隐性特点使其无法获得直接救济

从网络服务提供者侵权责任规则实施中导致的表达自由和人格权冲突特征看，该冲突是隐含的，因此很容易被权益保护面纱所掩盖，在具体的裁判中被忽视。网络侵权的基本条款《侵权责任法》第 36 条的规则设计之直接目的是解决网络用户和网络服务提供者侵权责任因人格权和财产权及其相关法益受到侵害的救济问题，为加害人的责任承担提供相应的法律依据。理论上表达自由与人格权的冲突显而易见，但在条款的适用中，则人格权的保护为显性，表达自由保护则为隐性。具体案件中可以根本不考虑表达自由的问题。36 条采用的为过错责任归责。过错责任原则被认为是最能达到调和"个人自由"和"社会安全"两个基本价值的任务的原则③。学者也认为我国侵权法的过错责任原则的作用之一是维护行为自由④。但综合"通知条款"和"知道条款"的具体规定，可见立法上实质上选择了对人格权保护倾斜，对表达自由的保护考量很少。从而导致网络侵权规则实施中表达自由和人格权保护的失衡。

最高人民法院《关于审理利用信息网络侵害人身权益民事纠纷案件适用法律若干问题的规定》⑤ 并没有改变一般规定的状况，没有将表达自由的保障考

---

① 邱小平. 表达自由——美国宪法第一修正案研究 [M]. 北京：北京大学出版社，2005：515.

② 蔡唱. 侵权责任法实施中表达自由与人格权保护冲突之解决 [J]. 岳麓法律评论，2015：120 - 138.

③ 王泽鉴. 侵权行为法：第一册 [M]. 中国政法大学出版社，2001：13.

④ 王利明. 侵权行为法归责原则研究 [M]. 北京：中国政法大学出版社，2004：55.

⑤ "最高人民法院关于审理利用信息网络侵害人身权益民事纠纷案件适用法律若干问题的规定"（法释〔2014〕11 号，2014 年 6 月 23 日最高人民法院审判委员会第 1621 次会议通过）第 8 条.

量进去。根据该解释，法院在解决纠纷时，考虑的为网络用户、网络服务提供者等主体是否构成对他人人格权的侵害，但不会考虑做出裁决或者是否采取措施时，对表达自由的影响几何。对于网络侵权规则实施中，侵害网络表达自由的行为，受害人无法通过这些条款救济。受害人也没有其他民事救济途径来寻求表达自由的保护。

表达自由与人格权冲突的解决实质上只能在民事案件中实现，但这种途径是隐性的，不稳定的。相关引起表达自由与人格权冲突的案件，如《秋菊打官司》案、邱氏鼠药案中，其冲突的解决都是法院通过民事案件途径，在原告提起的侵害人格权诉讼中引发争论时的个案衡量。也就是在个案利益衡量中对表达自由与人格权保护冲突的解决。因为除了这种途径外，无法从公法途径上来解决。我国没有宪法诉讼制度，没有关于宪法性权利和其他权利冲突时如何判断权利保护层级的判断依据。在我国现行的诉讼体系中，表达自由受侵害也无法获得救济。从收集的样本裁判可以看到民事裁判中，法官在说理部分，考虑是否构成侵害名誉权等具体权利时，会考虑到表达自由问题。但是这取决于不同的裁判者的审判水平，并不是强制性的。而且案件中仅将其作为是否侵害人格权的考虑因素之一，也并不是对于表达自由受侵害的救济。

（三）网络之快速特征决定了解决冲突中对相关权利保护不能偏废

与传统媒体相比，快速是网络的重要特征，包括其加害行为、损害扩散快、对受害者回应快速、影响消除快速性，这就使得在人格权的保护和表达自由保护应该相辅相成，其冲突解决时任何一种权利都不能偏废。

随着人们对网络传播媒体日渐熟悉，其对该种媒体的信息特征有着更大的宽容性。人们并没有像对待传统媒介这样去要求信息的真实性。在个体受到他人攻击时，能自由地回应反击。网络媒体的特点导致人们评判意识的改变①。网络信息传播模式从 Web1.0 发展到 Web3.0 模式。Web2.0 技术模式下，原来自上而下的由网络服务提供者集中控制主导的信息发布和传播体系，逐渐转变成了自下而上的由广大用户集体智能和力量主导的体系。② 而代码权的不断下放，博客、社交网站以及集体编辑服务（如维基百科和百度知道）等以用户为中心的网络服务，正在颠覆软件如何开发、信息如何在互联网上生成、共享和

---

① 姚辉. Internet 与表达自由［M］//王利明，葛维宝. 中美法学前言对话——人格权及侵权法专题研究. 北京：中国法制出版社，2006：390.

② 胡泳. 众声喧哗——网络时代的个人表达与公共讨论［M］. 桂林：广西师范大学出版社，2008：86.

分发的传统概念。① Web3.0 的信息传播形态和特征相比 Web2.0 发生了巨大变化。根据 Web3.0 的失控理论，一旦信息发出，信息发布者就会失去对信息的控制，就会表现为去中心化的特征。② 网络传播模式这些特征，决定了在网络侵权法律规则实施中，不能单纯强调其损害快速扩张性，而对表达自由过度限制。需综合考虑其影响消除的快速特性，依靠和信赖人们对这些特征适应的能力。在确定相关规则时，不要过度干预网络空间中的自由。网络环境是各种民事活动的媒介之一，其并未改变民事活动的性质。因此在法律对民事活动的调节中应该遵循一般的民法基本原则，如平等原则。平等原则赋予网络民事活动更为丰富之内涵。通过国家的力量对网络调整，需要在民事主体间站在中立的立场来确定权利义务，坚持中立原则。所谓平等、中立原则是指民事立法对参与交易的主体、进行网络民事活动所需要的相关技术和交易平台（即信息传输、存储和交流的媒介）等应中立、平等对待，不能有所偏爱，它是网络和网络民事活动的全球性、技术性特征的反映和体现。③

（四）冲突之解决需考虑网络表达的替代途径缺乏性

因网络便捷、成本低、参与者多、平民化等特点，是其他行使表达自由途径无法替代的媒介。这一特点要求，我们在制定和实施有关规则时，不能从事实上限制和剥夺了表达自由的行使途径。虽然在理论上说，人们有足够多途径来表达自己，但事实上这些途径会受到表达者的个体因素影响，如其财力、时间、影响力等。作为社会主义国家人民参与基层民主管理，网络则已经成为人们对国家立法、法律实施和其他社会问题表达自己看法的重要途径，人们通过网络能更有效地监督权力运行。因此如果对网络表达自由进行超过限度的限制，其影响到的是整个国家和社会的公共利益。由此，我们在网络侵权责任规定的实施中，需要考虑网络途径对表达自由的重要性和该种途径的不可替代性，不能违背表达自由的限制规则，不能仅在怀疑其构成侵权时就限制他人表达自由。

与其他途径比较，网络途径是其他媒体无法替代的。其通过互联网出版、电子公告、实时聊天工具进入人们的日常生活，是当今社会表达自由权行使的重要方式。该种方式经济、便利。其他媒介如电视、广播、报刊杂志、著书立说等，都存在准入问题，而且相对成本要高昂很多，且对行为人的影响力要求

---

① 梅夏英，刘明. 网络侵权归责的现实制约及价值考量［J］. 法律科学，2013（2）：82－92.

② 马新彦，姜昕. 网络侵权中转发者责任考察［J］. 社会科学杂志，2015（2）：53－56.

③ 刘德良. 网络时代的民商法理论与实践［M］. 北京：人民法院出版社，2008：68.

较高。如以电话方式行使表达自由，其成本高、受众少，因此表达者的观点很难与广大群众交流和讨论。在考虑某个规则或者制度对表达自由的限制时，需要考虑被限制的途径是否有替代途径问题。比较法上，如美国最高法院认为，政府在公共或者私人场所对表达自由进行限制或禁止时，必须要为其信息传播留有足够的选择途径。规则的实施结果不能是在事实上剥夺人们有效行使表达自由。如果这样，其采取两个解决办法：一个是适用"时间、地点和方式"规则的三个要求，评估这一影响的程度；另一个就是使用"公共场所"规则①。

网络服务提供者对第三人侵害人格权行为的注意义务，包括电子公告服务商（BBS）对发布在公告板上的内容负有何种义务问题。我国《互联网电子公告服务管理规定》解释了电子公告服务。现代国家应维护表达自由，但为了保障他人合法权益和社会的稳定与安宁，对于言论和信息传播会在一定限度内加以控制。美国在 1995 年的 *Stratton Oakmont, Inc v. Prodigy Services Co.* ② 中确立网络服务提供者对用户言论负责的先例。法院认为 Prodigy 公司有意识地通过颁布言论指导、设置 BBS 站长和使用监视软件来对信息进行编辑控制，因此由原先的传播者变为发布者。Prodigy 为了阻止面向家庭的网站上有过多的攻击性言论，对内容进行筛选，等同于行使了编辑控制权。Prodigy 案中，公司颁布言论指南并设置 BBS 站长管理 BBS，不能等同于杂志上编辑对于作品的编辑，过滤软件只能机械地过滤关键词，无法识别所有违法内容。由于 Prodigy 公司除了事后可以对其上的信息进行编辑和删减外，并不能事先影响信息的发表和内容。③ 1996 年美国国会修订《通信规范法》（*The Communications Decency Act*），改变了 Prodigy 案所确立的规则。该法案目的是为了纠正类似的案件仅仅是因为网络服务提供者限制了用户容易引人反感的言论的访问，就将网络服务提供者视为出版商。

---

① 邱小平. 表达自由——美国宪法第一修正案研究［M］. 北京：北京大学出版社，2005：386－422.

② Stratton Oakmont, Inc v. Prodigy Services Co., 1995 N. Y. Misc.

③ 王迁. 论 BBS 的法律管制制度［J］. 法律科学，1999（1）：76－85.

第三节 表达自由与人格权冲突形成之原因

一、制度层面的原因

在网络服务提供者侵权规则实施中，表达自由和人格权之权利冲突产生原因很多，我们先从宏观的制度层面来分析。宏观制度层面主要包括了经济发展因素、法治因素和权利意识因素。[①] 从经济发展因素来看，由于网络产业在我国发展时间不长，使相应的规则未能有效确立。市场经济发展并不充分，各类参与经济活动的主体，包括涉及网络侵权责任关系的网络服务提供者、网络用户、网络销售者等，其在主体上存在差异，其独立性、自主性，以及对他人权益保护意识和自身权利维护意识的形成上都受社会经济条件的制约，从而形成了制约对表达自由、人格权的发展以及伴随权利冲突的因素。从法治因素方面分析，我国正在发展的社会主义法治存在着不完善和不成熟之处，比如对宪法性权利和自由的发展、保障，因权利和自由的差异，而呈现不同的状况。有些权利除了宪法中原则性规定之外，在民法和其他法律规范体系中有进一步对其保障范围和内容等加以具体化，如人格权。在该类权益受侵害时，受害人就可以通过民法途径加以救济。而另外一类权益则仅仅规定于宪法中，如表达自由是宪法中规定的基本自由之一。不同于人格权的是，在宪法中将其规定为基本权利之外，并无民法上的确认和保护之规定。由于其不受民法直接保护，人们在享受和行使这些基本自由时，会与其他的权利产生冲突。[②] 另外，社会整体权利意识的不平衡，随着经济和社会发展，出现了部分人权利意识的增强与整个社会之权利意识发展不平衡的矛盾与冲突问题。一方面，人们权利意识的增强，就会使其在网络活动中更多地关注对于自身人格权益的保障和寻求法律救济。而在另一方面，社会整体上存在一部分并未重视对他人权益保护问题的主体，表现为在做出行为的时候漠视他人的表达自由，对于一些属于正常的批评建议不能容忍之现象。表达自由维护方法、救济途径缺乏等特殊性，使得其受侵害者维权中存在障碍。作为重要媒介之网络服务提供者，因法律规则的设计

---

① 刘作翔. 权利冲突的几个理论问题 [J]. 中国法学, 2002 (2): 56-71.
② 张新宝. 言论表述和新闻出版自由与隐私权保护 [J]. 法学研究, 1998 (6): 32-45.

等原因，为了自身利益往往选择不利于表达自由保护的处理行为，从而导致实践中对于表达自由的侵害行为发生。

二、从义务角度探讨冲突原因

权利和义务相对应，因此权利的冲突也就是与权利相对应的义务的冲突。[①]实践中，在某种法律关系中同一主体需承担多项义务。由于义务主体的利己性，在承担的义务履行发生冲突之时，义务主体往往会选择履行有利于自身利益的义务。在网络服务提供者侵权规则实施中，表达自由与权利保护的冲突是由于主体所承担的多项义务之间的冲突所致。由于网络服务提供者不可能同时履行相冲突之义务，其选择的行为必然会导致对其中的一些权益不加以尊重。网络服务提供者处于非常微妙的地位，其一方面需要保障他人人格权，另一方面根据宪法关于表达自由的规定，实质上也承担了保障他人表达自由之义务。当没有其他利益介入时，在这两种义务冲突之时，选择保障前者，也就是履行保障人身权之义务最符合其自身利益。首先是其要选择规避不采取措施可能导致承担连带责任风险。如依据36条之"通知条款"，网络服务提供者接到通知后处理不当，就可能在权利人请求时需就扩大部分损害承担连带责任。依据"知道条款"在网络服务提供者知道侵权行为未采取必要措施时承担连带侵权责任。在这些条款的实施中，如果网络服务提供者能确定地判断通知中的行为是否构成侵权，从而采取相应措施，其承担责任的风险就小。如否，其就有大概率的担责风险。然对网络侵权中是否侵害隐私权、名誉权等人格权判断涉及权利的理解及其边界，涉及证据、举证责任等专业问题，其判断难度大。因此网络服务提供者接到通知后选择无论对错都采取措施风险小于不采取措施。其次是由于表达自由受侵害后缺乏救济途径导致网络服务提供者选择不利于其保障的处理方式。如前所述，仅作为宪法性权利表达自由，在受到侵害时无法用民事途径加以救济，而我国有缺乏宪法或者其他救济途径。因用户在权利受侵害时就难以得到救济，网络服务提供者在承担的义务冲突时选择忽视表达自由对于其自身来说就是选择了一种安全的解决方式。如我国2008年的"强删网名案"，原告起诉被告侵害姓名权和言论自由权，法院判决其败诉[②]。再次，网络服务

[①] J. Coleman, S. Shapiro: The Oxford Handbook of Jurisprudence and Philosophy of Law, Oxford University Press, 2002: 499－500.

[②] 于雪锋. 网络侵权法律应用指南 [M]. 北京：法律出版社，2010：99.

提供者也无须承担按照错误通知采取措施导致的侵权责任。对于错误通知后果，虽然《侵权责任法》未做规定，但其他规范，如《信息网络传播权保护条例》第 24 条规定其后果由错误通知者承担。

伦理学角度看，影响人之行为的人性基础、内在动力机制是"为己利他、损人利己"。个人的行为只能偶尔"无私利他""单纯利己""纯粹害人""纯粹利己"，而必定恒久"为己利他"或"损人利己"。① 不想承担风险和责任，多一事不如少一事。在处理网络侵权行为过程中，网络服务提供者所关心的事情和利益并不是表达自由，而是其自身经济利益和其是否会陷入麻烦中。于是网络侵权法律规则之实施后果变成了，网络服务提供者为了防范给自身造成损失之风险，选择对通知中所称侵权网页、言论等，不多加判断就直接采取措施。与学者的忧虑相同，网络服务提供者侵权规则的规定，更倾向于权利保护，而更多地限制言论自由②，网络侵权规则的实施结果常常变成由于主体理性的选择促使网络服务提供者选择人格权保护而漠视表达自由。人类是一种目的性的存在者，这是人类最典型的特征之一。他们拥有各种计划和意图，并且如果他们是理性存在者的话，将会考虑是否将这些计划和意图付诸行动。因此，人们在易于影响其计划的正当理由的考量就非常重要，并且这也是人类独有的特性。一个人只要是理性的，在缺乏一个正当理由时，他就不会行动。③ 促使精明的人实施某个行动的正当理由是他自己的利益。因此网络服务提供者为了防范责任的承担，就会尽量履行人格权保障义务，而选择保障表达自由。

然而在实践中有很多受害人认为自己的人格权受侵害，通知网络服务提供者要求采取措施，却没有得到答复或者网络服务提供者并未采取措施的情形。究其原因有多种。第一，通知的形式和所提交的证据不符合法律的规定，通知的对象错误等导致网络服务提供者不予处理。第二，网络服务提供者的经济利益驱动，为提高点击率并不删帖。第三，权利人怕麻烦，真正去追究侵权责任的少，网络服务提供者觉得风险小。这些现象需要得到重视，但不能因为这些现象的存在就忽视对表达自由与人格权的冲突问题。为了经济利益等原因虽然也会导致网络服务提供者不及时、正确地采取措施，从而在结果上对表达自由的保护有益，但是他们的目的不是保护表达自由，表达自由的保护和他们的经

---

① 王海明. 新伦理学［M］. 北京：商务印书馆，2001：241.
② 谢鸿飞. 言论自由与权利保护的艰难调和——《侵权责任法》中网络侵权规则之解读［J］. 检察风云，2010（3）：26 – 30.
③ 杰弗里·墨菲. 康德：权利哲学［M］. 吴彦，译. 北京：中国法制出版社，2010：39.

济利益目的也会出现不一致。

三、从权利冲突之规范结构角度分析成因

权利冲突之规范结构是形成冲突原因之一。在网络服务提供者侵权规则实施中，表达自由和人格权冲突的规范结构涉及问题主要包括权利的构成与限制两大方面。

权利的构成也可理解为权利的保障范围，指的是权利的保障事项有哪些。权利的内容实质上包括另一与权利的构成相关的重要问题，也就是权利的限制。权利的限制用来划定权利之边界。因此从权利冲突之规范结构探寻表达自由与人格权冲突之成因，可以从两个权利的构成和限制上来分析。从规范结构中找到网络侵权规则实施中表达自由与人格权冲突产生的原因。

"外部理论"和"内部理论"是两种关于基本权利之构成与限制的不同理论。两种理论的重要区别在几个方面：其一，把"权利"与"权利的限制"当作两个问题来处理的是"外部理论"。该理论认为解构某些权利需要解决的前提问题是"权利的构成"，接下来再考虑"权利的限制"。其二，与外部理论不同，将"权利的构成"与"权利的限制"当作一个问题来处理的为"内部理论"。内部理论认为权利保障都有一定的边界。本质上来看，任何权利都有着固定之范围。当人们在确定"权利是什么"时，同时也就是确定对该"权利的限制是什么"。[①] 这里用"外部理论"来讨论产生原因问题，也就是将表达自由、人格权两个权利的构成和限制区分讨论。这是因为"外部理论"不会过早地将本应属于基本权利范围的事项排除，从而导致权利范围限缩问题，其权利清晰，可更明白地说明基本权利构成问题。

从表达自由和人格权的构成和限制两方面分析权利冲突产生原因，可见主要是对表达自由、人格权限制规定方面的模糊，导致两者权利界限不明。《宪法》第 51 条为对表达自由、人格权限制的概括性规定。根据该条，主体在行使自由和权利时，不得损害其他主体的合法自由和权利。其他主体包括了国家、社会、集体的利益和其他公民的利益等。而对于媒体不得传播内容限制，主要规定在其他法律、行政法规和部委规章中。总的来说，我国关于表达自由的具体限制主要停留在理论研究的阶段，对于其案件如何衡量的要件缺乏。

与正面无对表达自由的限制不同，有些规则在实施的过程中会造成对表达

---

① 张翔. 基本权利冲突的规范结构与解决模式 [J]. 法商研究，2006（4）：21 - 29.

自由的实质限制,《侵权责任法》36 条就属于这种情况。由于是隐含的限制,因此在立法时并没有考量这一限制是否符合对权利限制的原则。公民应该拥有尽可能多的自由和权利,只要其权利的行使不妨害他人。法定的权利和自由只有在其运用会危害或干扰其他人的时候才能被限制。无条件地限缩权利和自由,将会削减整个社会功利的总量。在民事立法中,我国是正面规定角度,即规定了人格权的具体类型,但未对人格权的立法限制做专门规定。实践中相关案件、司法解释等会涉及对人格权的限制问题。比如公众人物人格权保护中涉及的言论自由与隐私权、名誉权冲突问题的解决时,涉及到对人格权限制。实践中在"范志毅诉文汇新民联合报业集团侵犯名誉权纠纷案"里,首次提出"公众人物"的概念,司法实践中也运用公众人物理论,在对其人格权的限制等方面引起了学术界引广泛探讨。① 有些司法解释虽然未直接用"权利限制",但其内容实质上为人格权的限制。例如最高人民法院《关于审理名誉权案件若干问题的解释》中,其第 2 款和第 5 款内容涉及对权利限制问题。根据这两款,仅供领导部门内部参阅的刊物、资料等刊登的来信或者文章中涉及侵害他人名誉权的,法院不予受理。在依法对有关部门检举、控告他人违法违纪的检举人、控告人,不构成侵害他人名誉权。

虽然缺乏直接正面的规定,但从我国立法和司法实践中对表达自由限制、人格权的限制,可以得出这些限制缺乏科学性和过于宽泛之结论。权利限制的宽泛看似权利范围广,实际上产生表达自由和人格权边界模糊的后果。权利边界是贯通权利问题微观、宏观两个层面的枢纽②。义务的不确定性和权利边界模糊性会产生权利间的冲突。表达自由和人格权都有其存在的法律依据,由于法律未对他们的相互作用关系做出明确界定而导致两权利间边界不确定性,从而使两者间出现矛盾和不和谐状态。需用专门化、精确的法律语言来明晰表达自由和人格权边界。在立法者试图用准确的语言,清晰地描绘权利边界的同时,权利边界也必定存在开放性、框架性的特点③。网络侵权规则中,导致实施结果为只要有侵害他人人格权的可能性,就通过限制人们表达自由来达到保障人格权的目的,该种结果显然是限制超过限度而产生,导致对两者权利保障的严重失衡。

---

① 王利明. 人格权法研究 [M]. 北京:中国人民大学出版社,2005:240.
② 张平华. 私法视野里的权利冲突导论 [M]. 北京:科学出版社,2008:21.
③ 卡尔·拉伦茨. 德国民法通论:上 [M]. 王晓晔,等,译. 北京:法律出版社,2003:276.

第四节　解决表达自由与人格权冲突之指导规则

对如何解决权利冲突问题，存在两种不同解决理论模式。一为"抽象解决模式"，主张者希望通过一般性的规则和权利位序表来解决问题，具体说是通过"权利的位阶秩序""具体规定优于概括规定""立法衡量"等理论来帮助确定一般规则。另一种为"具体解决模式"，主张"个案衡量论"，认为不存在解决权利冲突的一般规则，冲突的解决只能在个案中具体情形下进行比较衡量。①我们认为这两种方式中某一种方式都无法很好地解决网络侵权中表达自由和人格权冲突。应该集中两种模式的长处。其中利用抽象解决模式能从宏观上提供冲突解决的指导思想、方法，以确立解决冲突的一般规则，指导解决具体的纠纷。而通过个案衡量模式，在具体纠纷解决过程中来现实中的利益之平衡。

一、利益衡量是指导规则背后的方法论

今日进行法的解释时不可能不进行利益衡量。法的解释，正是基于解释者的价值判断为解决纷争订立妥当的基准②。作为分析和解决冲突之方法，利益衡量可以追溯到庞德的社会控制论。庞德认为承认、确定和保障利益是法律的任务和作用。利益可分为个人利益、社会利益和公共利益。由于不同利益间发生重叠或冲突，就产生了用什么准则和尺度对冲突利益进行评价问题。利益的衡量必须借助法律的价值作为尺度。③民法学者主要将这一方法用于法律解释、填补法律漏洞或用于解决法律规范之间的冲突，认为"如果意见表达侵及他人值得保护的利益，即必须为法益衡量"④。利益衡量的方法，就是对两种或者两种以上相互冲突的利益进行分析和比较，找出其各自的存在意义与合理性，在此基础上做出孰轻孰重、谁是谁非的价值判断⑤。其意义在于它反对某部分人或集体以一己私利代替社会利益，支持给予最大多数个人利益之集合利益以首先考虑的地位，允许自由在与其他利益的冲突中被选择。它有助于我们抑制这

---

① 张翔. 基本权利冲突的规范结构与解决模式 [J]. 法商研究，2006（4）：21 – 29.
② 梁慧星. 民法解释学 [M]. 北京：法律出版社，2015：316.
③ 沈宗灵. 现代西方法理学 [M]. 北京：北京大学出版社，1992：290 – 291.
④ 卡尔·拉伦茨. 法学方法论 [M]. 陈爱娥，译. 北京：商务印书馆，2004：281.
⑤ 张新宝. 名誉权的法律保护 [M]. 北京：中国政法大学出版社，1997：10.

样的观念：当表达自由与其他权利冲突时，先入为主地要牺牲表达自由或主张表达自由压倒一切①。利益衡量在立法中尤为重要，已有《侵权责任法》36条的基础上，该方法运用的重心转移到对表达自由和人格权冲突的协调的司法和法律解释学层面。

在近年的样本裁判中，法院将利益衡量，将言论自由的保障和权利的保障运用在裁判文书的说理部分。如曾云与崔艾春、金星名誉权纠纷案中，法院认为公民享有网络言论自由，但在网络发表言论的同时应当遵守国家有关法律法规的规定，不得侵害他人的隐私、名誉等合法权益。公民的名誉权受法律保护，禁止用侮辱、诽谤等方式损害公民的名誉②。正如本章第一节第二个问题"样本裁判中表达自由和人格权保护冲突的具体表现"所述，在网络服务提供者侵权责任的案件中，利益衡量的方法运用越来越多，这也体现了该方法在实践中发挥着重要作用。

二、表达自由的保障不应是侵害他人人格权的借口

在权利冲突时，依据权利的上下位阶来解决冲突是一种解决途径。对表达自由和人格权的位序如何判断，见解不一。有观点认为人格权保护比表达自由重要。认为保障表达自由因为该自由权能为公众提供资讯。但为满足读者肤浅的娱乐虚构访问，涉及个人私事，无关公益。此时隐私保护应该优于新闻报道③。相反的主张则认为表达自由位次更高。认为表达自由之重要性在于其制度效益。对于正在改革、追求更为开放的社会来说，须选择优先保护表达自由之方向④比较法上，一些国家实践中采这种观点，遇人格权与表达自由冲突时，判决表达自由优先于人格权保护。如美国在隐私与言论冲突时，法院的基调在于保护言论⑤。在意大利、西班牙、荷兰、德国等法院也有这类选择的判决⑥。其理论基础是表达自由及资讯自由权对民主社会具有"结构性的意义"，因此法

---

① 王锋. 表达自由及其界限 [M]. 北京：社会科学文献出版社，2006：282.

② 江西省南昌市青山湖区人民法院，(2016) 赣 0111 民初 1762 号"民事判决书".

③ 王泽鉴. 人格权保护的课题与展望——人格权的性质及构造：精神利益与财产利益的保护 [M] //吴春歧. 人大法律评论. 北京：法律出版社，2009：50 – 100.

④ 苏力.《秋菊打官司案》、邱氏鼠药案和言论自由 [J]. 法学研究，1996 (3) 65 – 80.

⑤ 葛维宝. 隐私与言论 [M] 彭亚楠，译//王利明，葛维宝. 中美法学前沿对话——人格权法及侵权法专题研究. 北京：中国法制出版社，2006：22.

⑥ 克雷斯蒂安·冯·巴尔. 欧洲比较侵权行为法：上卷 [M]. 张新宝，译. 北京：法律出版社，2002：721.

院赋予两类权利比其他基本权更高之地位①。此外，有观点认为，不应该以权利位阶秩序作为解决权利冲突的依据。因为权利位阶秩序并没有整体的确定性，不可能形成像"元素周期表"那样先在的图谱②。表达自由和人身权同等重要，不存在主次之分和哪种权利优先的问题。在案件处理中，对两种权利的冲突，应运用权利制约机制进行权利均衡，并侧重对弱者的保护，不宜多用权利制约的手段解决纠纷③。

我国宪法文本没有对基本权利的优先顺序做规定，从立法无法推出表达自由和人格权之位阶差异。位阶秩序理论仅为理论层面的讨论，对此也无一致之理论支持。无法希冀通过基本权利位阶秩序来解决网络侵权责任规则实施中表达自由和人格权冲突问题。表达自由和人格权都是法定权利，应该平等地受到法律的保护。在网络侵权规则的实施中需要以达到表达自由和人格权均衡目的。据权利制约原理，在不同权利产生冲突时，用利益平衡方法来找到其界限，使得不同权利平衡地受到法律的保护，这就是权利均衡。权利均衡不但理性上可以认识、解释，在实践中也具有可操作性。如前所述，网络服务提供者侵权规则体系在制定时就未注重利益平衡，实施中会导致表达自由和人格权保护之失衡。而实施结果利于人格权保护忽视表达自由。这就需要在对规则的法律解释、具体案件法律适用时，注重对表达自由保护，以纠正失衡的表达自由和人格权保护。具体来说，可通过在法律解释或者具体的裁判中运用利益衡量，进行必要的利益平衡，尽量使权利冲突所产生的损害减少到最低限度。这样做的理由主要有：第一，通过实施对注重表达自由的重视来纠正立法对权利保护的倾斜。由于立法规定倾向于对权利保护的价值取向，使实施造成侵害他人表达自由之可能性增加。应平衡权利的保护与表达自由，两者不能偏废。第二，对表达自由救济困难决定了对其倾斜保护。由于表达自由是宪法性基本权利，法官在处理网络服务提供者侵权责任纠纷时，考虑的为民事权利保护问题，难以关注表达自由之保护。在司法解释等具体规则的设计时，考虑到对表达自由保护，如将限制表达自由需要符合的条件纳入司法解释的考量因素，则实质上达到保障表达自由之目的。第三，现有机制也难以激励权利人对表达自由之救济。正是由于规则本身的价值倾向性，结合

---

① 卡尔·拉伦茨. 法学方法论 [M]. 陈爱娥, 译. 北京：商务印书馆, 2004：285.

② 林来梵, 张卓明. 论权利冲突中的权利位阶 [J]. 浙江大学学报（人文社会科学版）, 2003 (6)：5-14.

③ 关今华. 权利冲突的制约、均衡和言论自由优先配置质疑 [J]. 法学研究, 2000 (3)：65-79.

表达自由在民法核心价值体系中的重要性，需要我们在规则的实施中，用具体的规则和制度，切实保障表达自由。①

在强调表达自由保护的同时，不能忽视的另一个问题是防止网络服务提供者利用保护表达自由的借口实施对他人人格权的侵害。对于网络服务提供者来说，广告是其重要的收入来源，该收入又与网站的点击率息息相关。经济利益会使网络服务提供者放任网络用户的侵权行为，从而对权利人造成侵害。这一点在侵害著作权上尤为明显，在侵害人格权时也不能忽视。网络服务提供者不及时删除被通知侵权的内容的决定因素不是他们为了保护人格权，而是其利益驱动。我们不能依赖其利益驱动因素来达到保护表达自由目的，因为网络服务提供者的经济利益与人格权的保护是两个不同的问题，不会表现为同一。由此，并不能因网络服务提供者有经济利益就可以推出不用保护表达自由。我们需要在《侵权责任法》36 条的实施中既体现对表达自由的保护，也体现在涉及对表达自由保护的措施时，对网络服务提供者这些措施滥用的禁止。

三、将对表达自由的限制纳入法律解释和实施中

两者权利冲突解决的关键是找到权利边界。解决表达自由和人格权冲突，需找到两种权利之边界在哪。36 条的问题在于表达自由的保护是隐性的、人格权的保护是显性的等原因产生对表达自由保护不力。利益失衡的状态对我们在法条的解释和其他具体措施的确定时，提出综合考虑这些解释和措施是否符合对表达自由限制的要求。

网络服务提供者侵权规则实施产生的问题之一为在没有明确规定时，实施中导致对表达自由的限制是否符合法理。对表达自由限制应该是在必要的范围之内，但是我国没有统一对于限制条件加以规定。在宪法和签署的《公民权利和政治权利公约》中，规定非常抽象，有很多弹性从而使其缺乏操作性。

在部委规章中也有对网络表达自由的限制性规定，如 2005 年《互联网新闻信息服务管理规定》。该规定第 19 条是采用了列举方法来达到对互联网上信息

---

① 蔡唱. 网络服务提供者侵权责任规则的反思与重构 [J]. 法商研究，2013（2）：113 - 121.

内容进行控制之目的①。分析这些限制的内容，可以发现其规定并未将互联网媒介与其他媒介的不同和物理介质上之特殊性考虑进去，因此其确定的规章与对平面媒体的限制没有差别。这类规定容易被权力机构误用来限制表达自由，原因在于其未对禁载内容确定具体的标准。作为宪法性基本权，常态应该是保护表达自由，限制则应为例外。学者对限制提出了具体规则，如认为限制应该考虑受保护法益影响的程度、让步利益受损害的程度、比例原则、最轻微侵害手段或尽可能微小限制的原则②。综合学者研究，建议确立以下规则对表达自由进行限制。

首先，有即刻危险的存在。也就是存在着对人格权造成侵害的明显而即刻之危险。该规则的提出者是美国的霍姆斯大法官，其在"申克诉合众国案"中提出。然后布兰代斯大法官在"惠尼特诉加利福尼亚案"对该规则进行了发展和完善。其主要内涵是指要限制言论自由，就必须有合理的依据，认为所说的危险是紧迫的，必须有可能造成严重危险。③

其次，需依据法律规定的条件和程序来限制表达自由。该规则也被称作法律保留原则。意思是指涉及限制人们基本权利时，须以法律方法为之，依法律来限制。④ 法律保留原则在我国立法中也有体现。根据我国《立法法》第8条第5款，对表达自由的剥夺，只能制定法律。这就是说如对表达自由限制的过程必须符合法律规定的程序，并实体法依据。需由全国人大及其常委会制定法律作为依据。《侵权责任法》第36条构成了对表达自由实质性限制，但立法过程中未周全考虑对表达自由的保护。这种不合理限制也不符合法定的程序性要件。

再次，限制的限度要求符合比例原则。对于表达自由的限制"是为了达到

---

① 第19条规定：互联网新闻信息第十九条 互联网新闻信息服务单位登载、发送的新闻信息或者提供的时政类电子公告服务，不得含有下列内容：（一）违反宪法确定的基本原则的；（二）危害国家安全，泄露国家秘密，颠覆国家政权，破坏国家统一的；（三）损害国家荣誉和利益的；（四）煽动民族仇恨、民族歧视，破坏民族团结的；（五）破坏国家宗教政策，宣扬邪教和封建迷信的；（六）散布谣言，扰乱社会秩序，破坏社会稳定的；（七）散布淫秽、色情、赌博、暴力、恐怖或者教唆犯罪的；（八）侮辱或者诽谤他人，侵害他人合法权益的；（九）煽动非法集会、结社、游行、示威、聚众扰乱社会秩序的；（十）以非法民间组织名义活动的；（十一）含有法律、行政法规禁止的其他内容的。

② 卡尔·拉伦茨. 法学方法论［M］. 陈爱娥，译. 北京：商务印书馆，2004：285.

③ 王锋. 表达自由及其界限［M］. 北京：社会科学文献出版社，2006：263.

④ 陈新民. 德国公法学基础理论：下册［M］. 济南：山东人民出版社，2001：355.

目的所必需"①。比例原则的适用，不得限于一定的法律部门和领域，在解释法律和适用法律时，必须始终遵守比例原则。② 要求对表达自由的限制，尽可能选择最少不良作用者。也就是在保护人格权益而对表达自由进行限制时，必须选择对表达自由侵害最小的方式，将采取行为所引起的不利益应较行为防阻之利益为低。在对表达自由的限制与 36 条中限制所希望达到对人格保护成比例，不能造成过重的负担。

第五节　表达自由与人格权冲突解决之方法

一、解决冲突之整体思路

（一）综合路径

靠单一途径对 36 条实施中表达自由与人格权的冲突无能为力，多种路径和方法相结合才能有所助益。这些路径包括经济路径、法律路径、伦理路径和社会学路径等。③ 法律路径和伦理路径在这予以重点探讨。

法律路径的基础是普通社会成员对表达自由的重视和维护方法的掌握。网络社会这种存在虚拟性的流动状态下，单纯的法律规范、网络技术等都无法从根本上解决表达自由和人格权冲突。冲突之解决在于网络社会的各个细胞——网络参与者法律素养的提高，其中对于宪法性基本权利表达自由的保护意识尤为重要。各个社会成员都应认识到表达自由对于维护民主政治、社会福祉的重要意义，与每一个人切身利益攸关。社会民众的正确权利观对表达自由和权益保护冲突之解决非常关键，如对容忍与表达自由的观念和看法。要"养成能够容忍谅解别人的见解的度量"，不要"以吾辈所主张者为绝对之是"，"争取自由的人须懂得'理未易察'的道理，须有'克己'的功夫，须有'守法'的精

---

① 朱国斌. 论表达自由的界限（下）——从比较法、特别是普通法的视角切入 [J]. 政法论丛，2011（1）：3－12.

② M. P. 赛夫. 德国行政法——普通法的分析 [M]. 台北：五南图书出版公司，1991：215.

③ 何志鹏. 权利冲突：一个基于"资源——需求"模型的解释 [J]. 环球法律评论，2011（1）：38－47.

神"。① 网络言论中对自身表达自由的维护和对他人表达自由之尊重同样重要。要使民众在维护自身表达自由之同时，接受他人多元化思想和方式。在经济利益和社会利益多元化的今天，网络表达的多元化是一种必然。

法律路径的下一层次是要理顺宪法性权利、自由与民法上权利之关系。这一路径分两个方法。首先，需要建立保护表达自由之救济途径。这是根本上解决 36 条实施中表达自由与人格权冲突方法。比较法上德国建立的宪法申诉途径，可以作为有益借鉴。在"吕特案"中，德国的法官以判决方式肯定"基本权利的第三人效力"。也就是在认可宪法对私法的规范意义的同时，认为基本权利应该是在适用和解释民法规范时必须加以考虑的价值选择。这种思路下，私人在其相互关系中对基本权利的尊重并非直接的②。民事法官对适用民事实体规定就是否符合基本权的影响和方式加以检验。如法官错误地理解了该项标准，不仅违反了客观宪法，其作为公权力承载者，通过判决侵犯了基本权。因此公民对此享有宪法上的请求权。联邦宪法法院会提供能够进行宪法申诉的途径。③建议在我国实践中，为保护表达自由，将表达自由这一宪法基本权利作为解释和适用侵权法规则之价值选择标准。其次，建立宪法上人格权与民法上人格权互化机制。人格权本为民事权利，在民法上人格权遭遇公权力侵害时常无能为力。在基本权利体系中涉及人格利益之内容，有些未落实到具体法律中去。此时可借民法上权利之通道，实现民法保护。为周全人格权保护，宜建立民法上人格权与宪法上人格权的互化机制。④

伦理路径则要求提高网络参与者的法律、道德素养，在道德上改变人们的需求偏好和文化倾向是化解权利冲突的长期手段。另一方面需要加强对网络参与者之普遍道德准则建设，建设符合道德终极标准之体系。该标准体系可以归结为"增减全社会——亦即经济之发展、文化产业之繁荣、人际交往之自由安全、法和政治之优良——和每个人利益总量"⑤。

总的来看，要发展人民法院在判决文书中说理部分解决表达自由与人格权

---

① 胡适. 容忍与自由 [M]. 北京：法律出版社，2011：131.

② 王泽鉴. 宪法基本权利与私法——合宪性控制在法学方法上的分析 [J]. 司法院大法官释宪五十周年纪念论文集. 转引自姚辉. 人格权法论 [M]. 北京：中国人民大学出版社，2011：64.

③ 周云涛. 论宪法人格权与民法人格权——以德国法为中心的考察 [M]. 北京：中国人民大学出版社，2010：81.

④ 张红. 基本权利与私法 [M]. 北京：法律出版社，2010：85.

⑤ 王海明. 人性论 [M]. 北京：商务印书馆，2005：281.

冲突。学者认为援引宪法与适用宪法之间没有必然联系。法院遵守宪法的行为不同于适用宪法的行为。根据《宪法》第 126 条的规定,人民法院行使审判权的依据只能是法律。但是,以法律为审案依据行使审判权,并不妨碍人民法院引用各种事实、公理、权威性文献和其他一切能够证明判决合理的材料来进行论证说理。为了论证说理,不仅在必要时可以援引宪法、法律、行政法规,还可以援引论文著作学术报告。① 在样本裁判中可以看见个案中,法院用这种方式在解决表达自由与人格权保障之冲突。进一步总结经验,使其更为成熟和完善,这是我国现有状态下最为可行之路径。

(二)通过行业自律达到消除冲突之目的

从网络的产生和范围等方面看,自由和自治是互联网的性格。网络本身是开放的,其技术特征和高效率等特征为网络的私法自治提供了客观条件。网络服务提供者等同行的网络参与者最为了解其他主体之间的行为规则,能够自由制定自己的行业规范。应当允许网络团体为自己制定规约,以适应网络环境中高效的特征,是解决冲突的方法之一。只要这些规约没有违反法律和公共利益,应当承认其效力。②

比较法上,很多国家对行业自律性规范采取尊重的态度。如将互联网管理分为两大领域,一个领域是采用强制性立法介入方式进行规范,另一领域侧承认劝导性自律规范。有些领域会考虑内容分级制度,来责成相关网络服务提供者加强行业自律。如英国在对互联网态度中,就采取结合强制介入和行业自律方法。该国有网络观察基金会(IWF)与网络服务提供者协会、伦敦网络协会等进行行业自律的讨论,并且共同发表作为行业自律的指导规则——《安全网络:分级、检举、责任》。之后多家互联网服务提供商(ISP)联合草拟了相关行业行为守则,对互联网从业人员、企业具体要求等做了规定。③ 在美国确定政府不轻易介入网络空间,并在 1998 年宣布由民间组织来管理互联网域名系统。

我们应充分发挥互联网企业行业自律作用,帮助培育民主管理意识,从改良网络社会土壤的角度来解决表达自由与人格权冲突。实践中很多网络服务提供者进行有益尝试。如有些网络社会自身依据法律规范和法律精神建立社区公

---

① 童之伟. 宪法适用应依据宪法本身规定的路径 [J]. 中国法学,2008 (6):22 - 32.
② 刘德良. 网络时代的民商法理论与实践 [M]. 北京:人民法院出版社,2008:60 - 61.
③ 王四新. 网络空间的表达自由 [M]. 北京:社会科学文献出版社,2007:408.

约,来规范网络参与者的行为和提供、指导纠纷的解决。例如《新浪微博社区公约》中就有用户解决争议途径、方法等内容。该公约由新浪召集相关主体买入用户、专家以及网站从业者等来共同完成。从违规处理层面可以将信息分为两大类,一类是可明确识别的侵权、虚假信息;另一类为不能明确识别的信息。前者由新浪公司及时处理,后者由面向全体用户公开招募的"用户委员会"来判断。"用户委员会"将在时限内以多数表决的形式做出最终决定,决定哪些信息涉嫌违规。在这个过程中,新浪将以"卷宗"的形式全程公开。① 在制定自律规范和实施自律规范的过程中,通过用户和其他主体的参与,能帮助在网络社会中形成人们自己来民主管理事务的习惯和培养人们更好解决纠纷的能力,这对于冲突消除有着重要意义。自律方式重在培养人们的权利意识和对表达自由的保护。这可以避免外来力量——"他律"来解决问题的一些消极影响,更贴近网络社会关系,并容易被人们接受。

二、表达自由和人格权冲突解决的具体途径

（一）在司法解释中明确限制表达自由应符合的条件

由于表达自由和人格权冲突在立法中未能解决,需要在司法实践中对相关处理途径予以考虑。司法裁判不是建立权利边界,而主要是进一步明确权利边界之手段。② 通过司法实践,不断地总结司法裁判经验,再将成熟的经验通过司法解释来固定。表达自由与人格权的冲突以尽量在司法解释中解决为妥,因为这是最高法院通过司法解释的来指导具体的司法实践的具体途径。选择这种方式有如下理由:其一,表达自由不是民事法官解决侵害人格权案件一定要考量的问题,具体案件中法官考虑的问题是侵害人格权的诉讼是否成立,以及如何承担责任等。其二,具体侵害人格权案件中,裁判者专业水准等各种因素影响判决裁判结果。采取个案解决的方式不利于表达自由的保护。其三,宪法性权利与民事权利的冲突的解决应该遵循统一的规则,其处理的慎重性决定了不能放任其通过个案来加以处理。这些因素决定了在司法解决过程中,应该考虑以司法解释来平衡表达自由和人格权保护冲突,而不是纯粹地将其留待法官个案中利益衡量。

---

① 朱巍. 新浪微博社区公约——互联网自律的一个里程碑 [N]. 光明日报,2012 - 05 - 03.

② 张平华. 私法视野里的权利冲突导论 [M]. 北京:科学出版社,2008:27.

规范不能视作"法律"，除非它是以足够明确的语言表达的，从而使公民能够依此行事。① 具体而言，36 条立法目的之一是保障人格权，但其实质上隐含了对表达自由的限制。然而该条款未能明确限制表达自由需要达到哪些条件。因此需要通过司法解释来对限制条件加以明确。首先，需要明确网络服务提供者判断采取措施的时应该符合"明显而即刻危险"的条件。在接到的通知中所涉加害行为时有明显和即刻的危险情形时，应先采取防止损害扩大的临时措施。等有准确判断后，再采取最终措施。其中有权做出"准确判断"的主体应该为法院。在无明显而即刻的危险时，需要能够准确判断通知中所称行为构成侵权时才采取必要措施。其次，建议将比例原则作为解决网络侵权规则实施中人格权与表达自由冲突的指导规则。比例原则应该适用于对条文解释、具体案件的判断等方面。此外，对表达自由的限制需符合保护人格权的目的。也就是说需要尽可能选择对表达自由保护无不良作用之措施，对限制表达自由带来的不利益须与对人格权保护成比例。

（二）对特殊主体权益保护规则

在解决网络服务提供者侵权规则实施中表达自由和人格权冲突的解决中，有些主体存在一定的特殊性，如消费者、未成年人等，需要有特殊规则对其加以保护。

首先，从保护消费者权益角度看。在确定网络侵权时，除考虑一方主体的网络用户身份外，还应考虑到纠纷主体所涉及的需要特殊保护的消费者法律关系。如果不考虑这类关系，会产生"恒升诉王洪"案中判决出现的对消费者不公平之结果。因此在消费者因为商品和服务的评价发生涉及网络的侵权行为时，对侵权责任的构成要考虑对消费者的倾斜保护②。商家应该有对消费者评价商品的更大容忍义务，也就是说在网络服务提供者接到商家要求采取措施的通知处理时，对是否构成侵权的判断，应该保护消费者目的。

其次，平衡对未成年人特殊保护与成年人表达自由保护。针对不同的群体，其能够接受的信息内容是有差异的。对于未成年人来说，需要对其合法权益进行特别保护。比较法上，有些国家区分不同情况，细分权益保护的不同情况，来达到权益保护和表达自由保护的平衡。如在美国，为了不让未成年人接触潜

---

① 朱国. 论表达自由的界限（上）——从比较法、特别是普通法的视角切入 [J]. 政法论丛, 2010（6）: 3-12.

② 姚辉. Internet 与表达自由 [M] // 王利明，葛维宝. 中美法学前言对话——人格权及侵权法专题研究. 北京：中国法制出版社，2006: 387.

在的有害言论，其《电子通讯法》限制了大部分成年人有宪法权利获得和发送的言论。在没有限制和只有较少替代方法时，该法对成年人强加负担很难被接受。因此案件中法官会强调，可把该法视为国会努力在互联网上创设一个"成人区"，来保障其自由。在我国网络发展中，可以考虑进一步细分不同类型主体的表达自由的限制条件，使未成年人合法权益得到保障同时，又能兼顾成年人表达自由之保障。

再次，在判断网络侵权责任构成以及采取措施时，需要考虑公众人物的容忍义务和表达自由的保护之平衡。在人格权的保障时，对于公众人物这一特殊类型的主体，其人格权应受到适当承担之限制。这些限制主要是涉及公共领域、公众兴趣相关问题。其限制主要针对公众人物的名誉权、隐私权、肖像权和姓名权等。在网络服务提供者对侵权通知中也应该区分所涉及的是公众人物还是非公众人物，决定其是否采取措施以及应该采取的措施。

总之，近代民法建立在"人人平等"的政治哲学理念之上。基于这样的理念，民法中的"人"是抽象、脱离了个人特征的人，假定相同年龄的自然人在能力、经验等方面并无差异，进而享受权利平等、承担义务平等，受到的保护也平等。然而不同性别、年龄及经济收入和职业群体的人在许多方面存在差异。有些差异影响到其健康成长、尊严生存及公平获得生活资源等方面的权益，这就需要法律制度对处于某些弱势状态的人予以保护。① 根据《民法总则》第128条规定之精神，民法应该尊重特殊类型的主体，如未成年人、老年人、残疾人、妇女、消费者的特殊保护。在确定人格权保护和表达自由保护时，需要针对这些主体提供合理的保护规则。

（三）根据不同场所确立网络表达中的权利边界

对于表达自由的形式和人格权的侵害之判断，都需要区分不同的场所。如在私人场所表达的内容和在公共场所表达的行为，是否为构成侵害他人人身权益的行为、造成他人人格权受损害后果等判断方面有着重大差异。网络场所虽然是虚拟的，但针对表达的方式和参与的人可以做出私人场所和公共场所的区分，在网络侵害人格权的构成上以及网络服务提供者是否采取措施以及确定必要措施的范围时，应该充分考虑到其表达场所的差异。比如，并非所有的电子论坛和网络空间都面向每一个受众。在公共场所，如 BBS 等公共论坛、没有设

---

① 张新宝.《中华人民共和国民法总则》释义［M］. 北京：中国人民大学出版社，2017：253.

置访问权限的微博等，其加害行为及其损害后果判断应该不同于私人场合。如利用个人聊天工具在私人范围内聊天，或进行了加密的个人空间等私人领域，行为人对他人的评价，其影响范围就与公共网络空间不同。如有些国家，将网络空间的电子论坛实际上分为与政府有关的论坛、公司论坛和个人论坛。① 除了与各级政府有关的论坛无论从什么角度都应当是"绝对的公共论坛"外，其他几种都可能对参与者进行不同程度的限制。大多数论坛的设计是为了在讨论者之间促进某种观点的内部交流，不是为了有关的公共事务试图将重要的信息传达到大众或为民众进行富有意义的讨论②。而在美国保障表达自由的宪法第一修正案和保障隐私权的宪法第四修正案发生冲突时，就以区分个人生活领域和公共场所作为确定表达自由与隐私权冲突的界线③。

网络公共区域产生的目的，就是作为公众交流和表达其思想。对于缺乏能力和财力使用其他交流手段的人和团体尤为重要。公共区域和非公共区域区分开来，有重要意义。因为两个领域内，对人格权是否构成侵害的判断标准不同，其可能对他人造成损害的大小不同，这种区分可以更大限度地保障表达自由。

网络社会中，促进在公共场所的公众言论有着特殊价值。在私人领域，领域的所有人原则上应有更多地表达自己意思的自由，他人应尽量少地进行干预。其他人没有经过邀请不能进入，其进入是对他人隐私等人格权的侵害。而公共的网络场所内大家都有充分的表达自由。区分的实益在于网络的公共场合，侵权行为对人格权侵害的影响大，传播速度快。网络私人场合则一方面涉及表达行为人的隐私权，另一方面其仅在个人空间，不会造成社会评价的降低等社会影响，应该给行为人有更多的表达自由。因此在确定侵害名誉权、隐私权等人格权的侵权行为构成时，应该考虑这种区分。

（四）从表达内容角度细分表达自由和人格权保护之界限

这是由于，人们所表达内容的不同，对社会之民主及进步价值不同。需要把社区的公共福祉和个人或小团体的个人利益绝然和明确地分开。④ 因为不

① Perry Education Ass'nv. Perry Local Educators Ass'n, 460 U. S. 37 (1983).
② 王四新. 网络空间的表达自由 [M]. 北京：社会科学文献出版社，2007：401.
③ 邱小平. 表达自由——美国宪法第一修正案研究 [M]. 北京：北京大学出版社，2005：279.
④ Alexander Meiklejohn. Free Speech and Its Relation to Self - government [M]. Port Washington：Kennikat Press；1960：79.

同的表达，其表达内容的价值不同。如在 1978 年美国联邦通讯委员会诉太平洋基金会案中，法官以电台播放的言论起不到阐述如何思想的重要作用，寻求真理的社会价值极低为由，把这一言论摒弃在第一修正案的价值序列之外。① 在网络环境下，可能人们的很多网络言论是空洞和消极的，对于社会的整体发展不一定有所助益，但只要不侵害他人权益，都应该受到保护。然而，相比之下，有一类表达对于国家和社会发展、对于公共事务的管理有着重要的意义，可以通过这些言论对国家公职人员、社会公共事务管理行为等进行有效监督。这些言论自由的保护尤为重要。因此，对这些言论的容忍程度要更高。

（五）明确网络服务提供者义务是防止滥用保护表达自由措施的重要途径

可从几个方面来明确网络服务提供者义务来防止网络服务提供者对表达自由保护措施的滥用。第一，对权利人通知内容和程序的明晰。权利主体对保障自己人格权的措施和程序不明是其通知网络服务提供者后，发现网络服务提供者并没有回应的重要原因之一。即便是从事法律专业的人员，对该领域的具体规定也存在疑问。这就要求将来的立法、司法解释中明确通知的方式和内容要求。并且要求网络服务提供者在网络的显要位置说明遇到权利受侵害时的通知方式、需要证明的内容。第二，应该明确网络服务提供者接到通知后做出判断的时间限制以及其需要在规定的时间内对符合要求的通知做出特定形式的答复。第三，对于网络服务提供者未及时对符合条件的通知采取措施的，规定对其不利的责任。② 如此认定其存在过错，其需要承担相应的责任。值得注意的是，由于处理可能的侵权行为会对网络服务提供者造成费用负担，而这一负担不属于网络服务提供者的范围内的话，应该由各方主体分担。但总的原则应该是，不能由此加重网络服务提供者不合理负担而造成行业的不公平影响。

在以后的理论和司法实践中，可以进一步研究"无名氏之诉"的可行性。"无名氏"之诉源于戴维斯案（UC Davis case）③。在网络诽谤发生时，被侵权

---

① FCC v. Pacifica Foundation, 438 U. S. 726 (1978).

② 蔡唱，张艳楠. 侵权责任法 36 条实施中表达自由的保护 [J]. 湖南大学学报（社会科学版），2015（5）：144 – 149.

③ Hudson Sangree. UC Davis case：Judge suggests avenue to determine identity of anonymous bloggers [EB/OL]. (2009 – 09 – 14). http：//wwwfirstamendmentcoalition. org/2009/09/.

人无法确定加害人，可以在先向网络经营商申请屏蔽，并在 15 日内向法院提起该类诉讼，如果未在 15 日内提起诉讼，则网络经营商可解除屏蔽。这种方法的好处是可以给予一个缓冲平台，一方面有效防止诽谤言论进一步扩大，另一方面又可以防止滥用诉权，妨害网络匿名言论的自由。①

---

① 张鸿霞，郑宁，等. 网络环境下隐私权的法律保护研究 [M]. 北京：中国政法大学出版社，2013：207 - 209.

第六章

网络服务提供者侵权规则实施
问题和产生因由①

法律与现实生活不能脱节，其生命在于实施。法律制定后就应该作为依法治国的基础，作为每一位社会成员遵循的行为规范和执法机关、司法机构依法行政、公正司法之准绳。② 在全面把握对样本裁判中网络服务提供者侵权规则实施情况的前提下，我们需要反省其实施中存在的问题，以期进一步完善和更好地实施。由于样本裁判的选择时间问题，不能涵盖《侵权责任法》实施以来所有的网络服务提供者侵权责任案件，为了完整把握实施中存在的问题及其成因，本章及其之后的章节，在以样本裁判为中心的同时，将结合非样本裁判中的一些典型案件来进行分析和讨论。

第一节　规则实施中凸显问题

一、网络服务提供者承担侵权责任的差异

在网络服务提供者侵权规则的实施中，因受侵害权利类型不同，网络服务提供者承担侵权责任的比例存在明显差异。在人身权受侵害时，网络服务提供者承担责任比例相对比较高。根据样本裁判的统计显示，在该类案件中，责任成立与不成立的案件数量在 2011 年和 2013 年度两者完全相等，在 2014 年则两者近似（其责任成立为 10 件，不成立案件为 9 件）。差距则比较大年份为 2012

---

① 本章在作者论文的基础上，作了修改和补充。原因在于该文写作之后，颁布了新的法律法规和在审判实践中出现新问题等。蔡唱. 网络服务提供者侵权责任规则的反思与重构 [J]. 法商研究，2013（2）：113-121.

② 吴邦国. 法律不只是让人看更不能成书架上的本本 [EB/OL]. (2003-06-28) [2017-07-21]. http://www. chinanews. com/n/2003-06-28/26/318736. html.

年、2015 年、2016 年和 2017 年。但总的来看，能得出的结论是，责任成立的案件等于或者多于责任不成立的案件。而涉及受侵害的权利为财产权时，情况则非常特殊。这类样本裁判中网络服务提供者承担责任比例非常低，尤其是其中有一类案件的责任成立比例特殊，即在受侵害的权利为商标权时，样本裁判的判决非常一致，网络服务提供者承担责任比例非常低，仅为 13.6%。

　　法律实施和其制定一样，都需要关注中国当下的社会状况和具体的法律关系的现实。改革开放后，我国取得很大经济发展，社会财富增加。但是社会矛盾突出，贫富差距、城乡差距大。"互联网＋"的发展，实质上是在互联网销售领域和实体销售领域的竞争以及在这些领域内财富的重新分配。而这一过程中，需要关注公平竞争问题，关注各个社会群体能够共享互联网经济成长的成果。网络服务提供者侵权规则及其是否能够有效实施，其实质上是市场机制下国家权力调节经济社会的重要形式，对社会和经济生活中的多元利益进行调节的社会机制。在这些法律手段能够加以恰当地运用时，市场追逐自身利益的权利才能得到平等和充分的保护，以达到平衡社会各类矛盾和为市场主体创造更多社会财富提供更好的环境。样本裁判中，由于受侵害类型的不同而网络服务提供者是否承担责任比例差异如此巨大。商标权受侵害时网络服务提供者侵权责任问题，实质上就是网络平台上销售假冒伪劣商品时网络服务提供者的责任问题。在网络售假问题如此严重的情况下，法律实施的后果却是侵害网络服务提供者被诉侵害商标权的案件，竟为一边倒地判决网络服务提供者不承担责任。这需要我们反思同样的侵权责任规则适用于不同类型的权利的立法模式是否符合我国现状。"通知条款"和"知道条款"的运用在提供交易平台的情况下，应否给交易平台的提供者更多的义务，而使其采取的措施足以防止侵害他人这类权益的行为。网络服务提供者侵权规则体系，实质上是对网络侵权行为的民事救济。民事救济制度的作用在于保障社会经济的加速运行，实现社会经济关系的有序化。① 对网络侵权中民事权利受侵害的主体进行救济能够排除网络民事法律关系之障碍，使得网络社会中民事活动处于健康状态，整个网络经济活动因此平稳、快速运行，在运行过程中减少摩擦和碰撞。但如果对一类民事权利保障不力，则纵容了侵害行为，浪费了物力和财力。

---

　　①　赵万一. 民法的伦理分析［M］. 北京：法律出版社，2003：326.

二、实施结果与立法目的偏离

样本裁判中存在网络服务提供者侵权规则实施结果与立法目的偏离问题。立法应该以公正为其价值取向，目的是为了维护社会秩序的安定，保障国家和自然人、其他组织的合法权益。立法过程是对利益的协调、分配过程，该过程中不应该有任何的私人利益考虑。理想和现实总会存在差距，然立法是立法者的主观创造性活动，由于种种原因，已制定的规则制度的实施结果会与应然状况相差甚远。《侵权责任法》的立法目的包括填补损害、预防和惩罚等功能的实现。从样本裁判结果分析来看，存在不能实现这些功能的问题。如在多次接到对某一直接侵权行为人所开网店的商品侵害商标权时，仅仅删除当时的链接，而不采取不再提供网络服务的措施，是否足够解决问题。从收集案件的情况来看，案件通常是能够确定网店经营者侵害他人商标权，但是网络交易平台却没有侵权责任。这可以得出的结论是：第一，侵权责任法第 36 条规定的"通知——删除"条款的实施，不能有效遏制利用网络服务平台售卖侵权商品的行为；第二，对于 36 条第 3 款中"知道条款"的理解问题，对于网络交易平台服务的提供者，对于在网络上商户出售侵害他人商标权的商品是否明知和应知的判断；如果说最初出现这种投诉时，不指明链接就无法判断。但是在发现投诉率不断增高的情况下，在发现利用自己提供的交易平台上销售的假冒伪劣商品达到一定比例时，是否还能以之前的服务协议和审查的内容来确定是否履行了相关义务就值得商榷。因为这样的确定方法，明显无法实现《侵权责任法》预防功能。

为了实现法律目的，法律实施机构做了很大努力。如 2014 年最高人民法院发布《关于审理食品药品纠纷案件适用法律若干问题的规定》，首次明确"知假买假"不影响消费者主张权利①。但是在网络服务提供者侵权责任规则的实施过程中，我们看到，网络销售平台假货问题愈演愈烈。

此外，问题还体现在采取必要措施的确定中。在法院对于有些措施的理解上，存在偏差。比如认为删除目的是让涉及侵权信息内容，像图片、音频、文字和视频等不出现在网页上即可，也就是直接删除网页内容就构成采取必要措施中的"删除"②。但现实中存在的问题是这些措施并不足够，如侵权行为人将

---

① 《关于审理食品药品纠纷案件适用法律若干问题的规定》第 3 条规定："因食品、药品质量问题发生纠纷，购买者向生产者、销售者主张权利，生产者、销售者以购买者明知食品、药品存在质量问题而仍然购买为由进行抗辩的，人民法院不予支持。"

② 江苏省徐州市中级人民法院，（2014）徐民终字第 3676 号"民事判决书"．

信息存储在云端，法院将删除定义为"网页内容删除"，就不能包括这种情形。如移动网络服务提供者侵害他人权益时，受害人要求删除，就可能包含在其提供的 QQ 同步的云端彻底删除。因此通常理解的删除措施的采取，在某种程度上无法完全实现预防目的。

从样本裁判看，《消费者权益保护法》中对消费者的保护和对非消费者的排斥目的无法达到。往往在单个案件中无法确定其为职业打假人。如张庆安诉浙江淘宝网络有限公司、刘金娥产品销售者责任纠纷和张庆安与赣花油脂有限公司（简称赣花油脂公司）、天猫网络有限公司两个案件原告都像是职业打假人。但是个案中往往无法识别。只有在案件总结的过程中，横向比较，辨识的可能性更高。但是案件中，法官大都没有考虑该问题。这一点从其总结的争点中可见一斑。

三、网络服务提供者侵权规则适用不规范

在规则实施中存在侵权责任规则适用不规范问题，如关于"通知"需符合法律规定还是符合当事人单方要求。在适用《侵权责任法》36 条"通知条款"时，对于通知的内容和形式是应该符合法律规定，还是当事人一方规定（通常是网络服务提供者）问题，答案应该非常明确，即法律有规定的情况下，应该符合法律的规定。网络服务提供者单方规定的通知形式，是单方意思表示，不能对受害人产生法律约束力。但样本裁判中法院却做法不一。某些法院认为受害人需要按照网络服务提供者要求，而不是法律规定。这种做法体现了其对条款所蕴含的基本法理错误。这使得判决结果有利于加害人，而不利于对于自然人、法人的民事权益的保护。该现象还体现了对法律规定领域（法定主义方式）和意思自治领域界分的错误认识。权利义务主体和法律事件、事实行为直接牵连时，通过法定主义方式解决民事法律关系。在法定主义方式不能充分合理地概括法律关系诸要素的范围时，法律行为制度有重要法律调整意义。但是法律行为制度有其发挥作用的必要范围，无限夸大或以此取代法定主义都不恰当。在网络服务提供者侵权责任领域，显然应该是法定主义方式来发挥作用，而不应该是某一主体（案件中通常为加害人）的单方行为产生约束效力。

适用不规范也体现和影响到如何理解何为"必要措施"及其"必要措施"的确定问题，如徐海与山景科创网络技术有限公司姓名权纠纷案。该案一审和二审法院认为，案中的网络服务提供者接到受害人通知后，其义务包括对接到通知后凡是涉及该侵权信息的内容都负有审查义务。因此其理解的采取措施并

不仅仅针对权利人投诉的帖子。也就是说采取的措施不单纯是删除、屏蔽和断开链接。这一点与《侵权责任法》规定并不完全一致。但是，在能够确认的技术手段下，该判决又是公平的。这种状况让我们思考的问题是：一刀切地规定通知后的审查义务和不规定审查义务是否合适？在个案中，义务产生与否及其衡量的标准应该是什么？投诉的侵权内容不单纯是网页，包括其他侵权内容（如案件中的冒用他人名字、电话发布信息），鉴于这种行为可能重复发生，网络服务提供者是否应该就该具体侵权行为类型范围内进行事后审查？

适用不规范还导致对案件的定性和侵权行为的认定错误。如张斌胜、黄学娥、平罗县大德玻璃纤维有限公司与中国移动通信集团宁夏有限公司、宁夏顺达通信有限公司电信合同纠纷案中存在以下问题。第一，对于案件的定性。该案应为侵权之诉，而不应该是合同之诉。从当事人的诉讼请求可见，其对应的请求权基础应该为侵权之诉，具体请求为赔礼道歉、消除影响、恢复名誉；共同赔偿三原告各项损失人民币 10 万元（财产损失 9 万元、公司法人名誉权损失0.5 万元、张斌胜个人名誉权损失 0.5 万元）。但在一审法院的判决中，驳回两原告的理由是不存在合同关系，接着判决又写道"本案所涉诈骗一事已被公安机关立案受理的情况下，具体侵权人应该是犯罪嫌疑人而非本案二被告，原告要求二被告承担民事赔偿责任的诉请证据不足，依法不能成立"。从以上表述分析，法院似乎也考虑了侵权责任问题。只是，裁判中说承担责任的应该是直接加害人（犯罪嫌疑人），对移动公司及其授权者是否构成侵权责任并没有讨论。第二，对于网络服务提供者中国移动是否为侵权行为的应然认定问题。中国移动对于其授权的经营者的行为应该负责。而其授权经营者在给他人办理用于诈骗的电话卡等行为是否有过错是案件的关键。如果没有履行相关的义务，存在过错而导致他人财产的损失，其就应该承担过错责任。

四、同案不同判问题

样本裁判中存在对同一问题判决结果不同现象。如关于网络服务提供者与其他用户的内部协议对他人效力问题，样本裁判中不同看法。有些裁判认为内部约定不能作为对抗第三人抗辩事由，如林心如与无锡美联臣医疗美容医院有限公司、无锡热线传媒网络有限公司肖像权纠纷案；而有些裁判则以网络服务提供者与销售者不得在平台销售侵权商品为理由，判决网络服务提供者不承担侵权责任，如卡斯特公司与杭州阿里巴巴侵害商标权纠纷案。

样本裁判对删除链接是否是责任承担方式裁判结果也不相同。有案件法院判决原告关于被告承担侵权责任的请求不成立，但却判决被告删除相关链接。这产生删除链接是责任承担方式抑或是法院通过判决的形式通知网络服务提供者采取必要措施的问题。有案件法院则持相反态度。

样本裁判还存在过错判断标准不一问题。归责标准，也是责任的基础，即责难那些没有为避免损害而遵守应有注意标准而导致损害发生的人，通常称为"过错"。依据欧洲侵权法小组几个国家侵权法报告，过错是侵权责任的"基石""第一位的标准"或"基本要件"①。从样本裁判及其他判决分析，对于网络服务提供者承担侵权责任的主观要件，法院的理解和判断存在不一致的地方。如对于"知道条款"中"知道"的理解的差异也导致了同案不同判。在理论上存在是否包括"应当知道"的论争，这一点在实践中也有体现。有样本裁判中法院认为"知道"涵括了"应当知道"。其以涉案帖子在"天涯社区"存在了较长的时间，来认定网络服务提供者主观上应当知道该帖子内容存在侵害他人民事权益的可能性。网络服务提供者未对案涉帖子采取必要措施，且未能提供发帖人的真实身份信息也存在过错。② 另外，样本裁判中对于网络服务提供者注意义务内容的理解有差异，使同类案件的裁判结果不同。这一问题将专门讨论，这里不加累述。

五、对不承担责任或减轻责任条件认识之分歧

网络服务提供者不承担责任或减轻责任的条件，理论和实践中都存在分歧，有观点是从免责事由的角度来讨论，有人则从注意义务角度分析，看法不一。如有学者从包括实质性非侵权用途、损害结果避免可能性及通知——删除规则角度来讨论。③ 认为在网络环境下，如果网络服务提供者能证明其提供的产品或者服务具有实质性的非侵权使用，就可能免除侵权责任。

有学者认为网络服务提供者可以用"避风港"规则确定免责依据。持该类观点的学者认为要求服务商对数量庞大的网民上传的帖子审查不现实。构成侵权的电子公告主要有"帖子置顶""首页推荐"。在百度"蔡继明吧"案中，百度公司没有将侵权帖子"置顶"或者"首页推荐"。在接到侵权通知后，网络

---

① 欧洲侵权法小组. 欧洲侵权法原则文本与评注 [M]. 于敏，谢鸿飞，译. 北京：法律出版社，2009：103.

② 辽宁省大连市中山区人民法院，(2015) 中民初字第 1169 号"民事判决书". 辽宁省大连市中级人民法院，(2015) 大民一终字第 01845 号"民事判决书".

③ 宋哲. 网络服务商注意义务研究 [M]. 北京：北京大学出版社，2014：126-129.

服务提供者采取了必要措施。由此主张适用"避风港规则"免责。①

比较法上有将避风港原则适用于临时存储服务的思考，认为网络服务提供者提供的临时存储服务与所存储的内容无关，不具有主观过错。如美国将谷歌网页快照认定为临时存储服务，将临时存储服务商的避风港条款扩大适用于网络快照服务。② 美国走的是限制责任途径。在网络环境下由于网络服务提供者与知识产权人、维权能力的失衡问题上，美国法院在寻找新的途径对网络服务提供者做出限制。实质性非侵权用途则是在知识产权侵权责任领域的责任限制条件。在该部件可实质性用于非侵权目的时，被告销售可用于侵权专利权部件的行为不构成侵权。该规则使研发者能够放心开发具有"实质性非侵权用途"的产品时，无须担心导致巨额赔偿。1984 年在 Sony 案美国最高法院采纳实质性侵权用途定案③。该案是在非网络环境背景下的规则总结。但该原则在美国此后的立法和司法实践中不断修正，在保护知识产权人利益上不断摇摆。④ 美国联邦最高法院在 MGM Studios, Inc. V. Grokster, Ltd. 案中 Breyer 大法官在肯定"实质性非侵权用途"规则的同时寻求新的规则解决网络环境下的侵权责任。利用 Grokster 等 P2P 软件侵权，如果软件具有多种用途，允许下载任何格式的文件，Grokster 主张其软件具有非实质性用途，并且他们无法控制。法院认定 Grokster 公司构成引诱侵权，对网络服务提供者利用具有实质性非侵权用途的软件产品的主观意图进行追责，致使美国学者认为事实上该规则在美国已经死亡⑤。规则对与网络服务提供者之不适问题的产生原因在于网络服务提供者与 Sony 公司之差异。Sony 公司一旦将录像机销售出去，就无法具体知晓消费者是否从事了非法复制活动。而网络服务提供者在网络环境下，对服务对象有监控能力。他们可以通过阻断特定的、实施了直接侵权行为的服务对象方式保留部分网络的控制权利。因此 Sony 公司免责的理由是其仅仅预见到技术会导致一些侵权行为，而非实际知道侵权行为的发生。但网络服务提供者无法凭借该理由

① 白龙. 蔡继明状告百度侵权案二审：贴吧中被骂 获赔 10 万［EB/OL］. (201 - 08 - 22)［2017 - 02 - 21］. http：//news. 163. com/11/0823/07/7C4J57GG00014JB6. html.

② 宋哲. 网络服务商注意义务研究［M］. 北京：北京大学出版社，2014：160.

③ Sony Corp. Of America v. University City Studios, Inc., 464 U. S. 417；104 S. Ct. 774；78 L. Ed. 2d 574；1984.

④ 宋哲. 网络服务商注意义务研究［M］. 北京：北京大学出版社，2014：126 - 129.

⑤ Peter S. Menell, David Nimmer. Legal Realism in Action：Indirect Copyright Liability's Continuing Tort Framework and Sony's de Facto Demise［J］. UCLA Law Review, 2007 (10).

免责。那些促进侵权、引诱侵权、从自己能控制的侵权行为中获利、明知或应知侵权行为的存在却未能采取合理的有效措施予以阻止的网络服务提供者，都应对侵权行为负责。①

然而从《侵权责任法》第36条的规定来看，其走的是否定"违法性"的路径，并不是将"通知——删除"规则作为免责条件来规定。严格来看，其应该是从侵权责任的构成要件角度来规定。按照第2款规定，网络服务提供者侵权行为的构成为存在不作为侵权行为，其作为义务为"在接到被侵权人通知后采取删除、屏蔽、断开链接义务"。违反该义务则构成侵权行为。从条款的结构分析，加害行为是责任构成要件，不是不承担责任和减轻责任的要件。

六、不同法律规范的适用问题

（一）不同时间不同调整范围的法律适用问题

1. 新旧法律适用问题

网络服务提供者侵权规则的非样本裁判中，有涉及新旧法律适用问题，但是这一问题为个别问题，仅在个别案件中有讨论，如QQ相约自杀案。该案原告为自杀大学生范某的父母。他们起诉称被告张某利用腾讯QQ向不特定的公众发出自杀邀请，并留下手机号码。范某看到后便接受邀请，依约到酒店内实施自杀。后张某放弃自杀，范某仍坚持自杀身亡。两原告认为作为网络交易平台提供者的腾讯公司存在没有及时删除、屏蔽张某自杀邀请，对其子死亡负有责任，诉请腾讯公司与张某对其子之死亡承担连带赔偿责任。

一审法院认定死者具有完全民事行为能力，其积极追求死亡结果，应自负主要责任。张某和腾讯公司的行为间接结合发生损害后果，因此根据过失大小、原因力比例判决其分别承担两成和一成的损害赔偿责任。该判决引起了关于新旧法律适用争议。有观点认为腾讯不应该承担责任，该案存在适用法律错误。一审裁判依据是2000年全国人民代表大会常务委员会《关于维护互联网安全的决定》。依《立法法》规定，按照新法优于旧法的原则，《侵权责任法》属于基本法，效力位阶当然高于该《决定》。② 有人对该案判决依据的质疑持否定态度。其理由是"相约自杀"事件发生时间在《侵权责任法》实施前。《立法法》

---

① 宋哲. 网络服务商注意义务研究［M］. 北京：北京大学出版社，2014：130.
② 朱巍. QQ相约自杀判决值得商榷［N］. 新京报，2010－12－06.

规定了"法不溯及既往"原则，因此《侵权责任法》不应该在该案中加以适用。① 二审法院驳回原告对腾讯公司的诉讼请求。其改判理由是腾讯公司为用户提供网络技术服务和交流平台，未编辑、修改其聊天信息内容，也没有改变信息的接收对象。主观上腾讯公司无过错，其未接到任何人关于对有害聊天信息采取措施的通知。没有法律明确要求腾讯公司负有其他的作为义务，其不存在其他的不作为侵权行为。范某死亡后果与腾讯公司的行为之间没有因果关系，因其死亡是自己所积极追求自杀的结果。②

2. 不同调整范围的法律适用问题

网络服务提供者侵权责任涉及侵害人身权、财产权、知识产权等不同调整范围的法律规则之适用问题。关于知识产权的法律规范还分为调整著作权、商标权等。由于这些法律、法规或者司法解释颁布时间不一，调整范围不一，实践中对具体适用哪些规则及其如何适用存在不同理解。

就《侵权责任法》36 条与《商标法》的适用关系看，对其法条规定适用存在分歧。原有的 2002《商标法实施条例》《商标法》和《民法通则》确定了帮助侵权制度。《侵权责任法》第 36 条则单独为网络服务提供者间接侵权规定了第 2 款和第 3 款。原商标法关于故意提供便利构成侵权的规定即不应被适用，除非对其做新的解释。③ 2014 年修订《商标法实施条例》第 75 条规定了"为侵犯他人商标专用权提供仓储、运输、邮寄、印制、隐匿、经营场所、网络商品交易平台等"，属于商标法第 57 条第 6 项规定的"提供便利条件"，即对该条款做了扩充性的解释从而将网络服务提供者纳入到了其适用范围。至此，有学者主张适用新商标法及修订后的实施条例生效后网络服务提供者的商标侵权责任应适用《商标法》关于故意提供便利构成商标侵权的规定④；也有学者主张应适用《侵权责任法》36 条的规定⑤。还有主张认为司法实践中多数案件中法院只能根据相关情形来推定网络服务提供者的知晓状态，而对于这种"推定的知道"经常以"应当知道"来表述，从而形成了将故意知道—应知的认定和论

---

① 李国民. 腾讯真的需要担责吗？[N]. 检察日报，2010－12－08.

② 黄明，董碧水. QQ 相约自杀案腾讯公司不担责 [N]. 中国青年报，2012－2－11.

③ 杜颖. 网络交易平台商标间接侵权责任探讨 [J]. 科技与法律，2013（6）：54－61.

④ 王竹. 论实质意义上侵权法的确定与立法展望 [J]. 四川大学学报（哲学社会科学版），2011（3）.

⑤ 张今，郭思伦. 商标间接侵权责任中电子商务平台商的过错认定 [J]. 电子知识产权，2013（9）：73－79.

证滑向了注意义务和过失的现象。①

法律解释学的多种论证支持《侵权责任法》第 36 条中的"知道"不包括"应知",即不包括因违反注意义务而不知的过失。但是在人身权受侵害时,对主观要件解读也不一样。2014 发布的《网络人身权司法解释》没有解释《侵权责任法》第 36 条第 3 款中的"知道"内涵,而是在第 9 条写明法院认定网络服务提供者是否"知道"时应当综合考虑的若干因素。该司法解释的主要起草者就该文件的解释和适用所给的权威解读也明确表明,促进网络服务提供者履行注意义务是过错认定标准宽严的决定因素。② 这就导致了网络服务提供者间接侵害人身权和侵害一般财产权的适用规范不同。侵害一般财产权与侵害不同的知识产权的适用规范也不同。

(二)适用其他规范带来的网络服务提供者主体确定问题

适用其他规范带来的网络服务提供者主体确定问题,具体表现在电信服务运营商责任的相关案件。在朱某与宾某、中国移动通信集团湖南有限公司长沙分公司侵权责任纠纷中就有涉及。该案中存在移动公司是否为《侵权责任法》36 条规定之网络服务提供者的争议。如何确定主体,可以根据相关规则具体分析。信息社会媒介融合已成现实,互联网、电信网、广电网三网合一趋势明显。依据相关规定,移动公司既是电信营运商,也是互联网服务商。相关法条为两个,一为 2012 年"全国人民代表大会常务委员会关于加强网络信息保护的决定"第 6 项,该项规定:"网络服务提供者为用户办理网站接入服务,办理固定电话、移动电话等入网手续,或者为用户提供信息发布服务,应当在与用户签订协议或者确认提供服务时,要求用户提供真实身份信息。"另一规定为 2013 年"最高人民法院、最高人民检察院关于办理利用信息网络实施诽谤等刑事案件适用法律若干问题的解释"第 10 条,该条规定:"本解释所称信息网络,包括以计算机、电视机、固定电话机、移动电话机等电子设备为终端的计算机互联网、广播电视网、固定通信网、移动通信网等信息网络,以及向公众开放的局域网络。"根据相关法律法规,可见当前我国最高立法机关关于"网络服务"主体包括计算机互联网、电信网。从这些条文也可见,司法解释对网络内涵认定并没有局限在计算机互联网。由此,只要是交互式的网络服务,其提供者就

---

① 冯术杰. 论网络服务提供者间接侵权责任的过错形态 [J]. 中国法学,2016 (4):179 – 197.

② 杨临萍,姚辉,姜强. 最高人民法院关于审理利用信息网络侵害人身权益民事纠纷案件适用法律若干问题的规定的理解与适用 [J]. 法律适用,2014 (12):22 – 29.

属《侵权责任法》第 36 条规定的"网络服务提供者"。

（三）不同类型民事权利受侵害时适用规则不同问题

首先，侵权责任归责原则因受侵害民事权利不同而有异。与《侵权责任法》规定不同，其他法律对网络服务提供者归则原则规定不一导致裁判不一。网络服务提供者承担责任的条件包括网络技术服务提供者具有过错①，属于过错责任。具体案件中，一般情况下民事权利受侵害时，根据过错责任构成要件判断是否构成侵权责任。但我国单项知识产权立法例与过错责任的原则不一致，如前所述的《商标法实施细则》规定。《专利法》对未经允许生产制造他人专利产品构成侵权的，规定的是无过错责任。销售侵权物品在各专利单行法中都适用过错推定原则，《专利法》将"销售权"作为一项独立的专利权能，销售侵犯专利权物品属于直接侵权，而《著作权法》未将"销售"作为一项独立的著作权能，销售盗版物品属于间接侵权。这就使难以归纳出知识产权直接侵权和间接侵权的一般侵权归责与原则。具体裁判中，如果单纯只按照《侵权责任法》第 36 条规定作为一般规则适用，而没有注意到一般法和特别法的适用规则，就容易产生法律适用错误。

其次，人身权与财产权受侵害时网络侵权责任规则差异。最高人民法院《关于审理利用信息网络侵害人身权益民事纠纷案件适用法律若干问题的规定》明确了受害人通知的内容和形式、采取措施是否及时的判断、抗辩事由、错误通知后果等，但没有特别针对财产权受侵害中该类问题的具体规定。法院在裁判中遇到财产权受侵害时是否参照适用该规定，做法不一。有些法院参照适用，有些则没有适用。这也导致样本裁判中同案不同判问题。

七、对网络服务提供者注意义务的确定问题

样本裁判中网络服务提供者注意义务确定涉及的法律规范众多，裁判者对注意义务的类型等问题存在不同的理解。

（一）对网络服务提供者注意义务的基本条款理解不一

实践中存在对网络服务提供者注意义务的基本条款，即《侵权责任法》第 36 条的理解不一问题。该条规定网络服务提供者侵权责任主观要件为"知道"，但各方对该主观要件有不同看法。立法机关的解释将"知道"解释为"明知"和"应知"两种状态。认为该条包括了"因疏于自己的注意义务而承担的责

① 程啸. 侵权责任法教程 [M]. 北京：中国人民大学出版社，2011：154－156.

任"，亦即指中间服务商没有尽到对用户的合理注意义务，在应该及时删除所发现的侵权性信息或者经权利人通知应该删除涉嫌侵权的信息而没有及时采取合理措施，导致损害发生或者扩大时应当承担的责任。因此其主观要件包括了过失。① 然而学者和司法实践观点不一。

法院在适用中对注意义务也有不同理解。这一问题体现在样本裁判案件较多，如前两章所分析的。在确定网络服务提供者侵害人身权的样本裁判中，法院对网络服务提供者是否有事先和事后审查义务的认识矛盾。在侵害商标权时，对于淘宝等销售平台是否有事先审查义务的态度和是否应履行事先审查义务的判断也不相同。如衣念（上海）时装贸易有限公司与徐敏、浙江淘宝网络有限公司（以下称淘宝公司）侵害商标权纠纷。这些案件还提出一个值得思考的问题，即是否可以考虑赋予网络销售平台对商标权的侵害类案件中事先更高的审查义务。

（二）其他法律规范对注意义务规定适用问题

从体系上看，其他法律规范中网络服务提供者注意义务的规定与侵权责任法存在不一致之处。根据 2013 年修订的《信息网络传播权保护条例》第 22 条规定，提供信息存储空间的网络服务提供者，不承担赔偿责任的情形中包括主观上"不知道"外，也有"没有合理的理由应当知道"其服务对象提供了侵害他人权益的作品、表演以及录音录像制品。该条例第 23 条规定，网络服务提供者在接到权利人通知书后，采取了断开链接措施的，不需要承担赔偿责任。但如果是主观上存在明知或者应知侵权的，应承担共同侵权责任。从内容上，《信息网络传播权保护条例》实际上改变了侵权责任法关于"知道"的规定。时间上看，《信息网络传播权保护条例》修改在《侵权责任法》颁布后，以下位法对上位法的遵从来角度理解，条例中所指之"明知或者应知"就是侵权责任法中的"知道"。根据文意系统分析，其第 22 条与 23 条对应，可以推测"不知道"是"明知"反义词，"没有合理的理由应当知道"是"应知"的反义词。

其他相关法律还包括《消费者权益保护法》《产品质量法》《食品安全法》关于网络服务提供者对销售者义务的确定，对于责任承担的规定。这些在网络服务提供者侵害财产权的样本裁判中体现非常明显。②

---

① 全国人大常委会法制工作委员会民法室. 侵权责任法立法背景与观点全集［M］. 北京：法律出版社，2010：586.

② "消费者权益保护法"等法律规范对于注意义务的规定，请参考第一章引言中的第二节内容，在此不赘述。

此外，从裁判依据看，有些规范性文件规定的注意义务没有得到重视，如2014 年 1 月工商行政管理总局颁布的《网络交易管理办法》。依据该办法第 23 条第三方交易平台经营者义务包括：审查登记经营者身份信息义务，建立登记档案并定期核实和更新该档案义务，公开信息义务，具体是指应该在其从事经营活动的主页面，在醒目的位置、公开营业执照登载的信息或者其营业执照的电子链接标识。该条还针对尚不具备工商登记注册条件、申请进入平台销售商品或者提供服务的自然人，特别规定了第三方交易平台的义务。除了对这些审查和登记其真实身份信息外，还包括建立登记档案及定期核实更新。此外，还需核发证明个人身份信息真实合法的标记及在其从事经营活动的主页面醒目位置公布。虽然该办法属于部委规章，但是对于确定网络服务提供者的注意义务等应该有参照作用。从样本裁判适用的法律依据和裁判结果看，2014 年后裁判的相关案件中并没有对这些规定加以充分考虑。其原因在于该规定法律层级较低，法院裁判时并没有参照适用。

在网络服务提供者是否有事先审查义务的案件中，还提出一个问题，即在所提供的网络服务侵害他人的隐私权、名誉权等人格权的可能性极大时，网络服务提供者是否有预先审查义务问题。典型的案件是华瑜婷、陈嘉炜与金八文化传媒（北京）有限公司网络侵权责任纠纷案。该案被告网络服务提供者提供的是"金融八卦女"App，其自我宣传是要用八卦来还原金融圈的真相。但对涉案文章的内容不予审核就放任其发表在平台上，理应承担网络服务提供者侵权的法律责任。在他人要用该 App 爆料时，上传后页面就会提示爆料文章审核成功。法院认为被告作为网络服务的提供者，在网络用户利用其平台公开自然人的个人隐私时，应当尽到谨慎审核的义务。被告称涉案文章是通过"我要爆料"这一途径上传的，而现场演示的结果表明爆料人在提交文章之后，页面上会提示爆料文章将在审核成功后，在首页加以推荐，被告设置这一环节的目的显然是为对爆料人提交文章的内容加以掌控，证明被告已充分意识到自身对于发布在其网络平台上的文章内容负有审核义务。①

（三）网络服务提供者的承诺和单方要求是否应为注意义务内容

样本裁判还提出了一个问题，即网络支付平台自身对用户有明确的承诺，这些承诺是否构成其应该履行的义务内容。根据《消费者权益保护法》规定，在网络交易平台提供者做出了更有利于消费者的承诺时，应该履行该承诺。由

---

① 上海市黄浦区人民法院，（2017）沪 0101 民初 2883 号"民事判决书".

于其为特别法，该条款仅仅适用于消费者权益保护，对其他的承诺则并无涉及。另外，涉及具体支付时，其注意义务是否应该比其他注意义务要高也是一个问题。

样本裁判判断侵害人身权时"通知条款"的适用，对网络服务提供者关于通知的内容和形式要求的理解，有法院就没有明晰到底是应该依据法律规定还是依据网络服务提供者单方要求设定。如浙江建人专修学院与百度公司案中，裁判没有明确说明百度公司提出的通知要求是单方要求还是法律的要求。裁判认定百度公司主张浙江建人专修学院发出的律师函提出删除涉嫌侵权的帖子的要求，但该律师函不具备基本的投诉要素（例如涉嫌侵权的文章名称、网址，投诉者的主体资格证明以及授权委托证明）。百度公司回复请被上诉人补充投诉材料，但被上诉人未补充。二审法院确定侵权的通知需符合一定要求，原因是网络服务提供者既要维护被侵权人的利益，同时也要履行其与网络用户间的网络服务合同，为使其在网络用户追究违约责任时，能够提供相应证据证明自己是应被侵权人通知要求而采取措施。结合浙江建人专修学院主张的侵权表现形式，法院认为百度公司对投诉主体设置的投诉规则基本合理。从这一表述，又是按照百度公司确定的投诉规则确定通知是否符合要求来确定注意义务。①

第二节　网络侵权规则实施问题产生因由

对于网络服务提供者侵权规则实施过程中诸多问题，其产生原因纷繁复杂，大体可以总结为以下几个方面。

一、立法理念因由

立法理念为蕴涵于网络侵权责任立法这一环节的法律内在精神和最高原理，是制定法律所坚持的信念以及期望达到的目标。它体现了立法者对网络侵权责任立法的本质、原则及其运作规律的理性认识以及由此形成的一种价值取向。立法理念问题是导致法律实施过程中存在的注意义务确定、实施结果与立法目

---

① 浙江省杭州市中级人民法院，（2013）浙杭民终字第 3232 号"民事判决书". 浙江省杭州市下城区人民法院，（2013）杭下民初字第 468 号"民事判决书". 浙江省高级人民法院，（2014）浙民申字第 436 号"民事判决书".

的背离等问题的重要原因。在《侵权责任法》36 条的立法中，下列理念值得反思。

（一）网络侵权责任规则"宜粗不宜细"思想

《侵权责任法》36 条规定比较原则，这是受立法过程中占主流的"宜粗不宜细"思想影响。该种观点认为网络是新事物，对其进行规范应以原则性规定为好，今后实践中出现的问题可以通过特别法或者对基本原则进行解释来解决。对争议较大的问题，希冀于今后要靠单行法解决。有人担心对网络服务提供者的责任做出规定，很快就会落后。还有人担心在技术发展得很快的情形下，规定太细不利于其发展。①

"宜粗不宜细"的思想不适用于网络侵权的立法，主要包括三个方面的理由。首先，法律的粗疏规则会产生实践中网络服务提供者无规可依，比如在权利受侵害时，如果没有通知规则要求，则网络服务提供者对通知包含内容之判断、接到错误通知该如何处理问题上出现争议；也会产生被采取错误措施时权益受侵害方如何救济等不明确问题。其次，滋生同案不同判现象，破坏法律的权威性。抽象的规则产生网络侵权规则的理解歧义和适用差异。比如因 36 条第 1 款不能成为独立的请求权基础，就需要在实践中，法官结合其他条款、法理知识和审判经验来认定侵权行为。需自由裁量的问题越多，再加上选择性执法的可能，因此越有可能对类似案件产生不同裁判结果，破坏社会主义公平正义。在接到通知后，网络服务提供者对通知所称的行为是否构成 36 条第 3 款中的"知道"问题存在理解歧义，适用第 2 款还是第 3 款的理解不同会产生不同范围的连带责任。再次，可能阻碍侵权责任法相关条款立法目的之实现。法律规范的指引、评价、预测、调整和强制等功能，在规则模糊时，造成适用困难和结果的不确定性，容易使结果偏离立法目的，使法律规则成为一纸空文。总之，"宜粗不宜细"的思想指导会导致法律规则难行，无用的网络侵权规则，削弱公众对法律的信心。②

（二）表达自由在网络侵权责任规则中考量之缺失

表达自由是指公民享有的受法律规定、认可和保障的，使用各种媒介手段与方式公开发表或传递自己的意见、主张、观点、情感等内容而不受任何他人

---

① 全国人大常委会法制工作委员会民法室. 侵权责任法立法背景与观点全集 [M]. 北京：法律出版社，2010：611.
② 蔡唱. 网络服务提供者侵权责任规定的反思与重构 [J]. 法商研究，2013（2）：113 - 121.

或组织干涉、限制、侵犯的权利。① 分析侵权责任法中关于网络侵权规则的内容，可以发现表达自由保护考量之缺失问题。立法从民事权益保护的角度，考量人格权、财产权等权益在网络中被侵权时应该如何保护，如何通过恰当的方式来实现侵权责任法的填补损害、预防等功能。在相关规则的制定过程中，我们常争论网络服务提供者侵权责任构成问题。但鲜见有如何在其中某一规定选择时，对可能造成的侵害表达自由这一宪法性权利和自由后果的考量。因此，表达自由的保护在立法条文和司法解释中没有充分加以体现。

网络是现代社会人们表达其看法和见解的重要媒介之一。人们通过网络发表对社会管理的看法，通过网络来监督政府和相关职能部门的履职情况，通过网络来与社会顽疾做斗争。很多公众事件和民众对社会问题处理、反思都通过网络进行，从而促进了社会进步。从法条规定和相关利益方处理方式来看，《侵权责任法》第 36 条的实施为对人们表达自由的限制提供了一个很大的可能。在实施过程中，网络服务提供者在判断通知中所称的侵权行为时，有可能存在判断偏差。如果其判断不构成侵权，则可能面临着与加害人对扩大部分损失程度共同侵权责任之可能。早期的网络侵权行为中，对版权等知识产权的确定相对确定。如前所总结样本裁判结果，发现晚近网络侵害人格权的案件发展迅速，对财产权侵害的案件也有高速增长。这类判断涉及对人格权的内涵、权利的边界、提供证据的真实性和法律规则的具体适用等具体问题，因此要网络服务提供者对其保持正确判断是很困难的事情。反过来，如果网络服务提供者接到通知就选择采取措施，其就不必要面对后面的权利人追责问题。出于主体趋利避害之本能，网络服务提供者就会选择对表达自由造成侵害的做法。因此学者忧虑关于网络服务提供者侵权规则的规定，更倾向于权利保护，限制言论自由。② 实践中法律规则实施的后果也变成了：为了防范风险，网络服务提供者对有通知认为侵权的网页或言论等，不愿多加判断，直接采取删除措施。③

通过网络与腐败做斗争，通过网络行使监督权，网络是现代社会能提供的最便捷的、成本低廉的途径。表达自由是关系到国家和人们福祉的重要宪法性权利和自由，因此在完善侵权法规则的时候、制定相关的司法解释时，或者法

---

① 杜承铭. 论表达自由 [J]. 中国法学, 2001 (3): 56 – 63.
② 谢鸿飞. 言论自由与权利保护的艰难调和——《侵权责任法》中网络侵权规则之解读 [J]. 检察风云, 2010 (3).
③ 全国人大常委会法制工作委员会民法室. 侵权责任法立法背景与观点全集 [M]. 北京: 法律出版社, 2010: 621.

院在自由裁量时，需要衡量和重视表达自由的保护。

（三）网络侵权责任规则忽视各方利益平衡

在《侵权责任法》36 条的制定过程中，对如何保障受害人的民事权益重视程度高，但是如何设定规则才能在网络服务提供者和权利人之间达到利益平衡的问题却受到忽视。该条之重心是第 2 款和第 3 款，也就是网络服务提供者间接侵权责任，包括责任构成、责任性质等。从条款分析，其立法目的为通过规定网络服务提供者侵权责任的承担来保障网络上受侵害的人格权、财产权和知识产权等民事权益。在制定过程中，担忧直接加害人寻找困难、受害人损害填补困难等思想影响，导致在该规则中对于网络服务提供者没有履行其采取措施的作为义务构成不作为侵权时，承担的是连带责任。和安全保障义务、学校和教育机构对学生的安全保障义务的违反构成的不作为侵权行为人承担补充责任相比，网络服务提供者的侵权责任承担要重很多。学者们一致认为该条规定对网络服务提供者来说责任过重①，导致利益失衡。这主要体现在以下几个方面。

第一，承担比其他不作为侵权更重的责任。网络服务提供者没有采取相应措施，实质上是不作为侵权责任。不作为侵权行为是指在意识支配下，行为人有能力履行但没有履行作为义务，该故意或过失不为与其导致他人损害之间有因果关系，行为人应对损害结果负责的行为。② 第 36 条第 2 款"通知条款"和第 3 款"知道条款"中，都是规定服务提供者"及时采取必要措施"的作为义务时，其违反构成不作为侵权行为。《侵权责任法》中涉及不作为侵权责任条款包括第 37 条"违反安全保障义务的侵权责任"、第 40 条"无民事行为能力人或者限制民事行为能力人受到幼儿园、学校或者其他教育机构以外的人员人身损害"。通过这类条款分析可见，除了 36 条外，其他不作为侵权行为人承担的是补充责任。网络服务提供者承担的连带责任要比补充责任重得多。其是对扩大损害或者全部损害的完全填补，没有如补充责任一样的有第一顺序责任人（直接加害人）的规定，也没有关于在过错程度份额内承担责任的规定。

第二，规定由网络服务提供者判断通知所称行为是否侵权行为会加重其负担。在 36 条和相关法律解释的实施中，实质上要求网络服务提供者对通知中所

---

① 张新宝，任鸿雁. 互联网上的侵权责任：《侵权责任法》第 36 条解读［J］. 中国人民大学学报，2010（4）：17 – 25. 杨立新.《侵权责任法》规定的网络侵权责任的理解与解释［J］. 国家检察官学院学报，2010（4）：3 – 12. 杨明.《侵权责任法》第 36 条释义及其展开［J］. 华东政法大学学报，2010（3）：123 – 132.

② 蔡唱. 不作为侵权行为研究［M］. 北京：法律出版社，2009：1.

称加害行为是否成立进行判断。作为提供服务的机构，网络服务提供者没有专业的认定侵权构成的知识，也没有对加害行为是否应承担责任的认定权。在接到用户反通知时，网络服务提供者对是否恢复链接等措施的决定实质上包含了对通知中所涉及行为定性。审判权属于法院，其被依法赋予最终对行为定性的权力。这也就是说，在网络服务提供者判断不准确时，其就会需要承担错误判断造成损失的不利后果。这无疑加重了网络服务提供者的责任。

第三，规则的实施导致网络服务提供者费用负担的增加。对费用负担问题，当然不会在法律中直接规定，因此《侵权责任法》不会涉及。但具体规定中实质上会因义务的确定产生费用负担问题，如通知、反通知、增加专业人员对加害行为判断、收集判断证据等费用都需要支出。法律规定由网络服务提供者履行该义务，则实践中为由网络服务提供者自身承担费用。我国没有关于费用负担的具体案件，但在前面的调查报告中，也体现了费用负担的结果。比较法上，有国家对费用负担产生了有影响力的案件论争。如英国产生的各方当事人关于《数字经济法案》中费用问题。根据该法案，为得到侵权报告，著作权人应该向网络服务提供者支付一定的费用（flat fee）。而据其"费用措施法案"（The draft costs statutory instrument）的规定，在承担网络管理过程中产生的费用，有 1/4 是由网络服务提供者来承担。有网络服务提供者（英国电信公司、说说电信公司等）认为这笔费用由自己负担，导致承担过重，因此起诉唱片公司、消费者联盟等主体。审理该案的怀特法官在判决理由中陈述了其对网络服务提供者承担该笔费用表示其忧虑。①

二、网络侵权规则之立法设计因由

比较受侵害的权利之不同及其样本裁判结果，可以反思现有的规则设计问题。如同样的规则实施，其裁判结果显示对侵害人格权的预防可以达到，但是对侵害商标权的预防功能难以实现。这需要思考和进一步探讨针对不同的网络服务提供者，是否可以区分要求前审查义务等问题。网络销售平台案件中，消费者通过诉讼不能够填补损害时，侵权责任法在该领域预防损害等功能难以发挥，与侵权责任法目的相悖。如郭秋扬与万特家居有限公司、罗慧、阿里巴巴集团和淘宝网案就体现了值得思考的问题。淘宝公司对于有投诉认为某一商品

---

① See Royal Courts of Justice Strand, London, WC2A 2LL, Neutral Citation Number: [2011] EWHC 1021 (Admin), pp. 31 - 35.

存在欺诈的商家，认为某一交易的欺诈不足以采取措施，从而纵容了以欺诈的方式从事销售的淘宝商家。实践中，起诉的比例不高，欺诈的违法成本低，导致网络销售平台假货横行。导致这些现象的原因是网络平台服务提供者所采取"适当介入方式和程度"界定。具体来说，立法上问题还包括以下方面。

（一）立法空白

结合现有法条和司法解释分析 36 条的适用，可发现存在着很多规则空白和疏漏，导致具体案件中适用规则无法解决相关问题。立法空白处表现为几个方面。

第一，关于通知的形式和内容。《侵权责任法》中未规定通知的形式和内容。国务院《信息网络传播权保护条例》第 14 条规定，权利人认为自身权益受侵害时，可书面通知网络服务提供者，要求其采取删除等必要措施。该条还规定了通知书的内容。第 15 条规定了在网络服务提供者接到通知书后应当采取的措施和通知被控侵权人的义务以及公告送达的条件。虽然有人主张在规则适用中依照该《信息网络传播权保护条例》中的规定来确定通知的形式和内容等问题。但由于《侵权责任法》位阶高于《信息网络传播权保护条例》，36 条既然对通知形式没有限制，实施中也不能随意限缩。规则可以参考，但两个规范适用范围不同，因此不能解决根本问题。在最高人民法院通过的《关于审理涉及计算机网络著作权纠纷案件适用法律若干问题的解释》中，有对于著作权人通知要求的规定，但该规定适用范围为网络著作权。《关于审理利用信息网络侵害人身权益民事纠纷案件适用法律若干问题的规定》第 5 条，人民法院应当认定有效的通知包括被侵权人以书面形式或者网络服务提供者公示的方式向网络服务提供者发出的包含其规定内容的通知。这些规定内容有通知人的姓名（名称）和联系方式、要求采取必要措施的网络地址或者足以准确定位侵权内容的相关信息，以及通知人要求删除相关信息的理由。但是该规定的适用范围是"审理利用信息网络侵害人身权益"的案件，对于侵害财产权益的案件，则不能当然适用。

第二，错误通知的后果。在著作权受侵害时，相关规定包括了错误通知的后果。《信息网络传播权保护条例》第 24 条规定了错误通知导致网络服务提供者错误采取删除、断开等措施造成的损失，错误通知的权利人应当承担赔偿责任；然而欠缺其他的权利受侵害时的相应规定。规则中规定了网络服务提供者接到通知后未能及时采取措施的法律后果，对于接到通知但判断通知中所称内容并不构成侵权时，产生何种后果没有规定。此外，也未能确定错误通知的后果。在网络服务提供者依据错误通知采取了错误措施，从而侵害他人权益时，由谁来担责以及承担责任的形式、份额问题在侵权责任法中都没有涉及。

第三，没有规定被控侵权人的权利和权利行使程序及保障问题。36 条中单纯考虑到通知中所称侵权行为成立时的适用规则，对于通知所称侵权不成立的情形并没有涉及。但实践中会出现通知涉及两种可能，即加害行为成立或者不成立。《信息网络传播权保护条例》第 16 条和 17 条规定了服务对象在认为通知错误时，可以提交要求恢复的书面说明，以及书面说明的具体内容。第 17 条则规定网络服务提供者接到服务对象的书面说明后，应当立即恢复，同时将该书面说明转送权利人，以及权利人不得再通知的后果。然而，《信息网络传播权保护条例》只适用于著作权，其他民事权利和权利行使的保障无规则可依。

第四，帮助确定直接加害人的规定。《关于审理涉及计算机网络著作权纠纷案件适用法律若干问题的解释》第 14 条规定在著作权人为追究了直接加害人的侵权责任，请求网络服务提供者提供直接加害人在其网络上注册的详细资料时，网络服务提供者不能无正当理由拒绝提供，否则应该承担相应的侵权责任。然该条款仅对侵害著作权的情况适用。《侵权责任法》36 条所涉及侵权行为除了侵害著作权外，还包括了侵害商标权、人格权、财产权等其他民事权益的侵权行为。2015 年的《食品安全法》第 62 条直接规定了第三方交易平台提供者的义务，包括对入网食品经营者进行实名登记、食品安全管理责任的义务，该条款仅仅适用于网络食品销售中的第三方交易平台。根据《消费者权益保护法》第 44 条的规定，在消费者通过交易平台购买商品或接受服务，合法权益受到侵害时，网络服务提供者有提供直接加害的销售者、服务者的真实信息，如名称、地址和有效联系方式的义务。在不能履行该义务时，承担赔偿责任。这些有利于帮助确定直接加害人，但不是对 36 条中网络服务提供者一般规定，其适用范围有限。如未涉及食品、其他物品、服务等消费，单纯的人格权受侵害时，通常就无法适用这些条款。

还有些是在立法中没有具体规定，由此存在法院裁判使用的词汇不一的情形。如在网络服务提供者侵害人格权案件中，适用"知道条款"裁判时，侵权责任法在对过错的具体规定中，没有对注意义务做出规定，因此法院在裁判中用以判断过错的词汇就琳琅满目，有些称为事先审查义务，有些称为管理义务，还有些称为普遍管理义务。

（二）立法模糊

网络侵权责任规则体系中有着产生歧义的模糊之处。第一，对 36 条第

3款"知道"如何理解不确定。有三种不同的角度来解释"知道"。有实践领域的法官将"知道"解释为"推定知道"或者"有理由知道"①。有人主张字面意思或实践中,应认为"知道"包括"明知"和"应知"②。也有研究人员认为"知道"包括"明知"和"有理由知道",但不包括"应当知道"③,认为不宜将"知道规则"认定为包括"应当知道"④。但绝大多数学者都认为应该"知道"限定为"明知"。⑤ 有行政法规对网络侵权责任的主观构成要件进行不同的规定。《信息网络传播权保护条例》规定和《侵权责任法》第36条不同。该条例第23条,其前半段规定不承担赔偿责任,然而后半段的规定则为主观上是"明知"和"应知"时,网络服务提供者承担共同侵权责任。因此,其规定的网络侵权的主观要件包括"明知"和"应知"。从体系上分析,《信息网络传播权保护条例》比《侵权责任法》的位阶低。但是在具体实践中,如果对《侵权责任法》第36条的理解存在歧义,又找不到更为权威、更为确定的解释时,《信息网络传播权保护条例》的规定会影响到具体案件中规则之理解及适用。理解的歧义势必会导致法律实施中的混乱和判断标准缺失。

从规则来源看,"明知"移植自美国 DMCA 规定的"actual knowledge",其含义是网络服务提供者"实际上知道侵权行为的发生"。"不知道"移植自"does not have actual knowledge","没有合理的理由知道"移植自"not aware of facts or circumstances from which infringing activity is apparent",指网络服务提供者并不实际知道侵权行为的发生时,也没有意识到那些已经明显表明存在侵权行为的事实和情形。如果意识到那些已经明显表明存在侵权行为的事实和情形,就应该构成"应知"。⑥ 在实践中,网络服务提供者为了追逐被点击所带来的利

---

① 奚晓明.《中华人民共和国侵权责任法》条文理解与适用［M］. 北京:人民法院出版社,2010:42.

② 王胜明. 中华人民共和国侵权责任法解读［M］. 北京:中国法制出版社,2010:132. 沈森宏. 论《侵权责任法》网络侵权"知道规则"的适用［J］. 法律适用,2018（10）:75 - 81.

③ 杨明.《侵权责任法》第36条释义及其展开［J］. 华东政法大学学报,2010（3）.

④ 王竹,方洁. 网络侵权行为的认定与分析［J］. 信息网络安全,2011（11）:85 - 86.

⑤ 张新宝,任鸿雁. 互联网上的侵权责任:《侵权责任法》第36条解读［J］. 中国人民大学学报,2010（4）:12 - 25. 杨立新.《侵权责任法》规定的网络侵权责任的理解与解释［J］. 国家检察官学院学报,2010 年（4）:3 - 12. 王利明. 中华人民共和国侵权责任法释义［M］. 北京:中国法制出版社,2010:159. 江平,费安玲. 中国侵权责任法教程［M］. 北京:知识产权出版社,2010:71.

⑥ 宋哲. 网络服务商注意义务研究［M］. 北京:北京大学出版社,2014:49.

益，乐意看到损害后果的发生。在美国 Intellectual Reserve，Inc. V. Utah Light-house Ministry，Inc.① 案中，被告在接到原告投诉后从自己的网站上删除了原告的作品，但网页上设置通往其他侵权作品网站链接。法院认为被告应当知道其他网站属于非法刊登原告作品，构成帮助侵权。该案中，法院实际上是从被告接到投诉及之后的处理情况来推定其对侵权行为的"应知"。

第二，关于"通知条款"中过错之认定问题。对36条第2款后半部分的规定，可以理解网络服务提供者的加害行为的具体表现。根据语义也可能被理解为是对网络服务提供者主观方面，即对过错确定。这是由于在过失判断标准客观化时，在"网络服务提供者接到通知后未及时采取必要措施"时，既可以确定侵权行为的存在，也可以成为判断网络服务提供者是否有过失之标准。根据法律规定的上下文，在网络服务提供者接到通知后，应该根据不同情况来采取措施。所以如果从判断过错的标准角度解释和理解"网络服务提供者接到通知后未及时采取必要措施"的规定，并不合适。

在侵权责任的构成要件上，侵权责任法领域关于过错的分类，沿袭了刑法学关于犯罪主观要件的理论。直接故意、间接故意、疏忽大意的过失和过于自信的过失的区别在于其认识因素和意志因素。根据当事人做出加害行为时的意志因素是放任还是希望，将故意区分为间接故意和直接故意。过失指行为人对自己行为的后果应当预见但是没有预见，或者是行为人已经预见但轻信自己能够避免损害后果之发生的心理状态。其意志因素都是不希望结果发生，而认识因素则分为两种，过于自信的过失是预见到了损害后果，疏忽大意的过失是应当预见损害后果而没有预见。

第三，"应知"不能与"过失"等同。在《信息网络传播权保护条例》中，应知与明知系并列关系，其认识因素上既非实际上知道侵权行为的发生，也不是对于侵权结果的发生毫无预见，而是"有合理的理由知道"，介于故意与过失之间。意志因素上是放任侵权结果的发生，与间接故意一样，除非特例否则网络服务商并不希望侵权结果发生。除了不属于疏忽大意的过失，应知也不等于过于自信的过失，因为过于自信的过失要求行为人预见到侵权结果的发生但自信可以避免。"应当知道"不等于"应当预见"，应知不属于既有的某种过错形态，而是一种基于行为人面对特定情形未能主动发挥预见侵权行为的作用，因

---

① Intellectual Reserve，Inc. V. Utah Lighthouse Ministry，Inc. 75 F. Supp. 2d 1290；1999.

而推定行为人具有过错的推定方法，属于一种较于一般的"视而不见"更加严格的证据推定而非过错推定。故意与过失的区分标准是行为人主观过错的状态，明知与应知的区分标准是证据的表现形式，两者基于不同的标准区分，因而不能将应知归类于故意或者过失的某种状态。①

我国借鉴的《TRIPS 协议》和发达国家关于知识产权侵权法的规定，但这些规定通常是类型化而非体系化，对于这些归责做法纳入我国传统民法体系中的何种归责原则存在较大争议。"应知"混合了故意与过失的要素，美国 DMCA 试图建立一种介于明知和一般疏忽（a general of negligence）之间的知识标准（an intermediate knowledge standard）②。《信息网络传播权保护条例》移植了美国的 DMCA 的规定，该规定并不是在大陆法体系的过错形态概念下的产物，因此我们无法恰当地将其归于任何一种过错类型。将"应知"理解为故意或过失，只会造成法律的困境。"应知"不能理解为"故意"，如果将其理解为故意，就相当于"明知"。"应知"的制度目的是为了填补无法证明网络服务提供者"明知"的空缺。将应知理解为"过失"等同于网络服务提供者的过失可以构成帮助侵权，这和通说是矛盾的。③ 对于教唆、帮助侵权，属于有意思联络的共同侵权行为，要求数人基于主观故意而共同侵害他人造成损害。④

第四，对于有些概念、定性的模糊也导致的裁判不一问题。如对于虚拟财产属于物权、知识产权抑或是债权问题定性的模糊，导致这类裁判中，法院对于游戏运营商封号是否侵权，对于游戏装备等转让过程中服务平台的义务和责任确定不一等。也有对相关规定理解不一。如对于"通知——删除"规则的体系功能理解。有学者认为根据我国的法律体系，通知移除制度应重新定性为网络服务提供者的归责条款⑤，也有人认为移除义务只是免责条款，不履行义务承担排除妨碍责任⑥。

---

① 宋哲. 网络服务商注意义务研究［M］. 北京：北京大学出版社，2014：51.
② The Online Copyright Liability Limitations Act：Introductory Remarks，105th Cong. 144 Cong. Rec. E1452（daily ed. July 17，1997）（statement of Hon. Howard Coble），转引自江波，张金平. 网络服务提供商的知道标准判断问题研究［J］. 法律适用，2009（12）.
③ 宋哲. 网络服务商注意义务研究［M］. 北京：北京大学出版社，2014：51.
④ 杨立新. 侵权责任法［M］. 北京：法律出版社，2010：97.
⑤ 徐伟. 通知移除制度的重新定性及其体系效应［J］. 现代法学，2013（1）：58－70.
⑥ 鲁春雅. 网络服务提供者侵权责任的类型化解读［J］. 政治与法律，2011（4）：117－127.

（三）立法矛盾

网络服务提供者侵权责任规则体系之立法矛盾包括规则内部矛盾和规则体系矛盾两方面。其中的规则内部矛盾冲突是指在《侵权责任法》36 条第 2 款、第 3 款之间的冲突。从逻辑上看第 3 款可以包含第 2 款。因第 2 款中的"通知"为网络服务提供者侵权责任的构成条件，而第 3 款中并不以"通知"为构成要件。然在网络服务提供者接到权利人的通知时，就由不知道变为知道，也就是构成了事实上"知道"。但是 36 条第 2 款和第 3 款规定的责任形式却是大不相同的。前者为与网络用户对"损害扩大部分"承担连带责任，后一款则为与网络用户就所有的损害承担"连带责任"。① 样本裁判中，吴春燕与泗洪风情网络科技有限公司网络侵权责任纠纷案中就有这种错误理解。该判决在适用法律上是没有问题，即以接到诉讼形式的通知后仍未采取措施，需要承担责任。该案判决书在论证过程中存在的问题，就是对 36 条第 2 款和第 3 款关系之认识。其将接到通知后变成"知道网络用户利用网络侵害他人民事权益"的理解是不准确的，这样会导致第 2 款和第 3 款的混用。

不同法律规范对网络服务提供者主观要件及通知要求不一。《消费者权益保护法》第 44 条规定的主观要件包括网络交易平台提供者的明知、应知。《侵权责任法》第 36 条第 3 款则规定的主观要件为"知道"。侵权责任法中通知条款和消费者权益保护法中不能提供销售者、服务者真实信息的责任。"通知——删除"规则在网络交易平台中适用之外，需加上提供真实信息和有效联系方式义务。结合两个规定，就是在受害人为特殊主体，即为消费者时，其通过网络交易平台购买进行购买商品、接受服务等消费，合法权益受到侵害的，可以向销售者或者服务者要求赔偿。而在网络交易平台提供者无法提供销售者或者服务者的具体联系信息，如真实名称、地址和有效联系方式时，网络交易平台提供者要承担相应的赔偿责任。

除规则内部矛盾外，还存在 36 条与其他法律、《信息网络传播权保护条例》及其他司法解释间的体系矛盾。该类矛盾又可分为两种。一为《侵权责任法》未规定，在具体的司法解释或者行政法规中有规定的。如《信息网络传播权保护条例》和《关于审理涉及计算机网络著作权纠纷案件适用法律若干问题的解释》中有规定。该种情形包括《关于审理涉及计算机网络著作权纠纷案件适用

---

① 蔡唱. 网络服务提供者侵权责任规定的反思与重构 ［J］. 法商研究，2013（2）：113 - 121.

法律若干问题的解释》第 6 条到第 9 条和《信息网络传播权保护条例》第 16、17 条的规定。① 产生的这类矛盾，由于行政法规和司法解释仅为针对某种特殊的民事权益做出，因此并不能解决基本法律规范的缺失。这样会导致根据受侵害的权利不同，适用规则不同而产生不同后果。例如《信息网络传播权保护条例》和《关于审理涉及计算机网络著作权纠纷案件适用法律若干问题的解释》都是对著作权进行保障，并不能当然适用于侵害人身权、其他财产权的网络侵权行为类型。该类矛盾的解决还需要在法律和司法解释等层面进行借鉴和整合。

　　另一种情况是《侵权责任法》的规定和司法解释、行政法规存在不同之处。《信息网络传播权保护条例》第 20 条实质是参照美国《千年版权法》中确定的"避风港原则"。其调整提供网络自动接入服务、自动传输服务的网络服务提供者，在自身没有选择、改变传输内容时不承担侵权责任。虽然有人主张，但《侵权责任法》36 条实质上并不是从侵权责任的免除角度来做出规定，其规定确立的实际上是相应的归责原则。归责原则和免责条款属于侵权责任法中两个不同问题。虽然这种规定都可以产生当事人不承担责任的后果，但两者在体系功能上差异很大。其差异主要表现在下面几个方面。第一，两者性质不同。36 条第 2 款作为归责条款，是责任成立的条件之一。"避风港规则"作为免责条款，是在认定责任成立的基础上，免除责任承担的条件。第二，主观要件上存在差异。针对不同类型的网络服务提供者，适用避风港规则有不同主观要件要求。而归责原则角度，即 36 条第 2 款中，并没有直接对主观要件进行规定。没有规定，则为一般侵权责任，适用过错责任原则。第三，侵权责任构成要件的差异。除了主观要件外，"避风港规则"的适用中，还会涉及其他免责条件，如"未选择或改变、未获利"等。而 36 条第 2 款的归责要件只有间接总结出主观要件。相比较而言，《信息网络传播权保护条例》第 20 条到 23 条的规定更类似"避风港规则"。《关于审理利用信息网络侵害人身权益民事纠纷案件适用法律若

---

① 参见"最高人民法院关于审理涉及计算机网络著作权纠纷案件适用法律若干问题的解释"第 6 条规定，网络服务提供者在著作权人要求其提供侵权行为人在其网络的注册资料时，无正当理由拒绝提供的，应该承担相应的侵权责任；第 7 条规定网络服务提供者明知专门用于故意避开或者破坏他人著作权技术保护措施的方法、设备或者材料，而上载、传播、提供的，应当承担侵权责任；第 8 条规定著作权人向人民法院诉前停止有关行为和财产保全、证据保全以及诉讼请求等；第 9 条规定网络服务提供者无须承担违约责任的情形。《信息网络传播权保护条例》第 16 条规定被控侵权人反通知要求恢复的权利；第 17 条规定网络服务提供者接到反通知后应当立即采取的措施以及其后果。

干问题的规定》第7条规定"其发布的信息被采取删除、屏蔽、断开链接等措施的网络用户，主张网络服务提供者承担违约责任或者侵权责任，网络服务提供者以收到通知为由抗辩的，人民法院应予支持"。该条规定实际上是将"收到通知后采取的措施"作为网络服务提供者的抗辩事由。然抗辩事由和免责事由、过错责任的归责事由在侵权责任中属于不同范畴。虽然加害人提出免责事由后，效果上会阻却侵权行为的成立，使受害人的请求遇到障碍，从这个意义上说，它也有抗辩效果。但严格来说，事由和抗辩事由还是存在一定区别。① 归责事由则是指根据何种理由使得何人对于损害承担责任，即确定责任的依据或理由。② 对《侵权责任法》36条第2款"通知——删除"规则这些理解差异，会导致裁判结果不一。此外，《关于审理涉及计算机网络著作权纠纷案件适用法律若干问题的解释》第5条③规定网络服务提供者通过网络的共同侵权行为之构成要件，是以"故意"或者"明知"和"应知"为主观构成要件，这与网络侵权责任构成的一般规则的规定并不一致。

在不同的法律规则之内容存在分歧的时候，会导致具体案件中法律适用的矛盾。比如，涉及网络侵害著作权纠纷时，就会产生在《信息网络传播权保护条例》和《侵权责任法》的相关规定中如何选择适用问题。按照特别法优于一般法，应适用《信息网络传播权保护条例》。按照法律位阶，则应适用《侵权责任法》。矛盾还会在法律后果中体现出来，产生同案不同判的现象。如法院在选择侵害著作权的《信息网络传播权保护条例》和《关于审理涉及计算机网络著作权纠纷案件适用法律若干问题的解释》，在侵害其他权利时，适用《侵权责任法》。这样网络服务提供者相同的行为，承担责任不一。矛盾的结果是所侵害的权利不同，产生的法律后果不同。但是如果侵害其他权利也类推适用《信息网络传播权保护条例》，就会实质上架空侵权责任法的一般规则。

---

① 王利明. 侵权行为法研究：上卷［M］. 北京：中国人民大学出版社，2004：550.

② 程啸. 侵权行为法总论［M］. 北京：中国人民大学出版社，2008：102.

③ "信息网络传播权保护条例"第五条规定："未经权利人许可，任何组织或者个人不得进行下列行为：（一）故意删除或者改变通过信息网络向公众提供的作品、表演、录音录像制品的权利管理电子信息，但由于技术上的原因无法避免删除或者改变的除外；（二）通过信息网络向公众提供明知或者应知未经权利人许可被删除或者改变权利管理电子信息的作品、表演、录音录像制品。"

三、网络侵权规则实施问题产生之其他因由

（一）司法权运作中的博弈

博弈论研究的是充分而有理性的决策者在考虑到他的决策行为时对他人可能的影响以及他人的行为对他的可能影响的情况下，通过选择最佳行动策略寻求收益或效用的最大化。几乎所有的关系利益冲突的决策过程都可以认为是博弈，最终的决策则是各方博弈的结果。诉讼则是利益冲突最为集中和激烈的社会场景。从法律形式主义理论角度来看，法院在司法权博弈过程中的策略只应该有一个，即忠实地理解、执行法律。司法判决思维的逻辑结构就是将形式实在法的抽象性规则严格适用于具体案件事实。形式法被理解为一种客观而"完美无缺"的规则体系，法律与现实之间的"紧张关系"被视为不存在，法官依据法律判决，法官中立而消极地裁判。但在我国，还处于向"形式合理性"以及法律形式主义迈进阶段，法院在裁判时还需要考虑法律之外的因素。法院在权力结构中的地位等原因，造成法院的强民主性、司法权的地方化、法院的非权威化等问题。①

在网络服务提供者侵权责任规则实施过程中，我们可以发现，有些类型的案件受理法院非常集中，而裁判也非常一致。在网络服务提供者侵害商标权时规则具体实施情况章节分析可见，从案件受理法院来看，集中程度非常高；从裁判法院的地域统计来看，有着非常鲜明的特色。其中有72%的案件是由浙江省内的法院做出裁判，尤其集中在杭州滨江区法院、余杭区法院和杭州中院，一共有样本裁判187件。这就为利益集团在博弈的过程中，利用其影响力来影响法院判决提供了可能。司法权的地方化，指法院在审理案件、适用法律的过程中，受到地方利益的影响以及地方权力的干预，最后的裁判往往可能代表着地方政府或利益集团的利益。

由于裁判者在法律规范的实施中扮演着非常重要的角色，对网络服务提供者涉及侵权责任中案情的认定、法律规范的理解和自由裁判方面至关重要。因此网络服务提供者侵权责任规则实施中的诸多问题，都与裁判者有着重要关系。案件裁判中，法官自身的因素，比如其成长和学习背景、自身素质等都可能成为影响判决的因素。在对结果影响中，学者认为这是可接受性因素，即便这类显性因素通过较公共之途径为人所了解，产生后果由整个社会共同体承担。然

---

① 马怀德. 法律的实施与保障［M］. 北京：北京大学出版社，2007：164－196.

而有些隐性因素会产生由个别人来承担的消极后果，如贿赂、公报私仇等。这就使得这类因素产生的判决具有不可预测性，或者说其裁判后果与根据公开因素影响所做出的评价预期相去甚远。在学者研究中，考虑通过对判决预测和实际结果之间的差距进行分析，得出判决模型，然后采取排除的方法剔除此（类）判决影响因素进行。在发现违法的隐性因素时，提出预防建议以及追究责任的措施。因此，从民事司法运行透明性、民事法律正义运行的监督角度上来说，其也必然要以科学性作为基础。① 由于这些措施的不到位，让裁判者在博弈的过程中，选择对其有利的裁判结果，就会导致同案不同判、判决趋向于保护特点利益团体、对注意义务做出与自身利益有利的理解、背离立法目的适用法律等裁判行为。

（二）法律实施的文化障碍

在法律实施的过程中，法律文化制约是重要的影响因素。我国传统文化有着很多积极的因素，但也有些消极因素影响到实施的效果。网络服务提供者侵权规则的实施也不例外。

由于中国传统文化中的消极因素对"令顺民心、以法治官、比附判例"等积极因素功用之消减，传统中国没有走法治中国道路。传统中国的皇权、"礼"都是法的源泉，大于法。因此传统中国的法律没有取得至上的地位，容易成为权力与"礼"的附庸。这样导致漠视法律现象。人们习惯在做出行为前不考虑法律后果，等问题发生后，不习惯通过法律途径解决。传统中国对法律漠视现象为常态，包括老百姓、掌握权力的人及其与掌权者有各种关系之人习惯用关系等解决法律问题。中国传统文化的关键特质为"伦理和人情压倒法律"（情与法的关系模糊不清）、"权力大于一切"（缺乏对于法律的信仰）、"义务本位"（缺乏权利的观念等），这也构成法律实施中的最大传统障碍。②

由于很多人在遇到权益受侵害时，觉得诉讼时间和经济成本高，不相信法律等因素影响，通常不用法律解决。这就使得通过违法行为而谋求利益的人违法成本低廉，从而纵容了这类违法行为的发生。这一影响在网络服务提供者作为销售平台，销售假冒商标商品或者其他违反法律规定的货物时表现尤为明显。如在消费者购买到侵权产品，绝大多数都不会提起诉讼时，网络服务提供者和销售者违法成本低，就助长了该类行为的发生，从而使法律实施不能达到其预

---

① 屈茂辉，匡凯. 论民事法律的科学性问题 [J]. 当代法学，2012（6）：74-81.
② 马怀德. 法律的实施与保障 [M]. 北京：北京大学出版社，2007：9.

期目的。

（三）社会关系和经济结构原因

1. 网络社会关系的复杂性和飞速变化

法律的稳定性优点在社会变迁的情况下引发刚性、保守性及其滞后性。法律形式结构固有的刚性因素及其控制能力的限度等原因导致法律的守成取向。社会关系已经复杂化，而法律未做修改或者没有及时区分不同的具体情况加以规范时，原有的法律实施会遇到较大障碍。网络服务提供者侵权规则实施中，商标权受侵害时网络服务提供者侵权责任与其他财产权、人身权的不同，带来的适用 36 条规定问题就与此有关。

样本裁判中问题产生原因还包括网络社会关系与现实社会关系的变迁及理解问题。如王威与中国电信股份有限公司连云港分公司网络侵权责任纠纷中。法院认为该案中他人通过网络对"卫东"发表过激言论，造成"卫东"网络评价的降低，但虚拟网络评价降低并不必然导致网络用户在现实生活中社会评价的降低。网络虚拟环境是现实环境的衍生，但不是社会生活必不可少的部分，只有网名与本人有固定的对应关系且为他人所知悉，对其攻击才会降低现实中周边人对其评价，仅攻击网名这一虚拟身份，而非针对具体生活中的某人，不构成侵犯名誉权。① 裁判中说明侵害名誉权的损害后果应该是造成现实中周边人对其评价的降低问题需要我们思考。随着网络社会的发展，网络社会是否一定与现实社会脱节，网络社会中他人对其评价的降低可能会造成损害及精神损失。

网络服务法律关系中当事人的利益关系快速发展和变化，给法律实施带来难度，从而导致法律规则实施结果的不公正，阻碍核心价值观（自由、诚信）等在网络社会的形成。传统对网络服务提供者行为的讨论主要集中在从网络服务提供者对第三人著作权或侵害商标权。因此比较法研究中，多为相关国家在网络侵害知识产权方面的规定。《侵权责任法》36 条的立法借鉴及其最终通过的条款，在责任构成、义务的确定等方面，多借鉴于这些规则。然随着近年网络发展，我国网络媒体和交流平台、网络平台销售者侵害人身权、财产权问题迅猛发展，法院受理的相关纠纷增长迅速。例如搜索引擎竞价排名从 2008 年开始引起社会关注，而到 2016 年魏则西事件让搜索引擎竞价排名问题再次回归人

---

① 江苏省连云港市新浦区人民法院，（2014）新民初字第 0941 号"民事判决书". 江苏省连云港市中级人民法院，（2015）连民终字第 01624 号"民事判决书".

们的视线。在《侵权责任法》立法时，搜索引擎排名引起人身损害问题并没有显现，因此相关法律并未关注。网络社会关系的复杂性和飞速变化，导致侵权规则适用的过程中产生诸多问题。从侵权责任的预防损害实现角度，如因相关法律规则缺失，加害行为频发而无法追究责任，导致利用网络侵害民众的人身权益之行为无法得到遏制时，就需要检讨规则本身之问题。因此有人忧虑在侵权法所保护的法益是民事权益，侵权法不能有效预防侵害民事权益情况发生，是侵权法的悲哀。①

2. 中国经济结构的迅速变迁

经济结构的迅速变化也会导致网络服务提供者侵权规则的实施问题。市场经济需要植根于自主、自由、平等、契约、竞争等现代法治精神。我国市场经济制度建立时间短，经济能力有限。市场经济不发达，意味着市场主体的自律、自治能力不强。这种情况可能歪曲市场规律而产生负面效应。也就是说可能会将对经济利益的追求运用到需要维护公平和正义的法律实施领域，从而产生不公正的社会后果。如权力部门勾结经营主体，通过权力寻租等方式追求利益最大化，使得法律在金钱、地位、GDP 面前没有权威性和效力。为了这些所谓的追求，商家和其他主体可以见利忘义、唯利是图、铤而走险。网络成为越来越多的人急功近利、无序竞争、追逐利润的工具。而网络的飞速发展，为从事交易的人提供了重要交易平台。在这一平台，购买者往往不能直接看到商品，主要是通过销售者的描述、对大型销售平台的信任。这些条件可能导致卖假货者巨大的获利空间，使人可以通过网络将现实生活中违法的行为，换一种方式来营销。而网络交易双方的距离，又使权益的维护困难，使人在权益受损时易选择放弃。对大型销售平台的控制，则意味着巨大商业利益，从而催生出一类特殊的利益群体。在立法中和法律实施中，如果没有考虑到这些因素的话，就容易使法律的实施结果与立法目的相悖。

转型时期的社会心理存在变异性、裂变性、不稳定性、流动性等特征。我国处于经济、社会转型时期，人们对传统道德、心理有着极强的否定、逆反等心态。尤其是在虚拟的网络世界，这种心态可能发挥得淋漓尽致。由此一些人在网络行为中派生出社会心态的分裂性和不一致性，反传统、反主流等行为得

---

① 宋伟峰. 以竞价排名对《侵权法》关于网络服务提供者侵权责任规定实施效果的检验 [EB/OL]. (2017 - 02 - 17) [2017 - 10 - 21]. http：//www. chinacourt. org/article/detail/2016/09/id/2090502. shtml.

以存在和发展。立法和实践中对这些因素没有充分考虑，容易产生实施的偏差。

（四）中国行政管理体制问题

在网络服务提供者侵权责任规则实施过程中，发现行政机构的法律职能缺失严重。行政管理体制中各个不同部门存在职能交叉问题，且没有明确的部门的权力和责任，同时还有不同机构重叠设置、行政效率低下、人浮于事等问题。这可能会导致有利的事各部门拼命抢，有责的事则大家都往外推。网络服务提供者侵权责任规则中，有很多都属于国家行政部门负责实施的，可是在实施中部门抵制、干预或者不作为等现象严重。具体如侵害他人权益的电商、利用网络诈骗的电商等。又如一元钱拍卖问题，按照法律规定并不属于正常经营，而是违法有奖销售。但是受害人到工商机关请求查处时，由于工商行政管理部门相关管理规则主要针对的是传统店铺，导致在处理经营者利用网络违反经营、侵害他人民事权益的行为无能为力。这种行政部门轻视对线上经营者违法行为管理的结果，是助长网络服务提供者侵害他人权益的行为。如受害者到某市12358 价格举报中心工作人员除举报，得到的答复是可能一元购本身这个机制是有问题的，但该中心不监管这个机制有没有问题，仅仅监管在该辖区范围之内消费产生的商品或服务的价格标准，有没有违法行为。这种状况，导致受害人损害填补途径欠缺，从另一方面助涨了加害行为。

此外，网络服务提供者侵权规则的实施凸显的立法目的偏离，其原因可能是以下几个方面。其一，受立法者自身能力限制，制定规则时未能正确地认识网络侵权责任规则所涉及的各方主体的情况，从而在权利义务的配置上事与愿违。虽立法过程中追求公正，但实际结果不如人意。其二，立法和法律实施过程中受到相关利益集团的影响，从而偏离应然目的。在网络服务提供者侵权规则实施过程中，代表自己利益的利益集团总会摇旗呐喊，试图寻求对自身最有利的规则理解和实施结果。如作为网络销售平台，其与网络店铺的多少、销售额有着利害关系，就会希望多开店铺、增加销售额。如果加大审查力度监督店家是否卖假货的行为会导致其平台销售额巨幅减少的话，那么其对在平台的店铺是否卖假货的监管就缺乏动力，或者是默许其行为存在。在网络服务提供者义务的确定时，其就会主张其不具备相应的事前审查能力，从而不承担责任。行业利益者将网络销售平台存在的卖假货行为的理由推到消费者身上，认为是由于消费者知假买假，导致假货横生。

综合来看，从网络服务提供者侵权责任规则实施的样本裁判分析可见，在我国法律实施中，存在着法律与事实间的巨大鸿沟。在立法中体现的"良法美意",到现实生活中屈服于各种干扰因素,从而使立法目的无法落到实处。在法律实施过程中,几乎所有法律中规定的义务性规范都不同程度地存在未被实现的问题。即使是内容非常明确的法律规范,也都存在着被严重违反的情况。[1]法律实现需要通过法律实施手段,是法律实施的结果。[2] 我国目前为"一元两级多层次的立法体制"。立法主体多,数量多。协调不同时期、不同部门间法律和法规的矛盾和冲突,是一个难题。法律冲突破坏"法制统一"的宪法原则,使司法机关适用时不统一而损害法律权威性,对于网络服务涉及的各类主体,如服务提供者、人格权主体、知识产权主体、销售者或其他经营者来说,也会造成侵害。

---

[1]　马怀德. 法律的实施与保障 [M]. 北京:北京大学出版社,2007:7.

[2]　刘金国,舒国滢. 法理学教科书 [M]. 北京:中国大学出版社,1999:245 – 247.

第七章

网络服务提供者侵权规则实施
问题解决之思考

被称为第四媒体的网络已渗透到整个社会和人们生活的各个部分和角落。移动互联网在近年作为第五媒体登场，并且以迅雷不及掩耳之势发展到影响人们生活的方方面面。这些发展就伴随着各类网络服务提供者壮大而不断壮大，同时相关规则实施问题对社会影响也会扩大。这就需要我们对这些网络服务进行漏洞填补和不断完善相关规则及其制度。比如在电子商务发展领域，其问题集中体现的电子商务平台上存在平台责任的构成、责任范围和责任性质等。理论和实务对这些问题多有讨论，但随着电子商务平台发展，其存在问题会被放大。与传统的法律关系当事人相比，除了交易当事人、提供交易的平台外，这里还存在是否有沉默第三人的存在之争论。很多网络侵权责任规则，是在传统对互联网发展背景下的制度设计基础上，面临适应和解决新问题的困境。因此，需要在网络侵权责任立法理念、规则设计等方面对网络服务提供者相关规则进行反思和重构，通过立法、实践和理论的互动等途径，来达到增强法律法规生命力之目的。

第一节　网络侵权规则立法完善

一、立法理念的更新

由于立法理念等问题产生规则和适用中的问题，我们需要从理念本身的更新入手解决。具体来说包括以下几个方面。

（一）注重本国国情基础上科学借鉴

国情是一个国家的历史、环境、资源、社会经济发展、社会关系状况等方面的现实情况。不同国度的政治、经济、文化、习惯、风俗等差异的存在，也使得立法各有不同。很难想象背离本国国情的立法能够得以顺利实施。

当前我国学界并存两种通说，即"通知——移除"制度是网络服务提供者的免责条款抑或该规定是关于网络服务提供者的过错责任之确定。这两种通说在理论逻辑上是相互矛盾的。之所以出现两种矛盾的命题同时成为通说的现象，与我国在借鉴美国相关立法创设通知移除制度时，未能注意到两国已有的制度环境，尤其是侵权归责原则上的截然不同密切相关。有人认为根据我国的法律体系，通知移除制度应重新定性为网络服务提供者的归责条款。①

因此，调整某一特殊社会关系的法律规则，需要立足于本国的国情，调整网络服务提供者侵权责任的法律规则亦如此。我国处于经济体制转轨和社会转型期，社会主义市场经济的发展是当前经济发展目标。在市场经济体制下，社会利益多元化，个人主体地位得到确认，主体意识、权利意识不断强化，这使得多元化利益格局得以形成。因此在法律规则中，需要关注对新利益主体的权利保护和制衡，防止利益分配不均而影响该类社会关系的健康发展。网络服务提供者侵权规则所涉及到的关系需要重视对于提供不同类型服务的网络服务提供者之利益保护及制衡问题。典型的案件如网络销售平台对商标权的保护等问题。又如，样本裁判中体现的法律规定同一注意义务适用在不同类型的网络服务提供者时，出现利益的失衡问题。在网络销售平台侵害商标权的诉讼中，法院判决网络销售平台胜诉的一边倒的结果，实质上是一种利益失衡表现；应该据此考虑规定不同的注意义务内容，以达到保护和制衡目的。

对于国外立法经验的借鉴也需科学。虽然立法并非封闭系统，需要借鉴先进经验，但是借鉴需在尊重本国国情的基础上才能成功。法律规则的移植需要去除泛西方化特征，在西学东渐过程中，注重本国的国情，科学借鉴，既不排斥也不盲从，才能使制定的法律规范体系适应我国的土壤，这类规则才能得以实施并产生积极的社会效用。立法中单纯从比较法上借鉴他国适用于版权的规则来构建我国对于民事权利概括性保护的网络侵权责任条款，这一做法并不妥当，需要全面考量相关因素来进行立法后评估。

尊重在实证研究结果上的经验总结。法律规则的制定是在总结社会发展规律，将社会需求的秩序纸面化进而成为法律规则。而法律规则的实施则为反向的转化过程，将纸面规则（法律条文）应用于现实生活，需要从立法过程的科学性来保障转化结果。只有在立法过程中做到尊重客观事实，对相关问题进行

---

① 徐伟. 通知移除制度的重新定性及其体系效应［J］. 现代法学，2013（1）：58 – 70.

实证分析和研究，我国才能制定出来科学的法律规范，从而保证法律的高程度实施。而在制定法律后，对于实施效果的实证研究，则有利于总结立法（法律规则体系）适用于现实生活的效果，为法律的评价提供一线素材。对于符合科学规律的体系予以肯定，不符合科学规律，脱离社会现实的、调整后导致利益失衡，不利于社会发展的法律规则体系，则需要予以修改。

因此，尊重本国国情的科学借鉴，包括在借鉴过程中尊重国情，也包括在立法后通过实证分析来验证网络服务提供者侵权责任规则是否符合我国的国情，从而考虑规则的修订问题。

（二）网络侵权责任规则粗细适宜的理念

细读"宜粗不宜细"指导思想的理由，我们可以发现其并不能成立。"网络为新鲜事物"不应该是规范空泛的理由。相较于其他的传统侵权行为，网络侵权是伴随着网络不断发展的。中国从 1994 年开通互联网，网络的发展也经历了近 25 年的实践。相关立法还可以借鉴早于我国发展网络的美国和欧盟等国家和地区的立法经验。网络侵权行为仍是一般侵权行为，关于一般侵权责任的责任构成、责任承担等理论和研究是成熟的。而且在我国最高人民法院颁布《关于审理涉及计算机网络著作权纠纷案件适用法律若干问题的解释》和《信息网络传播权保护条例》等法律、法规和司法解释等规范适用中，其也提供了本土的经验及教训。由此，制定符合法理的、完备的侵权行为规则，使之能在调整网络侵权关系中有效适用是完全可以做到的。

比较法上来看，美国"避风港规则"和欧盟法律都是从免责的角度加以规范。我国网络服务提供者侵权规定则是从网络侵权责任构成要件上加以正面规定，这与免责的立法逻辑和出发点不同。比较构成要件模式与免责模式，可以发现构成要件模式更易使规则变得空泛而有弹性。这就使这种模式的立法更需要被限定。对网络侵权责任的违法行为、过错、损害和因果关系等责任构成问题做精确的设计。网络技术发展使得产生变化的是违法行为的表现形式，并不会直接产生侵权责任构成要件变化。因此，立法上宜粗不宜细的思想，应该只是在各类情况尚不明晰的特定时期的权宜之计，不应该是科学之立法思想。明确性和精准性是法律作为一种强制性社会规范实现的需要；法律规范需要能够得以体现、规范和引导实践。如果单纯强调制度应妥协复杂的现实，就会制造出粗糙的法律产品，进而产生实施之乱象，错失发展法治社会之契机，阻碍民主社会发展进程。在立法过程中，尽量衡量某些问题规范之粗、细的价值，细化各项制度规范，显然要比用模糊制度来解决问题的方式具有更大的可操作性和可执行性。

"规则粗细适宜"理论要求我们尽量避免"和稀泥"式的利益协调方式，减少对立法语言进行主观的、模糊化处理。在法律规则中，增强语言表达的精准度，尽量少用带有强的主观色彩、具有过大弹性的词汇或者非常宽泛的模糊性语言，从而产生在理解和适用上的分歧。在规范表述上，需要坚持定量描述优先、定性描述补充的方式。在规范方式上，采取"列举加目的"的思路，从而达到具体性和概括性兼顾之目的。网络侵权责任规则应然的内在机理，是其贯彻实施、切实有效的基本前提。

在追求法律的明确和精准的同时，我们当然也不能忽视网络侵权中技术和发展变化给侵权责任构成影响的问题。比如判断网络服务提供者过错的标准、何种情况下采取哪些措施为必要措施等随着网络技术发展而变化。这些变化中的问题就应该做粗线条的规定。因此网络侵权规则应当把握好"粗"抑或"细"的度，做到粗细适宜。具体来说，应该精细、准确地规定网络侵权责任的构成要件；应明确各类网络法律关系的参与者，如网络服务提供者、网络用户享有的权利和应该承担的义务。但对于发展变化中的技术问题，比如网络服务提供者过错的具体判断等问题应该粗细适宜。

（三）平衡网络侵权责任规则所涉及的主体利益

侵权的民事责任平衡当事人的利益关系，影响整个社会的发展，甚至导致某一行业或产业的兴衰存亡。需要清楚地认识到侵权行为的民事责任对社会利益的平衡作用，并正确地把握这个平衡。[1] 要鉴别一种法律对社会发展的作用是积极的还是消极的，最终要看它是推动生产力的发展，还是阻碍和破坏生产力的发展。[2] 作为上层建筑的一部分，法应该能促进经济健康发展，网络侵权责任规则也不例外。

互联网是一个国家经济领域的重要产业，该产业的发展程度影响到未来信息产业在各国的地位。网络侵权规则中网络产业和民事权益保护之平衡是一个关系到产业健康发展之重要问题。美国1995年发布"知识产权保护白皮书"后，中间服务商一致反对该白皮书的规则。为改变这种情况，维护该国信息产业的全球霸主地位，《数字千年版权法》很快颁布，用以限制中间服务商之责任，并避免服务商承担过重法律责任。欧盟在制定《电子商务指令》时也采用

---

[1]　张新宝. 侵权责任法原理 [M]. 北京：中国人民大学出版社，2005：23.

[2]　付子堂. 法律功能论 [M]. 北京：中国政法大学出版社，1999：142.

了相同做法。① 在利益平衡问题处理上，美国和欧盟就是很好的例子，这两个地方网络经济的发展与法律及其对利益主体关系的调适密不可分。

《侵权责任法》第 36 条虽不是对网络服务提供者行业直接进行规范的规则，但其规定的侵权责任却与网络服务提供者的利益息息相关。其实施应该是能促进网络产业的健康发展，不能给网络服务提供者增加不合理的负担，给网络服务提供者乃至网络行业的发展带来困境，即网络服务提供者承担的责任似显过苛，其承担的注意义务与网络行业的发展规律并不相符。仅因网络服务提供者违反注意义务就判定其与直接加害人构成共同侵权并承担连带责任，在立法体系上尚存一定瑕疵。② 而连带责任的承担显然比按份责任更重。因此，应关注因侵权责任规则规定，承担了较重责任的某类网络服务提供者；并考量通过具体措施，在法律实施中，保持权利保护与互联网产业发展之间的平衡。鉴于 36 条导致网络服务提供者承担责任过重，需要我们在该规则的理解、适用过程中保持各类民事权利保护的平衡，保持民事权益的保护与其他权利保护的平衡，不能偏废。

该种理念，在我国司法实践中也得到运用。在晚近的法院裁判说理部分，得窥利益平衡理念。例如在李舒弟等与北京新浪互联信息服务有限公司等名誉权纠纷中，法院在裁判中写到网络服务提供者不是司法机关，不应当要求其具有专业的法律素养，更不能要求其对用户发布的信息一一核实。③ 其对网络服务提供者的义务确定就是根据案情，注重利益衡量的结果。

二、网络侵权规则完善

在新的立法理念指导下，需要有完善、明晰的规则来具体体现。需要消除规则之间和规则体系间的矛盾，以期使规则产生实效。

（一）补充规则以填补空白

对于存在欠缺的规则，弥补空白最理想的方式当然是修改和补充规则。在修改时机不成熟之时，我们可以先通过补充司法解释来达到完善目的，以后再总结经验教训完善立法。具体内容应该包括以下几方面。

---

① 全国人大常委会委员法制工作委员会民法室. 侵权责任法立法背景与观点全集 [M].
　北京：法律出版社，2010：588.
② 梅夏英，刘明. 网络侵权归责的现实制约及价值考量 [J]. 法律科学，2013（2）：
　82–92.
③ 北京市第一中级人民法院，（2016）京 01 民终 5864 号"民事判决书".

1. 规定"通知"的内容和形式需符合的条件

建议借鉴已有的规范性文件，对不同类型权利受侵害时，受害人向网络服务提供者发出的通知之形式和内容加以统一规定。从形式上看，以采用书面形式为宜。书面方式包括了数据电文方式，如电报、电传、传真、电子数据交换及电子邮件等，这个要求不会影响到网络环境下通知的快捷性和便利性需求。该种方式便于举证，能够满足对网络侵权初步证据的判断要求。比如可以通过扫描原件以数据电文的方式来通知，随后再将纸质证明文件交给网络服务提供者。具体来说，通知内容包括：权利人姓名（名称）、联系方式、地址；权利人请求，如请求采取哪些临时措施、所指的侵权行为有哪些、侵权行为所涉及的网络地址等；构成侵权的初步证明材料；权利人对通知书真实性负责的承诺等。

2. 明确接到通知后网络服务提供者的判断和处理方式

对通知中所称行为是否构成侵权进行判断的确定机构宜为各级法院。也就是说，网络服务提供者接到通知后所采取措施应为临时措施，需依据法院的生效判决来确定是否采取最终措施。

临时措施的采取要根据不同情况来确定，通过区分是公共事务还是私人事务来确定是否构成侵权和应该采取的措施。这种区分是对人们表达自由和监督权行使的保障的需要。涉及公共利益时，人们在网络上应享有更多的表达自由，纯粹涉及私人事务时则不同。"对于网络上人们的言论等对公共事务的参与，应该采取最大宽容原则，尽量减少限制。针对私人事务对言论自由的限制可更多"①。公众的信息利益与言论自由在那些与公众密切相关的事项中具有特别重要的作用。公共事务关涉公共利益，不当干涉网络言论，不利于民主政治和社会进步。限制过多将使网络作为公共话语平台的优势不复存在。需要更多容忍对民事权利保护方面的限制，只要这种限制与其他方面的价值实现存在一个恰当的关系。② 涉及公共利益的讨论也常涉及公众人物，这是美国1967年的克鲁迪斯出版公司诉巴茨案中首次提出的概念③。我国法律中本无公众人物概念，然学者们主张对涉及公共利益的言论更加宽容，将公众人物是指在社会生活中具有一定知名度的人，大致包括：政府公职人员；公益组织领导人；文艺界、

---

① 谢鸿飞. 言论自由与权利保护的艰难调和——《侵权责任法》中网络侵权规则之解读 [J]. 检察风云，2010（3）.

② 汉斯·贝恩德·舍费尔，克劳斯·奥特. 民法的经济分析 [M]. 江清云，杜涛. 译. 北京：法律出版社，2009：283.

③ See Crudis Publishing Co. v. Butts, 388 U. S. 130 (1967). pp2 - 5.

娱乐界、体育界的明星；文学家、科学家、知名学者、劳动模范等知名人士。①

3. 网络服务提供者接到权利人通知后的处理程序

接到通知后，网络服务提供者应及时将通知书转送达给通知中所涉嫌实施侵权的行为人，转达通知时还需告知所涉嫌实施侵权行为人以下信息：如已经采取临时措施的需同时告知并要求对方在规定时间内提交书面说明；对方未在规定时间内提交书面说明的后果（如网络服务提供者将依照权利人通知要求采取措施）；对通知所称侵权行为有不同意见的，可以反通知。通知中还须明确其对于通知内容真实性承担责任。此外，网络用户地址不明时，通知书应以适当的方式在网络上公告送达。反通知应该采取的形式和所包括的内容等。反通知一般应采用书面通知的方式、在规定时间内送达网络服务提供者。反通知包括的内容一般有：明确网络用户的具体请求（如是否要求停止已经采取的措施）、提交相应的证据材料。

4. 明确网络服务提供者告知义务

网络服务提供者的告知义务可从两个方面加以明确。首先，明确规定其应在网页显著位置发布解决侵权的途径和信息。这些信息包括该网络服务提供者接受通知电话、邮箱地址、信函联系地址、处理所接到的侵权通知需要的期间及其权利人和网络用户权利与义务。这些信息的提供有利于履行解决侵权纠纷，引导各方主体通过合法形式理性、高效地解决问题。这样可以让网络社会成为培育良好法律意识土壤。其次，可通过对只适用具体领域里的规则补充和改善，来制定普遍适用的规则制度。例如，对普遍适用的规则可以参照《关于审理涉及计算机网络著作权纠纷案件适用法律若干问题的解释》第6条。规则包括网络服务提供者对权利人要求其提供侵权行为人在其网络的注册资料以追究行为人的侵权责任时，应该履行"提供侵权行为人在网络上的注册资料"的义务。而不同类型的网络服务提供者，有不同的注册资料要求。如网络销售平台，要求提供真实姓名和有效联系方式等。

5. 考虑特定情况下的固定赔偿数额和赔偿数额限制

由于网络侵权行为所可能涉及受害者众多，对于人格权的损害确定也存在一定困难，个案中确定损害赔偿数额统一难度非常大。因此，可以在难以确定的情形下，确定相对固定赔偿数额或者赔偿限额，减少个案中人为因素影响、

---

① 王利明. 公众人物人格权的限制与保护［M］//王利明，葛维宝. 中美法学前言对话——人格权及侵权法专题研究. 北京：中国法制出版社，2006：1.

提高司法效率。① 该方面我国台湾地区有着有益经验，其所谓的"电脑处理个人资料保护法"中，就对损害赔偿进行了限制。其内容包括财产损害赔偿与精神损害赔偿总额的限制和同一事实原因赔偿总额的限制。该规定具有相当的合理性，值得参考。②

6. 完善其他相关规则和制度

应科学确定费用分担规则，合理分配费用负担。在确定用户是否有侵权行为过程中，网络服务提供者增加了多项费用。这些费用包括：聘请专业人员所增加支出、在认为构成侵权时采取措施的费用、通知用户（加害人）所支付的费用、通知权利人的费用、为权利人提供侵权人资料的费用等。权利人认为自身权利受侵害，需要网络服务提供者提供有关加害人资料时，也存在费用支出。这部分支出是权利人为维权须付出的成本，属于可以请求加害人赔偿的范围。除了网络服务提供者作为直接加害人的情形，在大量需要通知、处理的案件中，直接加害人另有其人。网络服务提供者既不是加害人，也不是受害人，作为为社会提供媒介的主体，不是产业发展的唯一受益者。所有处理费用的负担加诸其身，既没有充分的法理依据，也有违公平和平等的法律精神。建议规定对关于侵权通知的判断、处理过程中的费用由权利人、加害人和网络服务提供者分担。权利人、网络服务提供者和被诉请者与侵权行为的发生都有直接联系，这些费用应该由最终确定侵权行为人承担。在未确定最终责任人前，这些人分担费用是公平合理的。

（二）明晰规定以避免模糊

在规定存在模糊之处时，需通过明晰和解释规则来限制责任范围。由于规则本身对网络服务提供者规定了较重责任，对规则的模糊地带的恰当解释在平衡双方利益上起着至关重要的作用。从立法角度看，《侵权责任法》36 条规定的网络服务提供者连带责任的承担，意味着网络服务提供者承担较重的责任。再对该条进行不利于网络服务提供者理解、解释，都有失公允。③ 对模糊规则

---

① 齐爱民. 个人资料保护法原理及其跨国流通法律问题研究［M］. 武汉：武汉大学出版社，2004：257.

② 洪海林. 我国个人信息保护立法研究［M］//梁慧星. 民商法论丛：第41卷. 北京：法律出版社，2008：185 - 213.

③ 杨立新.《侵权责任法》规定的网络侵权责任的理解与解释［J］. 国家检察官学院学报，2010（4）：3 - 12.

解释的指导思想，应该是做有利于网络服务提供者的限缩解释。①

　　具体来看，在对《侵权责任法》36 条第 2 款所规定"网络服务提供者接到通知后未及时采取必要措施"的功能而言，并不能认为未及时采取措施构成行为人的过错，将其作为网络服务提供者侵权行为表现之一比较妥当。36 条的规定是属于一般过错责任，侵权责任的构成要件中应该由受害人证明加害人存在过错。但第 2 款中的规定，可能让人误认为其为对过错的判断标准，在条文中增加关于过错的判断表述，可以防止实践中有人将规定错误地理解为过错判断标准。建议将该条文更准确地表述为"网络服务提供者接到通知后因为过错未及时采取必要措施"。

　　该条第 3 款中对主观方面的规定的"知道"，宜限缩解释为"明知"，避免实践中将其理解为"应知"的情形。因为"应知"是对过错的法律推定，"明知"需要原告证明网络服务提供者事实上知道他人的侵权行为。解释为"应知"，会产生对网络服务提供者课以"一般注意义务"的后果，将使实质为不作为侵权行为人的网络服务提供者承担过重的责任。

　　对于相关概念内涵和定性进行明晰。如对于游戏账号、装备等网络虚拟财产属性和转让规则进行明晰。可以将其界定为准物权，② 其取得、丧失、公示等参照物权的规定。③ 这样法院对于《民法总则》第 127 条的理解和适用将更为准确和统一。

　　（三）理顺冲突以消除矛盾

　　对于网络服务提供者侵权规则实施过程中存在的矛盾，应区分类型来解决。第一，通过完善法条规定可解决的 36 条内部矛盾。建议在第 3 款中增加解决第 2、3 款关系的规定，可表述为"在本款和第 2 款可以同时适用时，优先适用第 2 款的规定"。这是由于第 3 款是对所有损害的连带责任，但是第 2 款仅为扩大部分的连带责任。两款这实质上是一般和特殊关系，即一般的明知时应该适用第 3 款，但符合第 2 款的规定的明知行为，应该适用第 2 款。

　　第二，《侵权责任法》与其他规范的外部矛盾的解决。外部矛盾包括相关司法解释或其他规范性文件的矛盾，如《关于审理涉及计算机网络著作权纠纷案件适用法律若干问题的解释》《信息网络传播权保护条例》等规则的矛盾。这类

---

① 王利明. 法律解释学导论——以民法为视角［M］. 北京：法律出版社，2009：329.

② 钱明星，张帆. 网络虚拟财产民法问题探析［J］. 福建师范大学学报（哲学社会科学版），2008（5）：6 – 12.

③ 林旭霞. 论虚拟财产之取得与丧失［J］. 法律适用，2008（3）：53 – 57.

矛盾的解决可遵循一般规定和特殊规定的关系、上级渊源与下级渊源的关系来解决。对于《关于审理涉及计算机网络著作权纠纷案件适用法律若干问题的解释》《信息网络传播权保护条例》中有规定，而 36 条中未做规定的，应考虑整合、修改这些规定，使这些规定能适用于所有类型的网络侵权。这样能够有效避免出现侵害权利不同处理结果相异的法律实施结果。

第三，36 条和相关规则的直接矛盾。也就是指在《侵权责任法》中和《关于审理涉及计算机网络著作权纠纷案件适用法律若干问题的解释》《信息网络传播权保护条例》中都有规定，但规定的内容不同。需区分不同情况来解决这类矛盾。这类矛盾通常可用法律位阶原则解决。在司法解释或行政规章等下位法规定与《侵权责任法》规定不一致时，应该适用上位法。比如《关于审理涉及计算机网络著作权纠纷案件适用法律若干问题的解释》第 5 条与《侵权责任法》规定不同，就不再适用该条规定。问题在于，侵权责任法颁布时间短，存在着一些缺漏。很多问题在《关于审理涉及计算机网络著作权纠纷案件适用法律若干问题的解释》《信息网络传播权保护条例》中有更为科学的规定。此时，就需要通过新司法解释的方式来明晰相关规定，并肯定已有的司法实践经验，比如，涉及网络服务提供者不承担责任和减轻责任情形的规定。网络服务提供者免责的规定对减轻其责任负担有着至关重要的作用，欧盟、美国等信息产业发达的国家和地区都运用这些规则来平衡利益。如美国国会的《通讯法案》（*Communication Decency Act*）规定网络服务提供者对第三人在网上侵权责任免除。法官在泽然诉美国网络公司案①中认为，国会认识到对网络服务提供者可能提出的基于第三人侵权行为的诉讼是对以后将蓬勃发展的网络言论自由的破坏②。规则的实施部分是为了坚持网络交流的自然属性。为了网络产业的繁荣发展，应该维持政府对产业的最少干预，让网络服务提供者为当事人侵权承担责任就是政府对产业的干预。英国《数字经济法案》中，规定的免责事由和网络服务提供者承担的义务关联。英国通讯事业局制定运营商如何监视其用户的行为规范，运营商们需要按有关方面的要求来对盗版用户实施封网等技术性惩罚，在履行了规定义务时，他们不必为自己用户的侵权行为负责。③ 参照比较法上的思路，结合我国 36 条规定的模式，我们可以考虑特别规定免责事由的类型。除了规定

① Zeran v. American Online Inc., 129 F. 3d 327, p10.
② See Section230 (47 U. S. C. A § 230).
③ Royal Courts of Justice Strand, London, WC2A 2LL, Neutral Citation Number： ［2011］ EWHC 1021 (Admin), p2.

在网络服务提供者履行了其相应义务作为没有过错判断条件外，特别列出哪些情况下可以免责。这样一方面减轻了整个网络服务提供者行业负担，另一方面通过网络服务提供者履行义务可强化规则的预防功能。

第二节　完善对网络服务提供者注意义务的运用

导致赔偿责任的不是（因其本质无法抽象认定）"过错"，而是对具体情况下必须施加的注意义务标准的偏离。① 在网络服务提供者侵权责任中注意义务的确定非常重要。这里所指网络服务提供者的注意义务是网络服务提供者在网络社会交往之中应尽到客观必要之谨慎，采取合理措施避免危险发生的义务。有观点主张网络服务提供者适用安全保障义务。② 我们赞同其认为网络空间特征与"通知——删除"规则所依赖的网络空间特征产生变化，从而需要探索新的规则变化来适应新特征。对网络服务提供者注意义务的理解不一、确定注意义务的法律依据不同是产生样本裁判中网络服务提供者侵权规则实施问题重要因素。从网络服务提供者注意义务入手是一个重要的问题解决途径。我们可以通过完善注意义务的内容来完善网络服务提供者侵权责任规则。

一、注意义务的功用

注意义务可以解决网络侵权行为的过错判断问题。《侵权责任法》第 36 条规定的网络侵权为过错责任。过错责任原则针对过错而归责，有过错才有责任。过错成为责任的一般性正当理由，具有深刻的社会基础。③ 侵权责任主观要件判断方法上，由于行为人造成损害后果的主观意志不明确，也就是说过失行为不具有造成损害后果的主动性和目的性，通常从外部表现和结果入手分析其可归责性和可谴责性。④ 因此对故意以主观的判断方法来确定，但对过失则采用客观推定方法，失去在同一标准下区分故意和过失的可能，无法按照既有的过错形式，套用于立法例规定的网络服务商应负侵权责任的主观状态。注意义务

---

① 廖焕国. 侵权法上注意义务比较研究［M］. 北京：法律出版社，2008：1.
② 刘文杰. 从责任避风港到安全保障义务：网络服务提供者的中介人责任研究［M］. 北京：中国社会科学出版社，2016：217-210.
③ 王成. 侵权法归责原则的理念及配置［J］. 政治与法律，2009（1）：78-89.
④ 徐晓. 过错推定论——一种从实在法到法哲学的分析方法［D］. 吉林大学，2004.

的明晰，降低了具体案件中分析网络服务商过错形式的复杂性。只要有客观的义务违反，就不需要具体分析网络服务商对于损害后果的主观认知。①

借助注意义务判断违法性。在网络服务提供者不作为侵权行为侵害他人权益的情形，网络服务提供者的行为从客观上往往并不具有违法性，须借助注意义务的概念来认定违法性。违反防免侵权发生的注意义务既构成过错，又导致行为违法性的成立，因此注意义务概念兼具判断过错的依据和判断违法性之有无的功能。在欧洲侵权法小组对侵权法国个别研究基础上提到了违法性观念的变化，对以下问题达成共识。第一，侵害受保护的权利和利益；第二，违反法律规定的一般的、客观的注意标准；第三，主观过错。对第一和第二项的共识是：英国学说中的注意义务和大陆法系的违法性（如奥地利、德国和荷兰也相似）是一致的，因为违反注意标准（在英国法中是疏忽，在比利时法中是合理预见能力和防止损害的可能性）与德国或奥地利中的"行为不法论"本质上是一样的。② 因此学者认为违法性可以作为过错的客观方面，过错可以被称为违法性的主观方面，合并成对网络服务提供者是否尽到注意义务的考察，而不必在强求将过错和违法性作为两个独立构成要件分别判断，可以为违法性理论提供发展空间。③ 网络服务提供者侵权规则实施中，确定注意义务标准，对注意义务的违反就确定为有过错，这样就能解决现有的过错概念在适用于网络服务提供者侵权责任的问题。过错是客观的或者被"客观化"了的概念，它以每个人应当遵守的行为客观要求为标准。任何违反这一标准的行为通常都会被认为是过错。在理论上过错与可责难性是分开的。这种模式的典型是《德国民法典》第 276 条第 1 款第 2 句的过错，他多少对应于"疏忽"这一概念。④ 根据 276 条规定，过失的行为，指未尽往来上必要之注意。⑤

注意义务的开放性能适应经济和社会发展。注意义务的承担人是提供网络服务的网络服务提供者。注意义务保护的主体是产生注意义务的基础法律关系的相对人，如人格权主体、知识产权人、财产权主体等。网络服务提供者不对

---

① 宋哲. 网络服务商注意义务研究 [M]. 北京：北京大学出版社，2014：68.
② 欧洲侵权法小组. 欧洲侵权法原则文本与评注 [M]. 于敏，谢鸿飞，译. 北京：法律出版社，2009：54.
③ 宋哲. 网络服务商注意义务研究 [M]. 北京：北京大学出版社，2014：70.
④ 欧洲侵权法小组. 欧洲侵权法原则文本与评注 [M]. 于敏，谢鸿飞，译. 北京：法律出版社，2009：105.
⑤ 杜景林，卢谌. 德国民法典——全条文注释 [M]. 北京：中国政法大学出版社，2015：182.

权利主体以外的人承担责任，这就意味着社会公众不能基于公益而请求网络服务提供者对网络服务侵害公共利益承担责任，也意味着权利人在自身权利受侵害要求网络服务提供者采取措施时，必须提供自己系权利人的表面证据。注意义务标准是开放的，随着社会的进步，其内涵也会发生变化，以避免法律的规则落后于社会和技术的发展。注意义务是针对包括非契约关系的社会参与者在内、适用于全部社会生活的、一般的监督或作为义务。在个案中，需要根据案件事实，当事人的关系等将该义务内容具体化。在实践中，对于一些有普遍性的案件，形成了成熟的经验和理论时，就会逐步类型化，进而形成相应的法律规范，比如安全保障义务的类型化。立法的过程中，不能将"不当"行为的认定都交由裁判者进行个案衡量。因为这种给予过大自由裁量权的立法方式，所产生的法律漏洞，将可能导致对于他人权益和自由的重大侵害。侵权行为法必须在必要时自己创设义务和规范。比较法上欧洲各国侵权行为法的各国除以保护他人为目的之法律、法典中的侵权行为法部分、损害赔偿法及根源于法官造法的普通法之"有名侵权"外，一般注意义务都被各国作为侵权行为法所特有的"规范发生器"。① 对网络服务提供者侵权规则实施中提出的诸多问题，可以通过确定注意义务来解决。如违法行为的判断、过错的判断等。

二、网络服务提供者注意义务的来源

一般安全注意义务涉及对一个具体空间的管辖区域（或统治领域）的责任。网络服务提供者的不作为侵权责任，与德国社会安全义务理念有相似之处。实质上网络服务提供者违反注意义务的行为，大都是不作为。虽然不作为侵权在违反安全保障义务时，为补充责任，而网络侵权中为连带责任。赋予网络服务提供者注意义务，是因其更能控制危险的发生，或者是从中获利等原因。网络服务提供者基于其技术条件，对于网络社会中侵权行为的控制能力超过其他的权利人。合理明晰地界定网络服务提供者注意义务，可以节约社会成本，促使其不断提高技术水平，尽可能避免侵权行为的发生。具体来说，网络服务提供者注意义务主要有以下一些来源。

（一）法律、行政法规和其他规范性文件

这里所指的法律、法规和其他规范性文件是广义的制定法概念，即由全国

---

① 克雷斯蒂安·冯·巴尔. 欧洲比较侵权行为法：下卷［M］. 焦美华，译. 张新宝，校. 北京：法律出版社，2004：281.

人大及其常委会颁布的法律、国务院颁布的行政法规和部委规章等规范性文件。这些规范性文件是网络服务提供者注意义务的主要来源。制定法中规定网络服务提供者在哪些情况下应当作为或者不作为时，就构成了对网络服务提供者的注意义务要求。依据这些规定产生明确、具体的注意义务。法律规范性文件往往规定行为人的行为标准，违反法定行为标准之事实本身可以成为证明行为人构成过失侵权的表面证据。

这些法律条款主要包括的法律规范有《侵权责任法》第36条、《消费者权益保护法》第44条和《食品安全法》第62条等规定。行政法规有国务院发布的《信息网络传播权保护条例》，此外还有其他规范性文件，如国家网信办《互联网信息搜索服务管理规定》等。由于在第一章"引言"中的第二节"网络服务提供者侵权责任规则体系"中，对这些法律规范已经做了详细介绍，在此不拟赘述。

这些条款或者直接规定，或隐含了确定网络服务提供者的注意义务。如《侵权责任法》第36条第2款就是隐含了注意义务的内容。根据该规定，网络服务提供者在接到他人发出的认为自身权益受侵害的通知后，没有及时采取相应的必要措施时，需与该网络用户对损害的扩大部分承担连带责任。也就是说，在网络服务者接到通知后不采取删除、断开链接等措施的，就构成对注意义务的违反。《信息网络传播权保护条例》第15条规定也是相同的思路。

对于制定法中规定的注意义务，需要区别该义务的性质来确定。也就是说要判断其是属于民法上的义务，抑或是行政法上或者属于宪法、刑法、环境法等其他性质的义务。只有对属于民法性质的注意义务之违反才构成侵权责任。如果是其他性质的制定法之违反，可能产生其他类型的法律责任，如行政责任。因此并不是制定法中义务的违反都可以作为产生侵权责任法上的注意义务，有些规定只是判断注意义务的考量因素之一，并不必然产生侵权责任。如根据《互联网视听节目服务规定》第18条规定，广播电影电视主管部门、互联网视听节目服务单位的义务，包括该规定中"立即删除"和"报告义务"① 等，这

---

① 参见国家广播电影电视总局和信息产业部2007年联合发布"互联网视听节目服务规定"第18条，其规定："广播电影电视主管部门发现互联网视听节目服务单位传播违反本规定的视听节目，应当采取必要措施予以制止。互联网视听节目服务单位对含有违反本规定内容的视听节目，应当立即删除，并保存有关记录，履行报告义务，落实有关主管部门的管理要求。互联网视听节目服务单位主要出资者和经营者应对播出和上载的视听节目内容负责。"

些义务的违反产生的后果是罚款等行政责任、刑事责任。其责任主体是"主要出资者"和"经营者"，义务违反也并不必然产生侵权责任。不能因这些规定，将"主要出资者"作为侵权责任的承担者。

（二）网络行业规范、惯例和技术标准

网络行业规范、惯例和技术标准是指为履行网络管理职能的机构、网络行业自治组织、居于领先地位的网络服务提供者或其组成团体发布的技术标准、执业规范、专家意见等所反映出来的，网络服务领域已经形成的行为准则、业务指南或者推定的该行业从业者通常加以遵守的规定。这些行业规范、惯例和技术标准，不直接产生注意义务，但是能够作为判断是否履行了注意义务的参考依据。

1. 只能有条件地参照行业惯例、规范和技术标准

内容的模糊性和可能的行业利益保护倾向决定了行业惯例、规范和技术标准只能起到参照作用。裁判案件时，法院只能参考网络服务提供者的行业惯例、规范和技术标准确定网络服务提供者注意义务。究其原因，行业规范、惯例和技术标准都是由网络服务提供者自身或者行业协会所决定的，有很大可能会倾向于行业利益保护。它们的内容可能非常明确，也可能较为模糊。从其关注点来看，相当多的情况下，行业内所关注的是其本身的行业利益，并不是保护他人的权利。如果网络服务提供者可以通过证明自己遵循了行业规范和习惯来证明自己没有侵害他人权益的话，对权利人是非常不客观和不公平的。因为这样网络服务提供者很可能通过形成很低水平的注意程度方式而达到不承担责任的目的。在业界对确保安全不热心的场合，法院就会以低水准的安全习惯为标准进行过失判断，而这是不合适的。① 例如酒店行业协会曾经声称十二点退房的做法作为"国际惯例"，目的是保护本行业的从业者，却对消费者造成利益损失。这在网络服务行业中也不能避免。网络服务提供者可以比较容易地找到在提供服务过程中与自己对人格权、财产权等权利的保护尽了相类似义务的其他网络服务提供者。这样产生的结果就是，其可以通过证明其他网络服务提供者的侵权行为来说明自己行为的合法性。

相较于行业惯例和规范，技术标准有自身的特征。有些技术标准作为危险控制的措施，更加接近于保护社会正常秩序所需要的注意义务，是在当时的技术条件下网络服务提供者在技术上通常采用的标准。但是技术标准的目的是为

---

① 于敏. 日本侵权行为法［M］. 北京：法律出版社，1998：130.

了保证技术的通用、标准化，而不是为了保护他人权益。制定技术标注的主体主要是技术使用方的利益集团，而非受技术影响的相对方，从而无法保证其在权益保护上的独立性和公正性。我们以为，技术标准可以成为网络服务提供者履行注意义务的证据使用，可以作为审判机关确定网络服务提供者最低行为标准，但不能成为其是否履行注意义务的决定性标准。

2. 未能达到这些标准时的反面参照作用

行业惯例、规范和技术标准可以从另一角度来作为判断注意义务的参照。也就是说，网络服务提供者如果未能遵守行业惯例、规范和技术标准的事实，可以作为网络服务提供者未尽注意义务的有力证据。比如搜索引擎行业有"robots"协议的技术标准。在电子邮件服务商、银行网站等不希望网站信息被搜索引擎收录的网站，按照一定格式设置"robots"文件。搜索引擎读取这些文件后，就会按照文件要求主动回避收录网站的全部或者部分网页。如果该搜索引擎违反该行业通行做法，则难以主张自己已尽注意义务。① 比较法角度来看，美国《侵权法第三次重述》第 288C 条规定，在一个合理的人会采取预防措施时，遵从了制定法或管理性规范（administrative regulation）的行为并不能确定其没有过失。② 该重述最终采取的观点实质上弱化了行业习惯之证明力。也就是说，对行业习惯的遵循，可作为证据来证明被告不具有过错，并不能作为充分的证据来证明其不存在过错。从法经济学的视角表述，就是当潜在受害人众多或者是无法确定身份的第三方群体时，交易成本是极高的……而当交易成本极高时，遵循惯例将不能作为以外事故案中抗辩事由。③

3. 将网络行业规范、惯例和技术标准等作为参照的前提条件

司法实践中，行业惯例、规范、技术标准可以参照，但是需要符合前提条件。在裁判的过程中，法院应该先判断行业惯例、规范、技术标准是否公允，是否符合上位法的规定和法律精神。网络服务提供者在遵从这些规则和技术标准时，是否尽了自己的注意义务对网络用户的权利进行保护，是否达到了理性人的注意标准。惯例和技术标准等不能导致网络服务行业整体安全性能的降低，需要立足与维护社会正常秩序的相当性对惯例、行业规范是否合理予以判断。

---

① 宋哲. 网络服务商注意义务研究［M］. 北京：北京大学出版社，2014：77.
② Kenneth S. Abraham, Albert Clark Tate. A Concise Restatement of Torts［M］. American Law Institute Publishers, 2000：39.
③ 威廉·M. 兰德斯，理查德·A. 波斯纳. 侵权法的经济结构［M］. 王强. 译. 北京：北京大学出版社，2005：145.

特定行为已经普遍化并不当然阻却行为的不法性，经常恰恰是一些已经习惯化的惯常行为威胁了他人的安全。在欧洲，行业规范虽然一般不属于法律的范畴，但侵权行为法常将技术标准和安全标准用作具体化了的可操作性行为标准。法律或条例没有明确声称这些技术指标具有法律约束力时，一般注意义务就是这些技术标准融入侵权行为法的途径。①

我国司法实践中，最高人民法院的审判工作指导中也考虑到行业自身设定的规则。最高人民法院的相关专业庭室对下级法院审理该类案件提出几点应注意的问题。首先，要注意结合有关部门关于互联网行业的管制规范来确定互联网企业的注意义务，进而判断互联网行业的责任问题。其次，建议在裁判过程中，注意鼓励新技术发展与个人权益保护之间保持适当平衡。裁判机构在判断是否构成侵权问题上，需要充分了解互联网新技术的发展，考虑到新一轮的产业革命与互联网技术的紧密结合。最后，建议注意商业判断与人民法院司法判断之间的界限，进行合理区分。如在判断互联网平台上商家商业信誉受侵害案件时，对于互联网平台责任的确定，需尊重平台事先所设定的商业信誉评价规则。并依一般侵权责任构成要件判断其他网络用户的责任。②

（三）不违背公序良俗原则

公序良俗是连结民法与社会公共利益、社会一般道德的纽带。其作为民法沟通自身与体系之外的通道，犹如一根虹管，使民法得以借助法官之力汲取体系外多方面的营养，从而可以紧随现实之发展。③ 作为我国民法的基本原则，公序良俗对网络服务提供者注意义务的产生和判断有重要意义。

网络社会与公序良俗互为关联和发展，因此必须正视网络发达社会与传统社会联系与差异。网络社会应该传承而不是颠覆现实社会的法律。网络社会的无国界性会为跨越国界的共同价值观和伦理观的产生提供空间和可能性。因此需要在确定公序良俗观念时，对其观察和体现。已经出现的网络空间特殊"民事法律关系"，如网络婚姻、网络虚拟人的名誉纠纷等在国外引起广泛讨论。④

---

① 克雷斯蒂安·冯·巴尔. 欧洲比较侵权行为法：下卷［M］. 焦美华. 译. 张新宝. 校. 北京：法律出版社，2004：280.
② 程新文. 最高人民法院关于当前民事审判工作中的若干具体问题［M］// 杜万华. 民事法律文件解读·总第134辑. 北京：人民法院出版社，2016：115 – 119.
③ 于飞. 公序良俗原则研究——以基本原则的具体化为中心［M］. 北京：北京大学出版社，2006：2.
④ 蔡唱. 公序良俗在我国的司法适用研究［J］. 中国法学，2016（6）：236 – 257.

例如，在某精神科医生创造的一个老年妇女"朱丽叶"，于网络上与他人交往数年后，其他人才发现这是个虚拟人。很多与之交流的女性在得知实情后，有"像被强奸，自己的隐私被侵害"等感觉。① 在真实社会中与在网络社会中民事主体人格特征的差异性，是在理论和实践中都需要关注的重要问题。

网络服务提供者应该遵循公共秩序和善良风俗，通过合同、技术手段等方式对自己以及网络用户的行为进行规范。在没有相应的法律、规范性文件等规定时，网络服务提供者在做出影响到其他权利主体利益的行为时，需要符合公序良俗原则。《民法总则》第 8 条规定民事主体从事民事活动，不得违反法律，不得违背公序良俗。依据第 10 条规定，处理民事纠纷，应当依照法律；法律没有规定的，可以适用习惯，但是不得违背公序良俗。如在网络领域，某些侵权行为高发，而网络服务提供者很容易就可以采取某种过滤技术进行过滤，以在一定程度上防止损害的发生。根据公序良俗它们就有义务采取该技术。如果其拒绝采用过滤软件，可能被视为违背善良风俗。但是如果因为过滤技术的不完善导致侵权内容未被全部过滤的，不能因为其善意地采取了该不成熟的技术而相应提高其注意义务的标准。虽然说在可预见的未来，希望由网络服务提供者对网络上的音频和视频文件中的侵权内容都加以过滤是不现实的，不使用过滤器不能被认为是恶意的行为。使用过滤器的意义在于网络服务提供者表达的一种善意，其愿意采用技术手段降低侵权的程度和数量。②

需注意的是，并不是所有违背公序良俗的行为都是侵权行为，一般轻微的违背善良风俗不做法律问题处理，但是故意为之，侵犯他人合法民事权益，则应认定为侵权。③

（四）先行为

先行为也是网络服务提供者注意义务产生的原因之一。行为人因为自己的先前行为，增加了他人风险，使他人处于危险状态时，就负有采取积极措施防止损害结果发生的注意义务。

先行为使他人处于危险之中，这样就产生了行为人采取积极措施来防止他人损害发生的注意义务。而这种注意义务的产生应该仅限于，先前行为对他人

---

① A. R. Stone. Will the real body please stand up?, the Anthology Cyberspace：First Steps, ed Michael Benedikt［M］. Cambridge：MIT Press, 1991：81 – 118.

② 宋哲. 网络服务商注意义务研究［M］. 北京：北京大学出版社, 2014：79.

③ 李佳伦. 网络侵权行为的过错问题研究［J］. 华东政法大学学报, 2017（1）：112 – 117.

产生了特别大的危险的情形。也就是说，这种危险已经大大超过了社会生活中通常面临的危险的情形。①

在网络服务提供者提供的服务提高了他人权益受侵害的巨大危险，从而超出了社会生活中公众所普遍接受的危险程度，这时即便该网络服务是具有实质性非侵权用途的网络服务，服务提供者也负有特定的注意义务。包括警示服务对象不得利用该网络服务从事非法行为，并且为权利人提供畅通、有效渠道来通知、制止侵权行为，或采取其他的救济方式保障权益。此时，网络服务提供者的注意义务除了最低标准的注意外，还应该根据增加危险的先行为来确定其他注意义务。例如，如果某一网络销售平台，在由于自己的安全保障措施不力，其用户的信用卡、个人信息等资料泄露，给用户造成财产被转移的巨大风险时，网络服务提供者就会因其先行为产生特殊的保障用户财产的注意义务。

（五）网络服务提供者自己承诺的注意义务

自己承诺也属于单方允诺。可以将单方允诺作为网络服务提供者自己制定的行为标准。单方允诺无须其他人的表示即可产生相应的法律效力。也就是说，在网络服务提供者为单方允诺的表意人，其做出注意义务的意思表示时，能产生相应的债权债务关系，网络服务提供者就需要作为表意人承担相应的注意义务。

样本裁判中涉及网络服务提供者允诺承担法律规定之外的注意义务问题。在曾晓庄等与北京古城堡图书有限公司人格权纠纷案中，法院实质是认为网络交易平台有审查义务。该样本裁判关于审查义务确定的特别之处在于，网络交易平台本身定有服务协议、审核规则等，规定网络服务提供者自身义务的约束规则。案中网络交易平台古城堡公司提交了《孔夫子旧书网服务协议》《孔夫子旧书网关于商品审核规则》。根据其制定的规则，孔网作为一个交易平台，禁止用户上传违规、违禁、违反道德良俗等相关内容。在审核规则中，规定了"内容涉及中华人民共和国成立后历次政治运动（如三反五反、反右、'文化大革命'）、军事战役（如抗美援朝、对越自卫反击等）的回忆性质的图书资料，网站禁止销售。1978年之前历次政治运动期间（如三反五反、反右、'文化大革命'等），留存的属于文物资料类的个人旧物品，除特殊敏感性的，可以销售"。原告认为古城堡公司并未遵守其制定的商品审核规则，未尽到审核义务，法院予以支持。法院认为案件涉及的拍卖物品内容中大都是"民国山东大学农学院

---

① 周友军. 交往安全义务理论研究［M］. 北京：中国人民大学出版社，2008：109.

院长曾省'文革'交代材料"，甚至包括曾省自杀的照片。这些内容明显涉及
"文化大革命"，且有容易引发曾省遗属强烈震动的自杀照片，应属禁止销售的
范围。古城堡公司理应遵守其制定的《孔夫子旧书网关于商品审核规则》，履行
审核义务，但其并没有及时审核，而是在曾省的遗属起诉后才将上述信息删除。
因此，该法院判定古城堡公司没有尽到审慎审核义务并无不当。① 对于古城堡
公司是否尽到审慎审核义务判断上，法院并不认可网络服务者有用户提供的所
有信息均进行实质性合法审查的义务。但明显涉及违反国家法律法规、违禁以
及违反道德良俗等相关内容及侵犯个人隐私的物品，网络服务者就应该履行审
查义务。

　　法院以网络服务提供者自己规定审核义务需要遵守的判断是正确的。单方
允诺的核心在于，民事主体单方为自己设定义务，使对方获得权利。根据意思
自治原则，在不违反社会公序良俗和法律禁止性规定前提下，民事主体可处分
自己的财产或权利。网络服务提供者当然完全可以根据自己的需要，为自己单
方面设定义务、设定行为标准。而且一旦做出允诺的意思表示，即应恪守信用，
自觉受其约束。因此，网络服务提供者自己承诺的注意义务可以是注意义务的
来源途径。

三、网络服务提供者注意义务判断之考量因素

　　网络服务提供者注意义务的判断，关系到网络空间权利主体与网络服务提
供者利益的保护、冲突与平衡。网络社会中，一方面民事主体的肖像权、隐私
权等权益在网络中受到侵害的情形日益严重；另一方面，网络服务提供者认为
自身没有过错，坚持技术中立。而由于网络已经深入到千家万户，这种冲突又
容易引起广泛关注。因此，在确定网络服务提供者注意义务时，需要特别慎重。
在判断网络服务提供者注意义务时应注重以下因素的考量。

　　（一）注意公法和私法规定的注意义务的切割

　　由于对于网络服务提供者的注意义务的内容，在我国除了《侵权责任法》
及其相关司法解释规定外，还有很多公法性规范也有规定。其公法审查义务的
核心是剔除第三方发布的违法内容。如《互联网等信息网络传播视听节目管理
办法》第20条设定的公法审查义务。该类义务要求网络服务提供者必须在没有

---

① 北京市海淀区人民法院，（2015）海民初字第10889号"民事判决书". 北京市第一中
级人民法院，（2015）一中民终字第07710号"民事判决书".

接到权利人通知或有权机关指令的情况下，基于自主判断剔除违法内容。鉴于公法义务的违反与私法义务的违反产生的法律后果不同，应对网络服务提供者公法和私法审查义务进行切割，使公法审查义务的适用范围仅限于公法问题。应将网络服务提供者的公法审查义务做技术性定位，即明确网络服务提供者的义务是以合理的技术性措施对用户内容进行审查，不要求网络服务提供者以超出其负担能力或人工的方式对用户内容进行审查。①

（二）所涉各方的利益衡量

作为网络服务提供者一方来看，因其利益驱动，并不都希望网络为纯洁、完全没有侵权行为发生的场所。网络服务提供者与各类权利主体，如知识产权人、肖像权主体、名誉权主体等在利益上存在着冲突。对网络服务提供者注意义务的确定，实际上是对相关法律、法规的解释和适用过程。进行法的解释时，不可能不进行利益衡量。法的解释是解释者以自身价值判断作为解决问题之标准，将对立的利益做比较衡量，当然是必不可少的。② 利益平衡是当事人之间、权利与义务主体之间以及个人与社会之间的利益应当符合公平的价值理念。个案裁判中网络服务提供者注意义务的确定须使当事人各方利益平衡，这是利益衡量的结果。

某一法律条文制定是立法者综合平衡社会生活中各种利益的结果，制定过程中包含了对公平和正义的理解。③ 英美国家认为注意义务是公共政策问题，即"义务说到底是一个我们法官必须解决的公共政策问题"。公共政策需判断何种注意义务的标准，对社会发展的促进作用最大，尤其是对于网络危险具有特殊预防和控制能力的网络服务提供者，对其科以注意义务的目的必须是为了维护社会整体利益的需要，使之既符合公共利益的要求，又不会过于阻碍网络服务提供者的发展。网络服务提供者注意义务的确定应该体现各方利益的平衡。一方面，在网络社会生活中，各方主体行为自由和权益能够得到保障；另一方面，各方主体在享受自由和行使权利时，不得损害他人的人身和财产权益。个体权益的实现与其他人乃至社会整体利益息息相关。人的社会属性决定了人格自由必须受到社会整体利益的限制。然而，网络服务提供者侵权规则体系本身存在着法律漏洞，而很多问题又是通过司法性途径（如最高人民法院的司法解

---

① 姚志伟. 技术性审查：网络服务提供者公法审查义务困境之破解 [J]. 法商研究，2019（1）.

② 梁慧星. 民法解释学 [M]. 北京：法律出版社，2015：316.

③ Dorset Yacht Co. V. Home Office，[1969] 2 All ER 564，[1969] 2 WLR 1008.

释），在法律适用的过程中，可能根据文义解释成两种以上不同的法律后果。在这种情况下，逻辑已经与法律价值联系在一起，法官需要结合案件事实，结合立法精神和法律价值选择最妥当的法律解释。

判断网络服务提供者注意义务时，应该注重当事人具体利益、群体利益、制度利益和社会公共利益形成的有机层次结构。法官判案过程中遵循这种层次结构要求的思维过程可以表述为：起点为网络侵权中当事人的具体利益，基础是社会公共利益，联系群体利益和制度利益，在对制度利益等进行综合衡量后，得出对当事人利益是否需要加以保护的妥当结论。① 这一衡量，可以具体运用到不同类别的网络服务提供者。如果针对所有的网络服务提供者采取同一注意义务内容，发现在某种类型网络服务提供者案件中，注意义务导致当事人具体利益与社会公共利益的失衡，则应该重新考虑注意义务的内容，如前所述的网络销售平台的注意义务确定问题。对于《侵权责任法》36条规定的评价，学者们一致认为该条规定对网络服务提供者来说责任过重②，我国现行立法关于网络服务提供者审查义务的规定存在"悖论式并行"现象，即私法上免除网络服务提供者的审查义务，公法上却要求网络服务提供者承担审查义务。网络服务提供者公法审查义务的履行在实践中面临负担过重、违法判定和义务履行两难的困境。③ 这也是网络服务提供者需要以牺牲他人的表达自由来规避责任的重要原因。由此，解释中需注意网络服务提供者产业利益与人格权保护的平衡。这些包括对36条第3款"知道"的限缩解释，也包括为了防止第3款架空第2款"通知条款"，加重网络服务提供者侵权责任负担，规定第2款和第3款的一般与特殊的关系，即只能在极特殊的情况下可以越过第2款规定，依据第3款主张权利。④

（三）从预防成本与收益角度的考量

"成本——收益"的分析是人类基本思维模式，是从经济利益角度的特殊利

---

① 梁上上. 利益衡量论［M］. 北京：法律出版社，2013：81.
② 张新宝，任鸿雁. 互联网上的侵权责任：<侵权责任法>第36条解读［J］. 中国人民大学学报，2010（4）：17-25. 杨立新.《侵权责任法》规定的网络侵权责任的理解与解释［J］. 国家检察官学院学报，2010（4）：3-12. 杨明.《侵权责任法》第36条释义及其展开［J］. 华东政法大学学报，2010（3）：123-132.
③ 姚志伟. 技术性审查：网络服务提供者公法审查义务困境之破解［J］. 法商研究，2019（1）.
④ 张新宝，任鸿雁. 互联网上的侵权责任：《侵权责任法》第36条解读［J］. 中国人民大学学报，2010（4）：17-25.

益衡量。网络服务提供者履行注意义务需要承担相应的成本，因此在对其进行确定时要考量其成本、行业的发展与人们权益保障效益问题。在经济学视角看，认为财产法经济目标是最合理地利用有限资源和实现效益的最大化。自波斯纳提出对汉德公式的经济解读以来，汉德公式就被视为法经济分析在事故法中的支柱。汉德公式与经济分析似乎已然成为互相支持、密不可分的整体。① 从法经济学分析来看，汉德公式的社会观富有启发性。其比较了原告的概率损失和被告预防该类损失付出的成本，在预防成本低于给他人造成概率损失时，被告就有过错，要承担损害赔偿责任。这实质上也就是确定被告在符合这些条件时承担相应的注意义务。这种做法，使社会整体以较少的义务支出来防止较大的损害发生，实质上就是增加社会财富。具体来说，以经济分析方法思路来确定网络服务提供者注意义务时，判断的问题是：考虑网络服务提供者在履行注意义务时需要付出成本与其能预防的损害比例。由于数据庞大等原因，在其能够采取的预防损害发生等相关措施时需要承担过高的成本，而预防的损害概率与之不成比例时，不宜确定注意义务。而在网络服务提供者能够以较小的成本防止高概率的、大的损失时，则应该承担相应注意义务。不同的侵权责任制度设计对资源配置的状态将产生不同的影响，侵权法应当认真考虑这种影响，要保证财产权侵权责任制度发挥优化资源配置的结果。应当充分利用市场，通过责任制度激励当事人采用侵权救济交易解决财产权侵权纠纷。②

然而应注意在网络服务提供者侵权责任中，预防成本与收益并不总是有效，不能迷信。过失无法被还原为纯粹的经济学公式。首先，侵权法的传统植根于个人主义的道德，主要关注于人们之间的平等，而非更为广泛的社会政策。其次，过失的微积分关注于某些重要的非经济价值，如健康与生命、自由与隐私等，它们都拒绝与竞争的经济价值相比较。理性人绝非冷血的漫画形象，并非功于计算的经济人。③

判断注意义务时，应该结合当时的技术条件，考虑网络服务提供者是否有经济、有效的过滤工具识别相应的侵害人格权、财产权或者知识产权等权益的情形，因为这关系到其履行注意义务的成本。在无法采取相应技术手段时，如果需要履行监控或者审查网络用户利用其提供的网络服务侵害他人权益的行为，

① 王成. 侵权损害赔偿计算的经济分析 [J]. 比较法研究，2004（2）：91-100.
② 许明月. 资源配置与侵犯财产权责任制度研究——从资源配置的效果看侵犯财产权民事责任制度的设计 [J]. 中国法学，2007（1）：79-90.
③ John. Fleming. The law of Torts 9th ed. [M]. Law Book Company，1998：131-132.

则要采取人工监控等手段，这意味着会大大增加预防成本，也会给社会增加成本。此时，将该义务分配到网络服务提供者，就是不经济的。比较法上，欧盟议会、欧盟委员会和欧洲经济与社会委员会在对欧盟《电子商务指令》的报告认为，在实践中不可能要求网络服务提供者监视网站和网页。监视造成网络服务提供者负担过重，会使得用户使用基本网络服务的费用提高。①

网络服务提供者注意义务的确定，应该在一定程度上考量经济分析法学派的理念。因为即便是那些秉承最为传统的价值判断方法的论辩者也一般会遵守以下共识：很难说不讲社会效率和公共福利的制度设计是一个好制度。② 我国的一些网络服务提供者侵权责任的裁判规则隐含着经济理性，它能够充分利用搜索引擎服务商的信息优势和"私人监控"优势来制约"搭便车"行为。③ 实践中，不能完全依据于此的理由是单纯以数字无法体现法律所保护的价值因素等。对于损害发生概率的计算等问题、涉及非财产损失的时候我们无法进行价值衡量。试图从受害人角度来确定精神痛苦的金钱价值不可能，试图对这些问题解决努力都是徒劳。④ 由于其适用范围非常有限，我们只能将其作为确定注意义务的考量因素之一加以运用。

（四）对注意义务的确定应考虑促进社会进步和技术发展

在确定网络服务提供者的注意义务时，要考量促进技术发展和社会进步因素，典型的案件如搜索引擎注意义务的确定。当搜索引擎网络服务提供者对网络信息按照一定规则整理后，向公众提供链接的，其整理行为对其注意义务程度是否具有影响，看法不一。提供链接的网络服务提供者在对网络信息不加以整理情况下，他人通过链接搜索到侵权内容时，很难认定过错。网络服务提供者如果通过人工筛选和编辑，挑出侵权内容向公众提供，比较容易认定网络服

---

① "Report from the Commission to the European Parliament, the Council and the European Econimic and Social Committee, Forst Report on the application of Directive" 2000/31/EC of the European Parliament and of the Council of 8 June 2000 on certain legal aspects of information society services, in particular electronic commerce, in the Internet Market (Directive on electronic commerce), p. 14 (2003), 转引自宋哲. 网络服务商注意义务研究 [M]. 北京：北京大学出版社，2014：88.

② 格哈德·瓦格纳. 损害赔偿法的未来——商业化、惩罚性赔偿、集体损害 [M]. 王程芳，译. 北京：中国法制出版社，2012：7.

③ 宋亚辉. 竞价排名服务中的网络关键词审查义务研究 [J]. 法学家，2013（4）：83 - 177.

④ 王成. 侵权损害赔偿的经济分析 [M]. 北京：中国人民大学出版社，2002：185.

务提供者主观过错。而介于两者之间的情形则不够明确,即网络服务提供者人为设定规则,自动整理网络信息的行为,是否违反注意义务,构成侵权问题。目前对此缺乏明确标准,司法实践对这类专业化搜索引擎服务导致的侵权行为定性存在困难。

有观点认为如搜索引擎服务提供者预先设定规则,对网络信息按照不同标准制作不同分类,应加重注意义务,一旦被发现通过搜索服务可以搜索到侵权作品,就属于搜索引擎未尽到注意义务,构成主观过错。也有观点认为设定规则整理网络信息本身不能构成加重网络服务商注意义务的证据。不同主题的搜索引擎都会按照搜索对象的自然属性进行分类。即便是其依靠人工编辑制作而成的榜单为公众提供搜索服务,其作为目录式搜索引擎,仍然受到避风港原则的保护。是否加重注意义务的关键在于网络服务商设定规则时,是否以浏览网络信息为必要。①

在考量对搜索引擎服务提供者注意义务的时候,需要注重注意义务设定的结果与促进技术发展的关系。如果注意义务的确定导致落后技术的优势地位,这就违背了法律应促进社会经济和技术发展的理念。从这一点看,以第二种标准来确定注意义务为妥。也就是说,是否加重搜索引擎网络服务提供者的注意义务,以按照自然属性进行的分类,依靠编辑制作的榜单为公众提供搜索服务,只要其不以浏览网络信息为必要的情形,就不作为加重注意义务的标准。因为以标题等搜索得到结果,并不意味着网络服务提供者能够得知其链接的内容侵权;作为海量搜索结果的出现,要求对其浏览内容进行判断也是不现实、不经济的。当然,如果搜索引擎明知侵权的,为了经济利益或者其他利益,故意设定相应标准时,并不属于这种注意义务的确定情形。

公众查找特定内容时,如信息不加整理,需要的特定信息会被淹没在通用搜索引擎提供的海量信息中。这样用户需要大量时间在搜索结果中筛选其所需要之内容。为满足这一需要,搜索引擎利用搜索技术大数据,直接提供整合后的数据,越来越多的专业搜索引擎被开发出来。为满足个性化搜索需要,专业搜索对特定种类的信息职能搜索,智能提取相关内容,提供各种分类。一般来说,结果越精准的搜索引擎,其对网络信息的智能整理程度越高,其内容涉及侵害他人权益时,提供该类搜索引擎的网络服务提供者被认定为侵权之可能性越大。这种做法所带来的问题不利于技术的发展。在很多案件中搜索引擎服务

---

① 宋哲. 网络服务商注意义务研究 [M]. 北京:北京大学出版社,2014:153.

商都是通过指出搜索结果中存在许多错误来反证自己没有人工对搜索结果筛选并最终获得免责。如果按照这种逻辑的结果来确定网络服务提供者注意义务，就会使得越落后技术的搜索引擎被免责的可能性越大，从而变相保护落后技术。因此，在针对搜索引擎行业课以过于严苛的义务和责任，必定导致行业的萎靡，并对整个电子商务的发展带来制约，应该既规范搜索引擎公司的义务和责任，同时也应该对义务和责任有所限制，这样既规范了行为，又不至于打击新兴行业的发展信心。①

对网络服务提供者注意义务的考虑，是一个综合各种因素的变化过程。除了以上因素，因为受侵害的权利不同，法院实践中能够对于网络服务提供者注意义务确定有其特殊性，比如当网络客户申请参与竞价排名的网络关键词侵犯第三人的知识产权时，法官的实践智慧促成了相对统一的裁判规则，即服务商对网络关键词的主动审查义务。②

第三节　其他需完善之法律问题

一、对责任减轻和免除的路径之完善

（一）依据一般规则确定责任减免与样本裁判路径的差别

《侵权责任法》36 条字面上没有责任减免的明确规定，根据《侵权责任法》中一般侵权和特殊侵权体系安排，没有规定为特殊侵权行为的情况下，网络侵权属于一般侵权责任。由此，对于网络服务提供者不承担责任和减轻责任的情形，应该适用《侵权责任法》第 3 章 "不承担责任和减轻责任的情形"。根据该章规定，网络服务提供者不承担责任和减轻责任的事由包括被侵权人的过错、受害人故意、第三人行为造成、不可抗力、正当防卫和紧急避险。

然检视法律实施时，发现实践中，裁判所涉及的不承担责任和减轻责任情形与侵权责任法中的一般规则有很多差异。如在典型的非样本裁判中，涉及提供临时存储服务的网络服务提供者的不承担责任情形。临时存储服务是指网络

---

① 齐爱民，廖晖，熊远艳. 电商时代搜索引擎运营基础法律问题探析［J］. 社会科学家，2014（6）：98 - 102.

② 宋亚辉. 竞价排名服务中的网络关键词审查义务研究［J］. 法学家，2013（4）：83 - 177.

服务提供者利用"临时存储"技术，在电子数据从一个服务器发送到另一个服务器路途中遇网络拥堵等情况下，将数据临时存储于网络服务器的服务。有些网络服务提供者会临时性存储所有经该服务器转发的电子数据，在有用户需要获得这类电子数据时，不需要每次都由电子数据初始来源网站提取，直接从临时存储数据的服务器中提取。临时存储可缓解用户经常访问网站的交通量，方便用户。① 又如，涉及临时存储内容侵害著作权及其邻接权时，由于《著作权法》及其司法解释用列举方式，无法解决该问题，我国司法实践中往往用《信息网络传播权保护条例》来解决。该条例第 21 条规定："为提高网络传输效率，自动存储从其他网络服务提供者获得的作品、表演、录音录像制品，根据技术安排自动向服务对象提供，不承担赔偿责任的有三大类。"②

在非样本裁判中，如王路诉雅虎案，法院将网络快照认定为临时存储，属于合理使用，从而判决搜索引擎服务商不承担侵权责任。③ 该裁判的要点主要有以下几个方面。其一，从行为上分析。雅虎网页快照服务过程是，搜索引擎通过引擎技术抓取涉案网页的过程中，自动在服务器中备份网页 HTML 编码。用户点击相应"网页快照"就可访问这些存储在服务器中的网页。由于网页快照与搜索引擎技术是关联的，网页快照在合理期限内应随原网页的变化而变化。第二，从主观方面要件看。抓取、存储涉案网页的过程基于搜索引擎技术安排，是否能够将网页设置为网页快照和网页快照具体内容都取决于原网站。雅虎公司并不知道自己为涉案网页设置了网页快照，也不知涉案网页快照之内容。第三，雅虎公司尽到了告知义务。告知义务的履行行为是其在涉案网页快照中提示网页的来源。第四，网页快照服务商未违反"通知——删除"的义务。其应当在接到权利人的通知后立即删除涉案侵权网页。案中，原告没能证明原网站网页状况，也没有证据证明雅虎公司存在着超过合理期限提供涉案网页快照的侵权行为。该案中，在王路提起本案诉讼后，雅虎公司即在其网站上断开了涉案网页快照的链接。

---

① 张玉瑞. 互联网上知识产权——诉讼与法律 [M]. 北京：人民法院出版社，2000：197.

② 根据《信息网络传播权保护条例》第 21 规定，不承担责任的情形包括：（一）未改变自动存储的作品、表演、录音录像制品；（二）不影响提供作品、表演、录音录像制品的原网络服务提供者掌握服务对象获取该作品、表演、录音录像制品的情况；（三）在原网络服务提供者修改、删除或者屏蔽该作品、表演、录音录像制品时，根据技术安排自动予以修改、删除或者屏蔽。

③ 北京市高级人民法院，（2007）高民终字第 1729 号"民事判决书".

（二）对于不承担责任和减轻责任情形的确定

对于网络服务提供者不承担责任和减轻责任情形的这种理论和实践认识中的矛盾，需要加以梳理确定。具体来说应该注意以下几个方面。

1. 相关规则应该注重权益的平等保护

在规则适用中，改变以前对不同权利保护的不承担和减轻责任情形。如《信息网络传播权保护条例》相关条款适用问题。据条例第 21 条，为据技术安排自动向服务对象提供从其他网络服务提供者获得的自动存储的作品、表演、录音录像制品，有三种情列不承担赔偿责任。综合来看，《信息网络传播权保护条例》的这些规则应从适用于作品、表演、录音录像制品的网络快照扩展到所有的权益保护。在网络快照中有其他侵权内容的，如侵害人格权的图片，其适用规则应该为同一。其理由有：其一，是权利的平等保护；其二，网络临时存储的原理，在侵害作品、表演、录音录像作品时，和侵害人身权是一样的。

2. 免责思路或违法性思路的选择

鉴于理论和实践中都提出该问题及其认识中的混乱，现在的规则发展又存在着掣肘之处。法律为通过审判实践解释 36 条来具体发展不承担责任和减轻责任的类型提供了空间。在侵权责任条款中，通常是特殊侵权行为（如无过错责任）条款中，有自己的不承担责任和减轻责任的规定。网络服务提供者侵权责任条款中没有采取这种方式，也是因其为一般过错规则的构成。侵权责任法理论和实践途径补充不承担责任和减轻责任的特殊条件则是最为妥当的方式。

从《侵权责任法》36 条的违法性思路看，其没有办法发展其他的责任免除和减轻的方式。而网络服务提供者的免责条件，通过第 3 章"不承担责任和减轻责任"的规定来发展，又因其在其他的侵权类型中不具有一般性而存在困难。因此，最好的办法则是通过该条款的具体解释来发展。

这是在立法机构衡量中也曾经考虑过的思路。立法机构所出版的立法背景和观点就有着相应思路的表述①。其提出并总结了学者主张限制责任的具体措施。这些限制包括：第一，对只起"通道作用"的网络服务提供者免除条件是"对所传输的信息自动的、不加修改的服务"；第二，对提供"系统自动缓存"服务的网络服务提供者，免责条件为 3 个，分别为"没有修改所保存信息""接到通知后采取信息封存或删除措施""即使最终认定所传输信息没有侵权也免除

---

① 全国人大常委会法制工作委员会民法室. 侵权责任法立法北京与观点全集 [M]. 北京：法制出版社，2010：587 - 591.

错误删除责任";第三,对提供"用户指令寄存信息"网络服务提供者的限制条件为没有实施一些行为,具体包括其不知道所传输信息的侵权性,没有从提供该信息行为中获得经济利益,接到通知及时采取措施;但是该表述将责任的限制与合理的注意义务混为一谈。认为有以上的条件,即为尽到了合理的注意义务,不但承担侵权责任;① 第四,对提供"信息搜索工具"的网络服务提供者的责任限制条件,这些条件包括不知道所传输信息的侵权性,没有从提供该信息行为中获得经济利益,接到通知及时采取措施,没有意识到侵权行为或者意识到侵权行为后马上采取相应措施。

二、促进不同法律规范的有效衔接

通过样本裁判可见,涉及网络服务提供者的侵权责任规则范围广泛,立法实践不一。因此,对于这些法律体系的协调衔接尤为重要。需要重视《侵权责任法》(将要颁布的民法典侵权责任编)、《网络安全法》等已有法律规范与计划制定颁布的法律规范(如《个人信息保护法》《互联网信息服务法》等)之间的协调和衔接。在立法的定位上,进一步明确和挖掘网络服务提供者的特殊性。需要深入、全面做好立法的调研、梳理工作。在此基础上才能稳妥、审慎制定、修改相关法律法规条款。只有这样才能避免法律矛盾产生裁判不一、裁判结果相反等负面效果。

对于现有的、只适用于某一具体范围的规则,符合条件的应该扩展为一般适用范围,或者根据同理确定类似规则的适用。如《食品安全法》的第 62 条,直接规定了第三方交易平台提供者的义务。② 根据该条规定,网络食品第三方交易平台提供者的民事义务有:第一,对入网食品经营者进行实名登记;第二,明确入网食品经营者的食品安全管理责任的义务;第三,应当取得许可证的,审查许可证的义务;第四,发现入网食品经营者有违反《食品安全法》规定行为及时报告有关部门的义务;第五,发现严重违法行为立即停止服务的义务;

---

① 全国人大常委会法制工作委员会民法室. 侵权责任法立法北京与观点全集 [M]. 北京:法制出版社,2010:589.

② "食品安全法"的第62条:"网络食品交易第三方平台提供者应当对入网食品经营者进行实名登记,明确其食品安全管理责任;依法应当取得许可证的,还应当审查其许可证。网络食品交易第三方平台提供者发现入网食品经营者有违反本法规定行为的,应当及时制止并立即报告所在地县级人民政府食品药品监督管理部门;发现严重违法行为的,应当立即停止提供网络交易平台服务。"

这些义务的规定与《消费者权益保护法》和一般的网络服务提供者的注意义务不同。《食品安全法》第1条规定，该法的直接目的为保证食品安全，根本目的是保障公众身体健康和生命安全。对作为销售平台的网络服务提供者民事义务的规定，是立法者在对公众生命权、健康权等权益与网络服务提供者财产权、自由权的衡量中，更倾向于前者的结果。加重网络服务提供者注意义务，限制其权益，这对于其他的网络销售平台服务提供者并不能当然适用。但是如果也有涉及人身安全和重大健康问题的规则，就应该采取同样的利益衡量方式，判断是否加重网络服务提供者注意义务。

在各规则的衔接时，应该注重公法和私法的有效融合协调。私法通常以意思自治为核心，以填补损害为目的。公法则有注重社会安全的价值。在网络服务提供者侵权责任的确定中，主要是民法范畴，但是属于经济法范畴的《产品质量法》《消费者权益保护法》《食品安全法》对网络服务提供者注意义务的产生和内容有着非常关键的作用。法院在解决这类案件时，实际上是公法和私法的具体规则协调一致，才能很好地解决问题。但这些规则的适用过程中，需要确定不同规则价值取向、立法背景等都有着不同之处，不能生搬硬套；需要将公法和私法有效融合，方能很好处理该类案件。

法律实施过程中确定在不同法律都有规定时的正确选择适用。各主体在不同情况下法律身份的确定，如电信运营商。样本裁判中单纯以电信运营商的身份来否定其网络服务提供者的身份是不妥当的。他人电话骚扰，可能是通过某个号码直接呼叫，也可能是通过该号码接入服务的网络电话呼叫。如果电信用户通过网络电话恶意骚扰侵权，电信营运商和互联网服务商，其承担责任的要件不一，则须符合民法的民事主体平等、公平等基本原则。具体案件中，不能单纯以主体身份区分，在主体经营的业务具有多重性时，应该根据其行为来分析。也就是说案件中直接加害人侵害他人权益的行为所利用的是主体的哪种业务，根据该业务判断主体的义务内容和应采取哪些必要措施。有判决认为作为电信运营商的移动公司，需要信守约定，为客户提供电信服务，不能无故中止电信用户的电信服务。如果接到客户投诉就暂停对方电信服务，有可能对其他客户的正当权益造成损害。这时候必要措施就是中止电信用户的电信服务。但第36条规定必要措施还包括删除、屏蔽、断开链接等技术措施。只要在技术上可行，移动公司应该全面考量阻止加害行为在技术上的可行性，而不能单纯以中止通信义务妨碍通讯自由为理由拒绝采取措施。

三、平等原则在网络服务提供者侵权规则中的贯彻

基本原则是制定、解释、执行和研究我国民法的出发点和依据。民法基本原则有立法准则功能、行为准则和审判准则功能、授权司法机关进行创造性司法活动的功能。① 平等原则是我国《民法通则》和《民法总则》确定的基本原则之一，规定当事人在民事活动中的地位平等。作为基本原则，平等原则对网络服务提供者侵权规则的制定和实施都有着指导的效力和作用。网络服务提供者从事其经营管理时，其最终的经济收益是由其本身的技术、管理等因素所决定。平等应该是机会的平等，应该是程序的平等观。法律制定和实施，需要向网络服务提供者提供同等的机会，尽量做到在使网络服务提供者处于基本相同的起跑线。程序平等观是现代民法的灵魂。该平等观主张废除特权和非常不恰当身份制度。程序平等观主张法律规定形式性。也就是不区分行为主体，对其行为皆以普遍性的法律规制之，以实现不同主体在法律上的平等。② 在网络服务提供者侵权规则实施中产生的问题的解决途径之一就是在这些规则的实施中贯彻平等原则。具体包括以下方面。

（一）平等对待网络销售平台的第三方销售者工商登记

在我国《电子商务法》制定的过程中，就有关于网络销售平台中销售者是否登记的问题争论。对争议问题的解决，如在网络销售服务平台的经营者是否登记问题上，应该体现平等原则。由于网络销售平台上从事经营的销售者和实体销售者，只是销售的途径不同。因此除了考虑到网络特点必要的特殊性外，其他的规则应该平等。

在《电子商务法（草案）》征求意见稿中，涉及在网络销售服务平台的自然人经营者是否需要工商登记问题，争议激烈。在电子商务经营者中，自然人、小规模经营超过八成。网络销售者需要根据网络销售服务平台要求进行真实身份的登记。但是，没有规定网络销售者进行工商登记。2018 年 8 月颁布的《电子商务法》第 10 条规定，电子商务经营者应当依法办理市场主体登记。但是，个人销售自产农副产品、家庭手工业产品，个人利用自己的技能从事依法无须取得许可的便民劳务活动和零星小额交易活动，以及依照法律、行政法规不需

---

① 徐国栋. 民法基本原则解释——以诚实信用原则的法理分析为中心［M］. 北京：中国政法大学出版社，2004：11.

② 徐国栋. 民法基本原则解释——以诚实信用原则的法理分析为中心［M］. 北京：中国政法大学出版社，2004：50.

要进行登记的除外。根据 2014 年《网络交易管理办法》①，自然人须向第三方交易平台提交真实身份信息，这些信息包括了姓名、地址、有效身份证明、有效联系方式等。该《办法》没有对工商登记的硬性要求，规定了具备登记注册条件的，依法办理工商登记。对是否进行工商登记，学者看法不一。有人不主张全面的工商登记要求。其理由是立法目的应基于实践和现实需要。个人网店大体分为持续经营的、兼职经营的、偶然经营的、长期不经营的四种经营状况。偶然经营、兼职经营的占主体，占比七成，持续经营的约为 3%—5%。让所有自然人去工商登记，会导致浪费行政资源、锉削网商积极性。京东等较大电商平台都有很好的服务、认证规则。因此，自然人网店的规治应该交给平台。持不同观点的学者认为，第三方平台是需要规制的。对有经营活动的自然人进行商事登记，是为了消费者利益的保护。此外，一些企业以个人名义注册，平台的审核并无法确保其企业真实身份。这些都会给监管带来很大困难，使相关信息不充分。持肯定态度的学者认为应强化而不是弱化平台监管问责人。不能过于强调自由和市场配置的作用，须加强对平台上诈骗、不正当、不公平竞争加强监管。②

网络交易平台的销售者与其他的销售者应该享有平等的权利，接受平等的市场准入和市场管理。这类主体与其他的销售者不同之处在于销售方式的差异。传统的销售是通过实体店铺，而网络交易平台的销售者则是通过网络平台。网络销售的特点是销售者和消费者的交易都是在线上，消费者找到销售者地址和真正的销售者比线下交易更为困难。因此，没有理由在管理上对网络销售者更为宽松。国家支持互联网发展的战略是正确的，在具体的法律法规中需要体现。但是发展不能以牺牲消费者利益为代价，不能以牺牲合法经营者的利益为代价。长远来看，不利于网络销售的健康发展。自然人是否应该进行工商登记问题，网络销售和实体销售应该是依据平等原则，采取同一规定。《电子商务法》第10 条，采用的是"个人+特定商品或服务"的规定方式。统一到民法中规定的

---

① 参见 2014 年 1 月 26 日国家工商行政管理总局颁布"网络交易管理办法"（第 60 号令）。该规定所指网络商品交易，是指通过互联网（含移动互联网）销售商品或者提供服务的经营活动。所称有关服务，是指为网络商品交易提供第三方交易平台、宣传推广、信用评价、支付结算、物流、快递、网络接入、服务器托管、虚拟空间租用、网站网页设计制作等营利性服务。

② 卢俊宇. 电商法草案研讨会在京举行［R/OL］.（2017 - 1 - 10）［2018 - 1 - 16］ht-tp：//tech. sina. com. cn/i/2017 - 01 - 10/doc - ifxzkfuh6569261. shtml.

民事主体中"自然人"的写法，并且采用线上、线下统一要求的规定更能体现平等原则。

（二）平等确定网络短融评级

在网络金融平台（服务提供者）责任确定问题上也应该注重平等原则的要求。以非样本裁判"网贷评级第一案"——短融网起诉融 360 为例①。被告于2015 年发布了两期网贷评级报告，先后将 P2P 平台短融网评出实力较弱、投资需特别谨慎的两级。短融网对于认为该评级行为侵害其名誉侵权，诉请赔偿经济损失 50 万元。该案争议焦点是被告是否有网贷评级资格。原告认为被告无相应的网贷评级资质，且其业务与自身涉及行业内直接竞争，公正性和客观性存疑。被告则认为自己不是首家不具有评级资质而发布评级报告的主体，没有评级资质发布评级报告为 P2P 业内惯例。这些网贷评级报告只供投资者参考。没有法律明文规定评级需要资质，在法律没有明文禁止时，就可以做出该种行为。

这里无意对该问题进行深入分析，而是要强调平等原则在信用评级资质的要求。很多人认为，这类案件时互联网金融监管具体法律法规缺位导致无法可以适用。在这一问题上过于强调互联网金融，忽视了国家对非互联网金融的评价是有一般规定的，在没有特别的、专门规定的情况下，应该遵从一般原则。我国《合同法》《公司法》《合伙企业法》《证券法》等应该有一般的适用性。《民法总则》第 4 条规定民事主体在民事活动中的法律地位一律平等。该原则要求在具体的民事活动中各民事主体地位平等，民事主体在进行民事活动时，所应遵守的规定与受到的限制相同等。② 同样的服务，同样的行业，不能单纯因为是在网络环境下，就确定不同规则来解决问题。没有足够的法理依据支撑，不能突破平等原则，网络和非网络环境下应该适用同一标准。在其他问题的解决上，如网络约车侵权，网络平台的责任确定问题上，我们在保障人的生命权和重大健康权益等理由衡量的基础上，可以出现不同的安排，但不能涉网就特殊对待。网络业态不断发展，切不能因为是网络销售，就给其设置障碍或者提供比一般的同类主体更低的标准。毕竟网络只是一种新的交流和销售方式，平等原则贯彻其中，才能真正促进网络经济发展。

---

① 崔启斌，岳品瑜. 网贷评级第一案开庭，短融网起诉融 360 诋毁商业信誉 [N]. 北京商报，2015 - 12 - 16.

② 张新宝. 中华人民共和国民法总则释义 [M]. 北京：中国人民大学出版社，2017：9 - 11.

（三）网络中立与安全的统一

网络服务提供者侵权责任规则很多属于电子商务的范畴。而电子商务中，为了建立公平的交易规则，往往强调中立，包括技术中立、媒介中立、实施中立和同等保护。① 网络服务提供者一方面是提供技术服务。对于这些网络交易技术、社交技术，需要有中立的规则，为技术发展留下法律空间。各种通讯媒介应该得到中立对待，允许各种媒介根据技术和市场的发展规律互相融合、互相促进。

然而从样本裁判中也可以看出，网络安全不容忽视。网络侵权的具体规则指定和实施，不能忽视网络安全，包括网络环境下人的安全和财产的安全。在网络侵权责任规则的实施中，我们所看到的侵害财产的案件中，受害人对网络服务提供者的诉讼能够得到支撑的比率与一般的案件比率差异过大的情况下，就应该思考该规则本身是否能够保障该人身或者财产安全。

第四节 结语：在法律实施中进一步完善网络侵权规则

一、《民法典侵权责任编》相关规定的完善

（一）相关规定内容和发展

在民法典编撰背景下，网络服务提供者侵权责任相关规则需要不断完善和发展。在《侵权责任法》第 36 条基础上，《民法典侵权责任编（草案）》做了修改和补充。2018 年 9 月全国人大征求意见稿和 2019 年 1 月的第二次审议稿，都用了三个条款，即从第 970 条到 972 条，对网络服务提供者侵权责任做出规定。

这里以《民法典侵权责任编（草案）》（二次审议稿）为准，来讨论在样本裁判研究后，我们认为应该进一步完善的地方。《民法典侵权责任编（草案）》（二次审议稿）对网络侵权责任规定如下：

第 970 条 网络用户、网络服务提供者利用网络侵害他人民事权益的，应当承担侵权责任。

网络用户利用网络服务实施侵权行为的，权利人有权通知网络服务提供者

---

① 秦成德，王汝林. 电子商务法［M］. 北京：对外经济贸易大学出版社，2010：10.

采取删除、屏蔽、断开链接等必要措施。通知应当包括构成侵权的初步证据及权利人的真实身份信息。网络服务提供者接到通知后，应当及时将该通知转送相关网络用户，并采取必要措施；未及时采取必要措施的，对损害的扩大部分与该网络用户承担连带责任。因错误通知造成网络用户或者网络服务提供者损害的，应当承担侵权责任。

第 971 条　网络用户接到转送的通知后，可以向网络服务提供者提交不存在侵权行为的声明。声明应当包括不存在侵权行为的初步证据。

网络服务提供者接到声明后，应当将该声明转送发出通知的权利人，并告知其可以向有关部门投诉或者向人民法院起诉。

网络服务提供者在转送声明到达权利人后十五日内，未收到关于权利人已经投诉或者起诉通知的，应当及时终止所采取的措施。

第 972 条　网络服务提供者知道或者应当知道网络用户利用其网络服务侵害他人民事权益，未采取必要措施的，与该网络用户承担连带责任。

比较来看，从全国人大征求意见稿到二审稿，第 971 条和第 972 条规定完全一致。内容有变化的是第 970 条。二次审议稿在征求意见稿基础上，在该条第 2 款增加了权利人通知中对"权利人的真实身份信息"要求。该条第 3 款增加了"因错误通知造成网络服务提供者损害的，应当承担侵权责任"内容。

（二）完善建议

比较《侵权责任法》只用 36 条三款内容，对网络服务提供者侵权责任做出规定，《民法典侵权责任编（草案）》（二次审议稿）增加了两条，规定更为详细。增加内容包括了关于通知的内容、通知的转送和接到通知人的声明等规定。将网络服务提供者承担责任主观要件规定了"知道"或者"应当知道"。然而这些条款还可以在以下方面进一步完善。

1. 立法体系采取一般和特殊结合模式

比较法上看，美国是国际上较早对网络服务提供者责任进行立法的国家。其网络服务提供者侵权责任规则体系，采取针对侵害人格与侵害版权分别立法的方案。其中网络人格侵权的规定在《通讯端正法》（*Communication Decency Ac*，简称 CDA）中（第 230 条及其相关判例）。网络侵害版权则在《千禧年数字版权法》（DMCA）。两个规定的内容差异大。欧盟国家通过将欧盟电子商务指令转化为国内法的方式，统一加以规定。我国现在则是立法上《侵权责任法》36 条统一规定，而最高人民法院仍采取分立的思路，即最高人民法院就网络侵害版权、人格权各版本一个司法解释。①

　　鉴于我国立法体系，我们建议在区分营利性和非营利性行为之外，具体的法条采用分不同受侵害权利类型来规定网络服务提供者侵权责任的立法模式。即以《民法典侵权责任编（草案)》中970条到972条为一般规定，侵害知识产权法（包括商标法、著作权法等）等规定为特殊条款，适用特殊优于一般原则。虽然本书并没有研究网络服务提供者侵害著作权的样本裁判，该类侵权责任构成有着自己的特殊之处，如其对帮助侵权、引诱侵权等规定等。② 因此，网络服务提供者侵权责任的主观要件，应按照这些法律的特殊规定。而《民法典侵权责任编（草案)》则是关于网服务提供者侵权责任的一般规定。从法律体系上来看，现在对于网络服务提供者主观要件的拓展有《消费者权益保护法》第44规定。根据该条，网络交易平台提供者与销售者或者服务者承担连带责任的主观要件包括了明知或者应知，也就是其构成侵权责任的主观过错的确定为明知和应知两种类型。这与《侵权责任法》36条规定比，过错范围更广。我们建议在该要件上，其与《民法典侵权责任编（草案)》应该一致。因为从样本裁判来看，过错的判断问题就消费者和非消费者权益保护上区分影响不大。

　　2. 采用区分不同的网络服务行为和受侵害权利模式结合确定网络服务提供者主观要件

　　同一网服务提供者可以提供不同的网络服务行为类型。而根据这些不同网络服务行为类型有不同的注意义务。建议以营利性行为和非营利性行为做大类区分。

　　已有的网络侵权规则是在技术中立性的背景下产生，不能适应现在网络环境产生变化。我国现在很多网络服务提供者都采取"免费获取内容 + 免费向用户开放 + 收取商家广告费"模式。③ 这种模式下，经营者的营利目的会改变其技术中立性特征，需要不同的规制思路。建议区分网络服务提供者行为是否营利来设置不同的法律规则。对于网络服务提供者做出的非营利性行为，不能随意扩大其侵权责任范围，其责任构成主观要件为"明知"。对于网络服务提供者

① 刘文杰. 从责任避风港到安全保障义务 [M]. 北京：中国社会科学出版社，2016：2 - 4.

② 聂振华. 视频分享网站著作权侵权问题成案研究 [M]. 北京：法律出版社，2012：38 - 45.

③ 刘文杰. 从责任避风港到安全保障义务：网络服务提供者的中介人责任研究 [M]. 北京：中国社会科学出版社；2016：257.

的营利行为导致的侵权责任，采用放宽其主观要件的方式来扩大其责任承担范围。主观上采用"知道＋应当知道"规则。

受侵害的权利不同产生的问题，不在于其是受侵害权利的特殊性，而是网络服务提供者所提供的网络服务行为特殊性，即其存在营利行为。

关于一般条款的主观要件的规定。不宜笼统地将"应知"归于网络服务提供者侵权行为的主观要件（关于这一问题详细论述，可参见第七章第2个问题，在此不做累述）。网络服务提供者承担间接侵权责任的主观要件，有不同主张。有学者认为应限缩为"明知"；也有学者主张网络服务提供者过失间接侵权责任制度可以在整个侵权责任法体系内做一般性适用①。我们认为规定为"应知"，会产生对网络服务提供者课以"一般注意义务"的后果，将使实质为不作为侵权行为人的网络服务提供者承担过重的责任。《侵权责任法》36条规定，本身存在的利益不平衡问题。如果将36条中的"知道"更扩展为"知道"和"应当知道"，则条款产生的利益不平衡问题将更甚。（见本章第二节第3个问题"网络服务提供者注意义务判断之考量因素"）

从该条的来源看，《千禧年数字版权法》的表述是服务提供者没有主动寻找"红旗"之义务，见之于第512（m）条。由此造成的结果是除了权利人主动进行通知而服务提供者仍怠于移除侵权内容外，若要服务提纲和承担责任，几乎只有证明服务提供者鼓励第三人侵权或明知侵权存在。②

3. 增加关于不实通知责任的具体规定

可以考虑增加包括不实通知应该承担的责任。现在来看，对于不实通知的责任规定非常原则。"因错误通知造成网络服务提供者损害的，应当承担侵权责任"的规定，比《侵权责任法》36条中有所进步。但是由于错误通知损害等证明的困难，真正实施起来不易，也缺乏预防功能。比较法上，根据1998年5月11日美国第105届国会上，参议院司法委员会提交的《千禧年数字版权法》，参议院阐述的立法理由说明中，就要求"通知所包含的信息是准确无误；投诉方有权代表受到侵害的权利人，陈述如有不实则受伪证处罚"。这类处罚，虽然已经超出了我们所说的民法范畴，但对故意发出错误通知有明显的抑制作用。公法和私法规则结合，对于防止故意错误通知更有效力。因此虽然民法条文不能

---

① 冯术杰. 论网络服务提供者间接侵权责任的过错形态［J］. 中国法学, 2016 (4)：179 – 197.

② 刘文杰. 从责任避风港到安全保障义务：网络服务提供者的中介人责任研究［M］. 北京：中国社会科学出版社；2016：203.

直接规定刑事责任或者其他性质的责任，但是可以条文中可以留个公法条文接口，意在防止当事人故意错误通知，并使其具有证据法上效力。

增加担保的规定。也就是在无法确切判断通知中所称加害行为是否构成侵权，是否应对当事人采取措施时，网络服务提供者可以要求主张者提供相应的担保。《民法典侵权责任编（草案）》（二次审议稿）第 970 条规定了"因错误通知造成网络用户或者网络服务提供者损害的，应当承担侵权责任"。但由于网络侵权加害人、受害人和网络服务提供者在地域上等特殊性，网络服务提供者向错误侵权通知人请求承担责任的实施成本较高。随着网络支付发展，担保的途径和实施都非常便捷和快速。因此建议增加关于担保的规定。

增加担保和加重关于错误通知责任，其目的有：其一，可以使认为自身权利受侵害者做出通知时更为慎重，从而减少网络服务提供者不必要负担；其二，承担责任须主观上故意的要求，则是让权利人能够在发现自己权利受侵害时能没有顾虑地将客观事实通知网络服务提供者。

4. 关于必要措施的规定

采取"列举＋目的"的方式来对必要措施进行表述。包括第 970 条通知条款中的必要措施，也包括 972 条知道条款中的必要措施。现在这两条采用的是列举模式，即"权利人有权通知网络服务提供者采取删除、屏蔽、断开链接等必要措施""网络服务提供者知道或者应当知道网络用户利用其网络服务侵害他人民事权益，未采取必要措施的，与该网络用户承担连带责任"。条款对必要措施使用的是不完全列举，列出"删除、屏蔽、断开链接等"。建议表述为"采取删除、屏蔽、断开链接等足以阻止侵权行为继续和防止损害扩大的必要措施"。理由有三：其一，增加对采取必要措施的目的表述，能够帮助裁判更为具体地判断何为必要措施；其二，列举无法穷尽必要措施，容易误理解为采取了这些方式就采取了必要措施；其三，目的控制方式可以适应不断变化的网络技术及制止网络侵权。

第 972 条增加"及时"来限定"必要措施"。也就是表述为"网络服务提供者知道或者应当知道网络用户利用其网络服务侵害他人民事权益，未及时采取必要措施的，与该网络用户承担连带责任"。因为虽然网络服务提供者"知道"或者"应当知道"应该综合判断，其条款中不像接到通知后有一个明确的时间起算点。但是并不代表这种情况下就找不出一个知道或者应当知道的时间点。《侵权责任法》的核心价值追求之一就是使被侵权人的损害及时得到填补，"及时"的重大意义不仅表现为填补损失消耗的时间尽可能地短，而且要求"及时"应通常在人们能够容忍的时间范围之内。①

增加要求网络服务提供者采取措施防范来自同一主体的反复侵权。在样本裁判中涉及该问题的如王甫刚与南京西祠信息技术股份有限公司网络侵权责任纠纷案。该案中，争议之处包括网络服务提供者在收到通知后，采取了删除措施是否足够，是否应该就直接加害人再次发帖造成的损害承担责任。又如，徐海与山景科创网络技术（北京）有限公司姓名权纠纷案（以下简称山景公司），二审法院关于山景公司采取必要措施的判断值得在立法中加以明确。裁判认为原告向被告投诉的内容不是某个虚假侵权信息，而是冒用自己的手机号码发布虚假信息的行为。山景公司接到投诉后，对于今后赶集网上再次出现的以徐海手机号码所发布的网帖的真实性亦应当慎重核实，必要时应及时对该手机号码采取技术保护措施，避免相关网络用户继续冒用徐海手机号码发布虚假信息。②从采取措施时间看，不应是接到通知后一次性的，而应根据不同内容确定。依据措施针对内容，如果只有在此后都采取措施才能制止侵权行为的，应该将之后的措施理解为必要措施。这一样本裁判的观点，在比较法上，从规则的来源上来看也得以肯定。在 DMCA 中，作为免于侵权责任的条件，避风港原则要求网络服务提供者符合条件中，包括了"采取措施防范来自同一主体的反复侵权"③。

5. 区分是否公众人物采取措施

鉴于网络用户表达自由与权利人民事权益保障的平衡需要，建议区分是否公众人物来采取措施。在范志毅诉文汇新民联合报业集团侵犯名誉权案中，法院首次在判决书中提出了公众人物的概念，并确立了公众人物人格权受限制的规则。此后，我国司法实践又多次运用这一理论。④ 因为司法实践的反复适用，"公众人物的人格权受限制"这一规则，已经演化成为习惯法。⑤ 即规定在接到侵权的通知时，网络服务提供者先区分通知中所涉及的是否公众人物，然后根据不同保护限度来判断是否构成侵权和采取何种措施。法院审理案件时对措施

---

① 李佳伦. 网络侵权行为的过错问题研究 [J]. 华东政法大学学报, 2017 (1): 112 - 117.

② 江苏省徐州市中级人民法院，(2015) 徐民终字第 2805 号"民事判决书". 江苏省徐州市铜山区人民法院，(2014) 铜茅民初字第 1065 号"民事判决书".

③ 刘文杰. 从责任避风港到安全保障义务：网络服务提供者的中介人责任研究 [M]. 北京：中国社会科学出版社；2016：109.

④ 王利明. 公众人物人格权的限制和保护 [J]. 中州学刊, 2005 (2): 92 - 98.

⑤ 周友军. 公众人物隐私权的侵权法保护 [J]. 信息网络安全, 2008 (4): 27 - 28.

采取方面的判断亦同。这是为了在最小限度内限制表达自由，规定网络服务提供者采取的措施以能够达到制止侵权行为为必要。相关条款可以写为：网络服务提供者接到权利人的通知书后，根据所涉事务为公共事务和私人事务不同分别判断。所涉事务仅为私人事务时，如通知中所称侵权行为对受害人有造成明显而即刻危险的，应该及时采取足以保障他人民事权益所必需的临时措施。未及时采取必要的临时措施的，网络服务提供者对损害的扩大部分与该网络用户承担连带责任。在侵权行为涉及公共事务时，对涉及公众人物的评论性言论依法考虑对言论自由的保护和社会公共利益。

二、法律发展之展望

规则适用目标是使规则产生实效。网络服务提供者侵权责任规则的立法理念和规则的完善，是为了使这些法律规则更具有生命力。然而这一目标之实现仅靠完善规则本身并不能完成。对网络服务提供者侵权责任法规则产生实效的影响因素很多，具体包括执法、司法机关、网络服务提供者和网络活动参与者等主体对这些规则接受程度和人们的法制观念、道德水准、网络服务提供者的自律、社会他律等。需要综合运用各种因素来赋予网络侵权责任生命力。

网络服务提供者侵权责任规则适用过程中应该将规则放在整个法律体系的范畴。权利的保护需要各部门法齐心协力，因此法律的协调尤为重要。例如，个人信息在网络环境下极易受侵害。国家信息办也委托学者起草《个人信息保护法》，其中就有涉及网络服务提供者侵权规则。作为个人信息保护基础性权利是隐私权或者一般人格权。但是作为行政法专家所起草的建议稿中将个人信息权利归为一种"新型的公法权利种类"[①]。《民法总则》在第111条规定了对个人信息的保护。[②] 然而该条为宣示性条款，个人信息与隐私权保护的隐私属于交叉关系。[③] 由于我国民法有着较大的特殊性，民法尤其是《民法总则》的许多条文并不是直接用来裁判案件的，或者说其主要功能不在于裁判规则方面，

---

① 周汉华. 中华人民共和国个人信息保护法（专家建议稿）及立法研究报告 [M]. 法律出版社，2006：29.
② 该条规定为："自然人的个人信息受法律保护。任何组织和个人需要获取他人个人信息的，应当依法取得并确保信息安全，不得非法收集、使用、加工、传输他人个人信息，不得非法买卖、提供或者公开他人个人信息。"
③ 张新宝.《中华人民共和国民法总则》释义 [M]. 中国人民大学出版社，2017：219.

而是用来塑造民事社会即整体民事关系框架的。① 因此对于个人信息的保护范围、其与隐私权的界限等问题，需要在相关的法律和规范中，厘清和统一基础性概念。否则部门间各自为政和法律责任的混乱会影响法律的实效。在网络信息发展过程中，也需要注意传统侵权责任构成内涵的变化和发展，并汲取他国关于隐私权的规制经验。如凯兹案是美国隐私权保护从以"住宅"为重心到以"人"为重心；而为应对信息时代的冲击，美国对于隐私权的保护，逐渐从以"人"为重心调整到以"数据"为重心的思路。② 我们在处理网络服务提供者侵权责任时，也需要考虑所涉及的直接侵权构成变化问题，如侵害隐私权对网络服务提供者侵权责任构成的影响。

与规则实施生命力有关的还有审判机构和程序问题。法院应该顺应社会提出的快速、准确反应要求网络侵权纠纷中采取积极的应对。可以考虑区分网络服务提供者采取不同类型的必要措施，结合人民法院简易法律程序，来适应网络侵权行为的发生和损害扩大快速特征，解决问题。如在网络服务提供者接到通知后采取临时措施，这样可暂时中止可能的侵权行为，防止损害扩大。法院才是最终做出法律效力判决的机构。通过网络服务提供者的初步判断和法院最终判断的方式，既可保障人们表达自由，防止损失扩大，又可以保证采取措施的准确性，并可以减轻网络服务提供者的负担。根据实践需要，专门机构当然应该在法院，至于设在民事审判庭内部或者设专业庭室建立专门机构，可以依需要而定。我国已有法院在网络侵权案件审判组织和程序上进行有益尝试。2012 江西省出台了《关于网络侵权案件适用法律若干问题的指导意见（试行）》③，允许以虚拟名称为被告进行预立案，同时可以申请法院调查。并在五个县级法院成立"网事审判庭"，专司网络侵权案件的审理。通过总结经验，在全国范围统一机构设置和具体规则必要且可行。

损害的预防胜于损害补偿。④ 在网络服务提供者为不作为侵权时，网络服务提供者的行为并不是侵权行为的源头，能否有效预防侵权行为的发生，关键是直接加害人。在这类侵权行为中，不作为侵权行为人的责任重，责任构成要

---

① 张新宝. 《民法总则》个人信息保护条文研究 [J]. 中外法学，2019（1）.
② 涂子沛. 大数据：正在到来的数据革命，以及它如何改变政府、商业与我们的生活 [M]. 桂林：广西师范大学出版社，2013：123 – 125.
③ 姚晨奕，郭宏鹏. 江西出台意见指导网络侵权案件审理 [N]. 人民法院报，2011 – 04 – 24.1.
④ 王泽鉴. 侵权行为法（第一册）[M]. 北京：中国政法大学出版社，2001：10.

件低，而他们又容易确定，这往往导致个案中受害人都会选择追究网络服务提供者责任，而怠于寻找直接加害人。受害人的损害能得到填补的结果，似乎规则对权利人保护起到积极作用。但由于受害人的注意力都集中到网络服务提供者身上，真正利用网络来实施侵害的直接加害人却常常能逃脱责任。实施侵害行为却常常有替罪羊来承担责任，该规则的这种适用后果无疑是对于直接加害人和潜在的直接加害人未来加害行为的激励，不利于侵权责任法预防机能的实现。应该采取措施使直接加害人更容易确定。这个程序，可有效地帮助确定加害人，减轻网络服务提供者最终责任负担。

在解决网络服务提供者侵权规则实施过程中，还有许多需要注意的问题。比如对儿童利益保护与侵权行为的认定问题。样本裁判中没有涉及，但是在非样本裁判中有所体现。如在施某某、张某某、桂某某诉徐某某肖像权、名誉权、隐私权纠纷案，江苏省南京市江宁区人民法院判决①涉及未成年人利益的特殊保护问题。根据《未成年人保护法》第 6 条第 2 款，任何组织和个人都有权予以劝阻、制止或者向有关部门提出检举或者控告侵害未成年人合法权益行为。行为人在知晓施某某被伤害后，使用其受伤的九张照片的目的是揭露可能存在的犯罪行为、保护未成年人合法权益。这一行为虽然没有经施某某同意，但其使用没有营利为目的，是为了维护社会公共利益和施某某本人利益的需要，在使用时对照片脸部也进行了模糊处理。因此法院认为该使用行为不构成侵害施某某肖像权。被告为保护未成年人利益和揭露可能存在的犯罪行为，依法在其微博中发表未成年人受伤害信息的行为，符合社会公共利益原则、儿童利益最大化原则。因此该网络举报行为没有侵害他人的肖像权、名誉权、隐私权等人格权。该案并没有涉及网络服务提供者的侵权责任，但值得称道的是其在确定利用网络实施的侵权行为构成分析时，对于儿童利益的保护取向。而在网络环境下，还有很多权益的侵害并没有体现在样本裁判中。如个人隐私问题，许多网站都有隐私规则，但是近来其他国家的状况表明，许多的这些规则可能更多的只是在被违反的时候才兑现，而不是在被遵守的时候。而且很多免费服务都是要放弃一些私人信息才能得到。② 因此在网络环境下，我们看到的样本裁判只是权益受侵害的冰山一角。在未来的网络社会中，这些问题将不断出现。新

---

① 案件参见最高人民法院公报 2016 年第 4 期。
② 马特斯尔斯. W. 斯达切尔. 网络广告：互联网上的不正当竞争和商标［M］. 孙秋宁，译. 北京：中国政法大学出版社，2004：307.

的规则也需不断变化发展。

网络服务提供者侵权责任规则的理论和实践发展，还需要结合和适应网络信息传播的特点。如关注 Web3.0 的信息传播形态和特征相比 Web2.0 发生的巨大变化。根据 Web3.0 的失控理论，信息发布者在发布信息后失去对信息的控制，表现为去中心化的特征。学者担忧《侵权责任法》第 36 条在规制网络侵权时会面临失灵的局面。因此需要关注第三主体，即转发者的责任。将转发者作为网络侵权法律关系中的第三个主体①。注重网络用户与网络服务提供者的地位关系发生了的变化。网络用户从最初的信息被动接受方，逐渐过渡为信息的主动创造和传播者，网络服务提供者对于网络用户行为的控制能力和预期能力则在不断降低②。

总而言之，规则的生命力在于立法、实践和理论的互动，网络的发展对法学研究和实践提出了更多的需要。只有不断对规则在实践中的运用进行研究，才能发现问题，提出解决方案，构建和谐的网络社会。

---

① 马新彦，姜昕. 网络侵权中转发者责任考察 [J]. 社会科学杂志，2015 (2)：53 - 56.
② 梅夏英，刘明. 网络侵权归责的现实制约及价值考量 [J]. 法律科学，2013 (2)：82 - 92.

后 记

对于网络服务提供者侵权责任的关注，始于 2010 年。那年 7 月《侵权责任法》开始实施。在讲授该门课程过程中我翻看相关理论和司法裁判，总觉得存在许多未尽问题，因此致力于将网络服务提供者侵权责任规则实施一段时间内的样本裁判整理出来，试图描述出这些规范在社会实践中之运行状况，在此基础上寻求存在的问题及为新近的相关立法草案提出修改意见。

从关注课题到现在，我国网络环境发生了巨大变化。2010 年时统计，我国宽带网民规模 3.46 亿人，手机网民 2.22 亿人。2018 年统计时，截至 2017 年 12 月，我国网民规模达 7.72 亿，手机网民规模达 7.53 亿。随着网络使用者在这些年间的成倍增长，网络服务提供者侵权行为形式、数量也不断增加。这给网络服务提供者侵权责任规则的实施研究带来了前所未有的困难。具体困难来源于，从案件地收集到案件整理、分析、撰写分析报告，都需要一段时间。等写完一阶段，又发现实践中的样本裁判成倍在增长。然后又是新一轮的收集、分析和整理、撰写。大量的样本裁判，容易使人迷失在烦琐的案件材料之中。素材和理论之间不断转接，这样足足经过了三个阶段，样本裁判素材于 2018 年 2 月份，截至 2019 年初，才写完这本著作。案件的分析和总结实在是一件费力不讨好的研究工作。如何整理，看起来不如纯粹的理论来得高深，但整理分类过程实质上就需要理论储备和运用。

本书整理和总结的是一个特殊阶段的样本裁判，即从《侵权责任法》实施前，到刚开始实施，再到《民法典侵权责任编（草案）》的完善过程。从这些样本裁判可以看到《民法通则》《侵权责任法》实施时网服务提供者侵权责任状况。这些状况的总结，为民法典中相关条款的完善提供了建议。

要感谢我指导的学生们为问卷调查分析及样本裁判的收集和整理付出了辛勤劳动。李小庆、黎秦、谭应伟、林宇虹、张艳楠、向惠琳、黎小芹等同学参加了问卷调查，由颜瑶同学对问卷进行整理分析。杨燕同学收集和整理了网络服务提供者侵害人身权样本裁判部分，陈准和尹珍收集整理了侵害财产权部分。

最后感谢光明日报出版社出版"博士生导师学术系列丛书"计划给本书出版的支持，感谢海南大学法学院给予的出版资助。感谢王崇敏教授、王琦教授、叶英萍教授给予本书的意见和出版支持。谢谢光明日报出版社的编辑们。正是有他们非常辛苦和细致的工作，本书才得以出版。

蔡 唱

二〇一九年二月二十三日

完稿于海南大学南希苑